KB062671

비판이란 무엇인가

비판이란 무엇인가? 자기 수양

초판 1쇄 펴낸날   2016년 12월 15일
초판 5쇄 펴낸날   2024년 9월 10일

지은이 미셸 푸코   **편집** 이정신 이지원 김혜윤 홍주은
옮긴이 오트르망 심세광 전혜리   **디자인** 김태호
펴낸이 이건복   **마케팅** 임세현
펴낸곳 도서출판 동녘   **관리** 서숙희 이주원

만든 사람들
편집 최미혜   **디자인** 조정윤

인쇄·제본 영신사   **라미네이팅** 북웨어   **종이** 한서지업사

등록 제311-1980-01호 1980년 3월 25일
주소 (10881) 경기도 파주시 회동길 77-26
전화 영업 031-955-3000 편집 031-955-3005 **팩스** 031-955-3009
홈페이지 www.dongnyok.com **전자우편** editor@dongnyok.com
페이스북·인스타그램 @dongnyokpub

ISBN 978-89-7297-845-9 (04100)
        978-89-7297-844-2 (세트)

• 잘못 만들어진 책은 구입처에서 바꿔 드립니다.
• 책값은 뒤표지에 쓰여 있습니다.

Qu est -ce que la critique?
La culture de soi

비판이란 무엇인가

미셸 푸코
미공개 선집
1

오트르망 심세광·전혜리 옮김

자기수양

미셸 푸코

동녘

차 례

푸코 작품 약어

AN   Les anormaux. Cours au Collège
de France, 1974-1975, éd. V.
Marchetti et A. Salomoni, Paris,
Seuil-Gallimard, 1999. 《비정상인들》,
박정자 옮김, 동문선, 2001.

AS   L'archéologie du savoir, Paris,
Gallimard, 1969. 《지식의 고고학》,
이정우 옮김, 민음사, 2000.

CV   Le courage de la vérité. Le
gouvernement de soi et des
autres II. Cours au Collège de
France. 1984, éd. F. Gros, Paris,
Seuil-Gallimard, 2009. 국내 미번역.
《진실의 용기. 자기 통치와 타자 통치
제2권-콜레주드프랑스 강의 1984년》

DE I   Dits et écrits I, 1954-1975, éd.
D. Defert et F. Ewald, avec la
collaboration de J. Lagrange, Paris,
Gallimard, 2001. 국내 미번역.
《말과 글 제1권, 1954-1975》

DC II   Dits et écrits II, 1976-1988, éd.
D. Defert et F. Ewald, avec la
collaboration de J. Lagrange, Paris,
Gallimard, 2001. 국내 미번역.
《말과 글 제2권, 1976-1988》

GSA   Le gouvernement de soi et des
autres. Cours au Collège de France.
1982-1983, éd. F. Gros, Paris, Seuil-
GAllimard, 2008. 국내 미번역 《자기
통치와 타자 통치-콜레주드프랑스 강의
1982-83년》

GV   Du gouvernement des vivants, Cours
au Collège de France. 1979-1980, éd.
M. Senellart, Paris, Seuil-Gallimard,
2012. 국내 미번역 《생명존재들의
통치에 관하여-콜레주드프랑스 강의
1979-1980년》

HS   L'herméneutique du sujet. Cours au
Collège de France. 1981-1982, éd.
F. Gros, Paris, Seuil-Gallimard, 2001.
《주체의 해석학》, 심세광 옮김, 동문선,
2007.

MFDV   Mal faire, dire vrai. Fonction de
l'aveu en justice, éd. F. Brion et
B. E. Harcourt, Louvain-la-Neuve,

Presses universitaires de Louvain,
2012. 국내 미번역, 《악을 행하고
진실을 고백하다. 사법에서의 고백의
기능》

OHS   L'origine de l'herméneutique de
soi. Conférences prononcées à
Dartmouth College, 1980, éd.
H.-P.Fruchaud et D. Lorenzini,
Paris, Vrin, 2013. 국내 미번역 《자기
해석학의 기원-다트머스 대학 강의
1980년》

PP   Le pouvoir psychiatrique. Cours
au Collège de France. 1973-1974,
éd. J. Lagrange, Paris, Seuil-
Gallimard, 2003. 《정신의학의
권력-콜레주드프랑스 강의 1973-
74년》, 오트르망 옮김, 난장, 2014.

SP   surveiller et punir. Naissance de la
prison, Paris, Gallimard, 1975.
《감시와 처벌》, 오생근 옮김, 나남,
2016.

SS   Histoire de la sexualité III. Le souci
de soi, Paris, Gallimard, 1984. 《성의
역사-제3권 자기배려》, 이영목 옮김,
나남, 2004.

STP   Sécurité, territoire, population.
Cours au Collège de France.
1977-1978, éd. M. Senellart, Paris,
Seuil-Gallimard, 2004. 《안전, 영토,
인구-콜레주드프랑스 강의 1977-
78년》, 오트르망 옮김, 난장, 2011.

SV   Subjectivité et vérité. Cours au
Collège de France. 1980-1981, éd.
F. Gros, Paris, Seuil-Gallimard, 2014.
국내 미번역, 《주체성과 진실-
콜레주드프랑스 강의 1980-81년》

UP   Histoire de la sexualité II. L'usage des
plaisirs, Paris, Gallimard, 1984. 《성의
역사-제2권 쾌락의 활용》, 신은영,
문경자 옮김, 나남, 2004.

VS   Histoire de la sexualité I. La volonté
de savoir, Paris, Gallimard, 1976.
《성의 역사-제1권 지식의 의지》, 이규현
옮김, 나남, 2010.

푸코의 논고와 인터뷰 등을 모은 《말과 글Dits et écrits》은 국내 미번역 상태이지만 그중 일부분이 단행본 혹은 단행본 안의 한 꼭지로 번역 및 출간되어 있는 경우들이 있다. 참고를 위해 이 책에서 언급된 논고, 인터뷰 등의 제목을 한국어로 옮기고 국내 번역되어 있는 경우 서지사항을 함께 표기해놓았다.

또한 한국인이 비교적 접근하기 쉬운 영어와 일본어로는 전체 번역, 혹은 선별 번역되어 있어 프랑스어에 서툰 독자들도 아쉬운 대로 접근해볼 만하다. 일본어역으로는 완역판과 발췌 번역판이 모두 존재한다. 완역판 《ミシェル·フーコー思考集成》은 총 열 권으로 이루어져 있다. 일본어역 발췌 번역판은 《フーコー·コレクション》으로, 총 여섯 권으로 이루어져 있다. 영어역으로는 완역판이 없으며, 발췌 번역판으로는 총 세 권으로 이루어진 The Essential Works of Foucault와, 이 중에서 다시 한 번 핵심적인 아티클들을 선별한 한 권짜리 The Essential Foucault: Selections from the Essential Works of Foucault, 1954-1984가 있다.

"À propos de la généalogie de l'éthique : un aperçu du travail en cours"
윤리의 계보에 관하여: 진행 중인 작업의 개요

D. Defert, "Chronologie"
(다니엘 드페르에 의한) 연표

"Conversation avec Werner Schroeter" (entretien avec G. Courant et W. Schroeter),
베르너 슈뢰터와의 대화 (G. 쿠랑, W. 슈뢰터와의 인터뷰)

"Dialogue sur le pouvoir"
권력에 관한 대담

"Entretien avec Michel Foucault" (entretien avec A. Fontana et P. Pasquino)
미셸 푸코와의 인터뷰 (A. 폰타나, P. 파스키노와의 인터뷰)

"Entretien avec Michel Foucault" (entretien avec D. Trombadori)
미셸 푸코와의 인터뷰 (D. 트롬바도리와의 인터뷰)
《푸코의 맑스》, 이승철 옮김, 갈무리, 1994.

"Est-il donc important de penser ?" (entretien avec D. Eribon)
그러므로 사유하는 것이 중요하단 말인가? (D. 에리봉과의 인터뷰)

"Foucault"
푸코

"Foucault étudie la raison d'État" (entretien avec M. Dillon)
푸코, 국가이성을 연구하다 (M. 디용과의 인터뷰)

"Interview de Michel Foucault" (entretien avec J.F. et J. de Wit)
미셸 푸코와의 인터뷰 (J.F., J. de 윗과의 인터뷰)

"Introduction par Michel Foucault"
미셸 푸코에 의한 서문

"La maison des fous"
광인들의 집

"La naissance de la médecine sociale"
사회의학의 탄생

"La naissance d'un monde"
한 세계의 탄생

"la philosophie analytique de la politique"
정치의 분석 철학
〈정치의 분석철학〉, 《철학의 무대》, 오석철 옮김, 기담문고, 2016, 129-156쪽.

"La politique de la santé au XVIIIe siècle"
18세기의 보건 정책

"La scène de la philosophie" (entretien avec M. Watanabe)
철학의 무대 (M. 와타나베와의 인터뷰)
〈철학의 무대〉, 《철학의 무대》, 오석철 옮김,

기담문고, 2016, 11-55쪽.

"La société disciplinaire en crise"
위기의 규율 사회

"La technologie politique des individus"
개인들의 정치적 기술

"La vie : l'expérience et la science"
삶: 경험과 과학

"Le combat de la chasteté"
순결 투쟁

"L'écriture de soi"
자기에 관한 글쓰기

"Les monstruosités de la critique"
비판의 괴물성

"Le souci de la vérité" (entretien avec F.
Ewald)
진실에 대한 고심 (F. 에발트와의 인터뷰)

"Les rapports de pouvoir passent à l'intérieur
des corps" (entretien avec L. Finas)
권력관계들은 신체 내부를 지나간다 (L.
피나와의 인터뷰)

"Les techniques de soi"
자기 기술

"Le sujet et le pouvoir"
주체와 권력

"L'éthique du souci de soi comme pratique
de la liberté"(entretien avec H. Becker, R.
Fornet-Betancourt et A. Gomez-Müller)
자유의 실천으로서의 자기 돌봄의 윤리 (H.
베커, R. 포네-베탕쿠르, 그리고 A. 고메즈-
뮐러와의 인터뷰)

"L'évolution de la notion d'"individu dangereux'
dans la psychiatrie légale du XIXe siècle"
19세기 사법 정신의학에서 '위험한 개인'이라는
개념의 변화
"L'herméneutique du sujet"
주체의 해석학
〈강의 개요〉,《주체의 해석학》, 심세광 옮김,
동문선, 2007, 519-532쪽.

"L'Occident et la vérité du sexe"
서구, 그리고 성의 진실

"Méthodologie pour la connaissance du
monde: comment se débarrasser du
marxisme" (entretien avec R. Yoshimoto)
세계 인식의 방법론: 어떻게 맑스주의를 청산할
것인가? (R. 요시모토와의 인터뷰)

"Michel Foucault et Gilles Deleuze veulent
rendre à Nietzsche son vrai visage"
미셸 푸코와 질 들뢰즈는 니체에게 그의 진짜
얼굴을 돌려주고 싶어한다.

"Michel Foucault et le zen : un séjour dans un
temple zen" (propos recueillis par C. Polac)
미셸 푸코와 젠(禪): 일본 선종사찰에서의 체류
(C. 폴락의 증언)

"Michel Foucault explique son dernier livre"
미셸 푸코, 그의 최신 저서를 설명하다

"Michel Foucault, une interview: sexe, pouvoir
et la politique de l'identité" (entretien avec B.
Gallagher et A. Wilson)
미셸 푸코, 인터뷰 : 성, 권력 그리고 정체성의
정치 (B. 갤러거, A. 윌슨과의 인터뷰)

"Nietzsche, la généalogie, l'histoire"
니체, 계보학, 역사

"'Omnes et singulatim' : vers une critique de
la raison politique"
'전체적임과 동시에 개별적으로': 정치적 이성의
비판을 향하여
〈옴네스 에트 싱굴라팀(전체적임과 동시에
개별적으로)-정치적 이성의 비판을 향하여〉,
《촘스키와 푸코, 인간의 본성을 말하다》, 이종인
옮김, 시대의 창, 2006, 217-258쪽.

"On the Genealogy of Ethics. An Overview of
Work in Progress"
윤리의 계보에 관하여. 진행 중인 작업의 개요

"Piéger sa propre culture"
자기 자신의 문화를 위험에 빠뜨리기

"Polémique, politique et problématisations"
(entretien avec, P. Rabinow)
논쟁적인 것, 정치적인 것, 그리고 문제화 (P.
레비노우와의 인터뷰)

"Postface"
후기

"Theatrum philosophicum"
철학의 극장

"Pour une morale de l'inconfort"
불편한 도덕에 대하여

"Théories et institutions pénales"
형벌 이론과 제도

"Préface à l'"Histoire de la sexualité""
《성의 역사》 서문
국내 번역된 《쾌락의 활용》에 수록된 서문과
겹치거나 유사한 부분이 있으나, 동일한
텍스트는 아니다.

"Une esthétique de l'existence" (entretien
avec A. Fontana),
실존의 미학 (A. 폰타나와의 인터뷰)

"Qu'est-ce que les Lumières ?"
계몽이란 무엇인가?
《자유를 향한 참을 수 없는 열망》(정일준 편역,
새물결, 1999, 177-200쪽)에 실린 〈계몽이란
무엇인가?〉와 내용이 거의 같으나, 보들레르에
관한 내용이 누락되어 있다.

"Une interview de Michel Foucault par
Stephen Riggins"
스테판 리긴스에 의한 미셸 푸코 인터뷰

"What is Enlightenment ?"
계몽이란 무엇인가?
〈계몽이란 무엇인가?〉, 《자유를 향한 참을 수
없는 열망》, 정일준 편역, 새물결, 1999, 177-
200쪽.

"Qu'est-ce que c'est que la Révolution?"
혁명이란 무엇인가?
《자유를 향한 참을 수 없는 열망》, 정일준 편역,
새물결, 1999, 163-175쪽.

"Qu'est-ce qu'un auteur ?"
저자란 무엇인가?
〈저자란 무엇인가?〉, 《미셸 푸코의 문학비평》,
김현 편역, 문학과 지성사, 1999, 238-275쪽.

"Rêver de ses plaisirs. Sur l'"Onirocritique"
d'Artémidore"
자신의 쾌락을 꿈꾸기. 아르테미도로스의 《꿈의
해석》에 관하여

"Sexualité et politique" (entretien avec C.
Nemoto et M. Watanabe)
성현상과 정치 (C. 네모토, M. 와타나베와의
인터뷰)

"Sexualité et pouvoir"
성현상과 권력

"Sexualité et solitude"
성현상과 고독

"Structuralisme et poststructuralisme"
(entretien avec G. Raulet)
구조주의와 포스트구조주의 (G. 롤레와의
인터뷰)

"Table ronde du 20 mai 1978"
1978년 5월 20일 원탁 회의

머리말

이 책은 미셸 푸코의 두 강연을 싣고 있다. 그중 하나는 프랑스 철학회 주관으로 1978년 5월 27일 소르본에서 있었던 강연이며, 1990년 프랑스 철학회에 의해 〈비판이란 무엇인가?(비판과 계몽)〉라는 제목으로 출판된 바 있다. 다른 하나는 1983년 4월 12일 캘리포니아대학교 버클리캠퍼스에서 영어로 진행됐던 〈자기 수양〉이라는 제목의 강연이다.

이 강연이 끝난 후 푸코는, 며칠에 걸쳐 세 번의 토론에 참여하게 되는데, 그 토론들은 캘리포니아대학교 버클리캠퍼스의 철학과와 사학과 그리고 불문과에서 차례로 주최한 것들이었다. 앞의 두 토론은 영어로, 마지막 토론은 프랑스어로 진행되었으며 1, 2장의 강연록에 이어 이 책의 3, 4, 5장에 실어 놓았다.

두 강연을 가르는 5년이라는 시간 동안 푸코의 사유는 중대한 변화를 겪는다. 그럼에도 불구하고 우리는 이 두 강연을 묶어서 출판하는 것이 흥미로우리라고 생각했다. 왜냐하면 푸코는 콜레주드프랑스에서 《자기 통치와 타자 통치》라는 제목으로 강연을 시작하기 몇 달 전인 1983년 4월 12일에, 이미 1978년 5월 프랑스 철학회 앞에서 했던 발언의 주제가 메아리쳐 울리는 듯한, 계몽에 대한 긴 전개와 더불어 강연을 시작하기 때문이다.

이 책에 실린 두 텍스트는 다음과 같은 과정을 통해 작성되었다. 1978년 5월 27일 강연에 대해서는 《프랑스 철학회 학회지》(이하 《프랑스 철학회》) 84주년, 2호, 1990년 4~6월, 35~63쪽에 실린 강연록을 바탕으로 삼고, 그 외는 프랑스 국립 도서관에 소장 중인, 푸코가 강연에서 말하지 않은 몇몇 구절을 포함한 자필 원고와, 교정을 위해 푸코에게 보냈지만 푸코가 직접 교정하지는 않은 강연록 첫 판본을 참고해 몇 군데 수정을 가했다.

1983년 4월 12일 강연과 뒤이은 세 번의 토론에 대해서는 캘리포니아대학교 버클리캠퍼스와 IMEC(프랑스 현대 출판 기록원)가 갖고 있는 녹음 자료를 바탕으로 삼았고, 영어 녹취록의 작성을 위해서는 Davey K. Tomlinson의 도움을 받았다. 우리는 또한 프랑스 국립 도서관에서 이 강연을 위한 자필 원고를 열람할 수 있었다.

이곳에 실린 텍스트들은 가능한 한 기록에 의거하는 방식으로 작성되었으며, 다만 꼭 필요하다고 여겨지는 경우에는 수정을 가했다. 이를테면 영어로 진행된 토론들에서 반복되는 몇몇 구절과 푸코가 단어를 찾기 위해 머뭇거린 부분들은 삭제했으며, 부정확한 문장 구조들을 교정했다. 우리는 또한 토론에 등장하는 질문들을 요약하고 주제와 관련 없는 대화는 싣지 않기로 했다.

귀중한 도움을 주신 프랑스 국립 도서관에 특별히 감사의 마음을 전한다. 프랑스 국립 도서관에서는 대중에게 공개된 적 없는 푸코의 문서를 열람할 수 있도록 우리를 배려해주셨다. 또한 프랑스 철학회에 감사드린다. 프랑스 철학회에서는 1978년 5월 27일에 있었던 푸코의 강연에 토론을 덧붙여 재출간할 수 있도록 허가해주셨다.

H.-P. FRUCHAUD et D. LORENZINI

들어가며

미셸 푸코의 사유는 일련의 변화들을 겪었지만, 언제나 쉽게 알아챌 수 있을 만큼 한결 같은 목소리이기도 했다. 그러므로 문제는 그 변화들과 더불어 독특한 철학적 목소리를 동시에 파악하는 것이다. 이 책의 핵심을 이루는 푸코의 두 강연은 5년이라는 시간을 사이에 두고 있기도 하거니와, 얼핏 매우 동떨어진 것처럼 보이기도 한다. 그렇지만 이 두 강연 사이에는 적어도 하나의 근본적인 접점이 있다. 상세히 연구할 만한 가치와 의미를 지닌 이 접점은 다음과 같은 첫 번째 대조를 정당화한다. 푸코는 칸트 비판 기획의 중요성을 숙고하고 그 비판 기획을 급진적으로 재정의해 자기화하는 방식으로 칸트의 텍스트 〈계몽이란 무엇인가?〉[1]를 참조하는 것이다.

칸트의 〈계몽이란 무엇인가?〉에 대한 참조는, 1978년과 1984[2]년 사이에 있었던 푸코의 여러 텍스트들과 발언들을 한쪽 끝에서 다른 쪽 끝으로 가로지르며, 많은 경우 (칸트의 텍스트에 대한) 아무런 체계적 분석을 하지 않은 채로 아주 빠르게 거의 점을 찍는 듯한 방식으로 나타난다. 단 두 번을 예외로 한다면 말이다. 조르주 캉길렘의 《정상적인 것과 병리학적인 것》 영역본 서문[3]에서 칸트의 텍스트와 계몽의 물음을 언급한 이후인, 1978년 푸코

---

1   E. Kant, "Réponse à la question : qu'est-ce que les Lumières ?"(1784), dans *Œuvres philosophiques*, t. II, trad. fr. H. Wisman, *Bibliothèque de la Plèiade*, Paris, Gallimard, 1985, p. 207-217.
2   이 책 48쪽 각주 10.
3   M. Foucault, "Introduction par Michel Foucault", dans DE II, n°219, p. 429-442.

가 프랑스 철학회 강연에서 오랫동안 논한 내용의 교정본을 우리는 여기서 처음으로 소개한다. 푸코는 1983년 콜레주드프랑스에서의 강연《자기 통치와 타자 통치》[4] 첫 시간을 칸트의 계몽에 할애한다. 그것은 후에 요약되고 손질되어 1984년에 논고의 형태로 출판되었다.[5] 1984년에는 또한 미국에서도 칸트의 계몽을 다룬 수필이 발표된다.[6] 푸코는 1983년 4월 12일 캘리포니아대학교 버클리캠퍼스에서 〈Regent's lectures〉의 일환으로 행해진 강연을 진행하기로 결심하는데, 이것은 여기서 처음으로 출판되는 것이다. 이 강연에서 푸코는, "왜 제가 철학적이고 역사적인 문제로서 '자기 수양'이라는 주제에 관심을 갖는지를 설명"[7]하기 위해 칸트의 텍스트에 관해 간략히 논의한다.

우리가 여기서 소개하는 두 강연, 〈비판이란 무엇인가?〉와 〈자기 수양〉은 이 책의 두 '중심축'을 이루며, 이로부터 우리는 1978년과 1983년 사이에 일어난 푸코 사유의 변화에 대해 물을 수 있다. 그래서 우리는 그가 〈계몽이란 무엇인가?〉를 읽는 독특한 방식(그가 가진 진정한 도구 상자)에 대해 사유할 수 있고, 또 그로 하여금 자신의 역사 – 철학적 관점뿐만 아니라 자신의 과거와 현재의 작업을, '비판'이라는 문제의 발자취 안에 기입하도록 추동하는 연속적인 요소들에 대해서도 성찰할 수 있다. 푸코에 따르면 '비판'의 문제는, 계몽에 관한 칸트의 글에서 시작됐지만, 칸트 고유의 그 유명한 비판 기획과 동일시될 수도 없고 되어서도 안 된다.《실용적 관점에서 본 인간학》[8]으로 박사학위 부논문을 썼

---

4   GSA, p. 8-38.
5   M. Foucault, "Qu'est-ce que les Lumières ?", dans DE II, n°351, p. 1498-1507.
6   M. Foucault, "What is Enlightenment ?" , dans DE II, n°339, p. 1381-1397.
7   이 책 〈자기 수양〉 95쪽.
8   E. Kant, Anthropologie du point de vue pragmatique, introduction et traduction par M. Foucault,

을 때부터 늘 칸트에 대한 참조가 푸코에게 결정적으로 중요했던 건 사실이지만, 자기 고유의 철학적 실천의 계보를 다시 그리려는 푸코의 시도는 그러므로 또 다른 칸트를, 혹은 적어도 3대 비판서의 길에 대한 대안적 '칸트주의'의 길을 백일하에 드러냄으로써 행해진다.

엉뚱한 제목, 혹은 칸트 대 칸트

1978년은 푸코의 지적 여정에서 결정적인 한 해였다. 콜레주드프랑스에서의 강의 《안전, 영토, 인구》에서 '통치성'이라는 주제가 처음으로 등장한 것이다. 통치성[9]은 《자기 통치와 타자 통치》의 문제틀 아래서 1984년까지 푸코가 수행한 연구의 핵심을 이룬다. 푸코가 인간들의 통치라는 개념의 역사를 서술하면서 그가 "사목 권력"이라고 부르는 바에 주목하고, 중세에 있었던 "사목에 대한 다섯 가지 대항 품행"의 분석으로 나아가는 상세한 연구를 제안한 것도 《안전, 영토, 인구》에서였다.[10] 그리고 푸코가 캉길렘의 《정상적인 것과 병리적인 것》의 영역본 서문에서 처음으로 (짧막하긴 하지만) 계몽에 대한 칸트의 텍스트를 언급하고 주해한 것 역시 1978년 1월[11]의 일이다. 거기서 푸코는 캉길렘의 이 저작이 전후 프랑스 사상에서 담당한 근본적 역할을 강조하고 이러한 유형의 성찰이 현재와 왜 이렇게나 깊은 관계를 맺는지를 묻는다.

Paris, Vrin, 2008.

9 《안전, 영토, 인구》, 35쪽.

10 《안전, 영토, 인구》, 167-312쪽.

11 Cf. D. Defert, "Chronologie", dans DE I, p. 73.

그리고 프랑스에서의 과학사는 계몽이라는 문제가 재활성화되는 배경이 되었다고 주장한다. 다시 말해 합리적 사유의 본성과 토대에 대한 문제일 뿐만 아니라 합리적 사유의 역사 및 지리에 대한 문제이기도 하며, 합리적 사유의 과거와 현실태에 대한 문제가 재활성화되는 배경이 되었다는 것이다. 그것이 재활성화된 방식은 "그 구조들의 자율성이 독단주의와 전제주의의 역사를 갖는 어떤 이성"을 검토하는 방식과 같았다. 그래서 우선 캉길렘의 작업이 이런 종류의 성찰에 속한다는 것을 보여주기 위해 푸코는 18세기 말 '철학적 저널리즘'이 탄생하는 순간을 기술한다. '철학적 저널리즘'[12]은 '현재 순간'의 분석을 계획함으로써 철학에 '역사적이고 비판적인 일대 차원'을 열었던 것이다. 카바이에스, 쿠아레, 바슐라르, 그리고 캉길렘과 심지어는 프랑크푸르트학파의 철학자들도 이러한 차원을 계승한 자들이다.[13]

　　1978년 4월 초 푸코는 일본에서의 긴 체류 기간[14] 동안 중요한 강연들[15]을 하고 프랑스로 돌아온 지 얼마 지나지 않은 1978년 5월 27일에 프랑스 철학회 주최로 〈비판이란 무엇인가?〉라는 강연을 한다. 제목에 관한 질문으로 시작되는 이 강연은 여러 상황 때문에 푸코의 지적 산물 중에서 진정으로 특이한 것이 되었다. 푸코는 실제로 이 강연에 제목을 달지 않은 것에 대해 사과하고, 곧이어 그가 다루고자 했던 것은 '비판이란 무엇인가?'라는 문제였다고 설명한다. 1990년 《프랑스 철학회 학회지》에 이 텍

12　계몽에 관한 칸트의 텍스트와 연결되어 있는 '철학적 저널리즘'이라는 주제는 1979년 4월에 출간된 아티클에서 다시 다루어진다. (cf. M. Foucault, "Pour une morale de l'inconfort", dans DE II, n° 266, p. 783), 하지만 그 후의 텍스트들에서는 완전히 사라지게 되는데, 아마도 푸코가 이란 혁명 때에 수행했던 언론적 성격의 르포르타주들에 뒤이은 논쟁들 때문이기도 할 것이다. Infra, p. 73-74, n. 12.

13　M. Foucault, "Introduction par Michel Foucault", art. cit., p. 431-433.

14　Cf. D. Defert, "Chronologie", art. cit., p. 74.

15　이 책 39쪽 각주 1.

스트가 실리면서 그 제목이 붙여졌다. 푸코는 이 강연 시작에 앞서 실은 자기 "머리에서 떠나지 않았던" 제목이 있었다고 고백한다. 그런데 그 제목이 "엉뚱"했기 때문에 결국 그것을 원하거나 밀어붙이지 못했다고 말한다.[16] 그 엉뚱한 제목이란 물론 '계몽이란 무엇인가?'[17]이다. 그러나 1984년의 푸코는 이 제목을 사용하는 데 더 이상 주저하지 않았다. 그러므로 그 망설임의 이유들에 대해 검토하는 것 혹은 적어도 푸코가 프랑스 철학회 회원들에게 제시한 '게임$_{jeu}$'에 대해 검토하는 것은 당연하다.[18]

이것은 아마도 (선험적) 비판에 대한 칸트의 문제 제기를, 푸코 자신이 "비판적 태도"라고 불렀던 것 쪽으로 이동시키면서 푸코가 이 문제 제기에 가하는 **비틀기**와 관계가 있을 것이다. 푸코에 따르면 사실, 만약 칸트가 선험적-인식론적 비판의 문제로 비판적 태도와 계몽의 문제를 이동시켰다면, "이제는 반대로 가는 길을 시도"해야 할 것이다. "통치받지 않으려는 결연한 의지"[19]로부터 출발해 지배와의 관계 속에서 인식에 대한 문제를 제기함으로써 말이다. 달리 말하자면 '저자란 무엇인가?'라는 겉보기에는 고전적인 질문이, 저자-주체의 위치를, 저자-기능의 위치로 (스캔들을 일으키며) 이동시키기 위한 구실로 작용했던[20] 바로 그 1969년처럼, 1978년의 물음 '비판이란 무엇인가?'는 푸코에게 (엉

---

16   이 책 39-40쪽.

17   이 책 75쪽.

18   프레데릭 그로(Frédéric Gros)와 필립 사보(Philippe Sabot)는 우리가 참조하는 귀중한 글들에서 이 문제에 접근한 바 있다. 다음을 참조하라. F. Gros, "Foucault et la leçonkantienne des Lumières", Lumières, n° 8, 2006, p. 159-167. Ph. Sabot, "Ouverture : Critique, attitude critique, résistance", dans É. Jolly et Ph. Sabot (dir.), Michel Foucault À l'épreuve du pouvoir, Villeneuve-d'Ascq, Presses universitaires du Septentrion, 2013, p. 13-26.

19   이 책 〈비판이란 무엇인가?〉 74쪽.

20   Cf. M. Foucault, "Qu'est-ce qu'un auteur ?", Bulletin de la Société française de Philosophie, 63e année, n°3, juillet-septembre 1969, p. 73-104 (repris dans DE I, n°69, p. 817-849).

뚱한) 또 다른 위치 이동의 가능성을 열어준다. 요컨대 "나는 무엇을 인식할 수 있는가?"라는 선험적-인식론적 질문은 여기서 '태도의 문제'[21]가 되며, 비판은 "진실에 대해서는 그 진실이 유발하는 권력 효과를, 권력에 대해서는 그 권력이 생산하는 진실 담론을 문제 삼을 수 있는 권리를 주체가 자신에게 부여하는 것과 관련된 활동"으로 "진실을 둘러싼 정치라고 부를 수 있는 활동 속에서 탈예속화"를 목적으로 삼는 것으로 재정의된다.[22] 푸코는 이렇게 위치를 이동시키는 방법들을 언제나 칸트로부터 탐지하지만, 그러나 **다른 칸트**, 즉 〈계몽이란 무엇인가?〉[23]라는 '부차적'이고 주변부적인 텍스트의 칸트에게서도 탐지한다. 철학회 입장에서는 그러한 행동이 엉뚱해보일 수 있었다는 것을 이제는 아마도 더 잘 이해할 수 있을 것이다.

이런 식으로 통치 당하지 않는 기술

그렇지만 1978년에 푸코가 비판적 태도를 자기 나름대로 정의하는 것은, 계몽에 대한 칸트의 텍스트를 주해함으로써가 아니라는 데 주의해야 하고, 바로 그렇기 때문에 푸코의 1983~84년

---

21   이 책 74-75쪽. 서구적 전통에서 선험적-인식론적 질문은 마땅히 철학적 대우를 받아야 한다는 것을 우리는 아주 잘 알고 있다. 하지만 반대로 비판적 태도는 훨씬 더 사회학적 대상처럼 보일 수 있고, "높고 깊은 철학적 시선"을 받을 만하지는 않다. Cf. M. Foucault, "Nietzsche, la généalogie, l'histoire", dans DE I, n° 84, p. 1004.

22   이 책 45-46쪽.

23   푸코가 칸트의 이 텍스트에 관해 말하기로 했던 시대에는 이 텍스트가 완전한 오해에 휩싸여 있었다는 것, 그래서 결과적으로, 뛰어난 작품들과 하찮은 작품들을 가르는 전통적 구별의 파괴를 추구하는 푸코의 그러한 선택이, 전복시키는 가치를 갖고 있다는 사실은 오늘날의 관점에서는 망각될 수도 있을 것이다. 푸코가 바슐라르와 공유하는 이러한 철학적 태도에 대해서는 다음을 참조하라. M. Foucault, "Piéger sa propre culture", dans DE I, n°111, p. 1250.

텍스트들에 비추어서 이 강의를 독해하고 싶은 욕망에 절대적으로 저항해야 하는 것이다. 그렇게 하지 않으면 거기서 적어도 세 가지 특수성을 놓칠 위험이 있다.

첫째로 프랑스 철학회에서의 강연은 칸트의 〈계몽이란 무엇인가?〉에 대한 섬세한 분석이라기보다는, 우선적으로 콜레주드프랑스에서의 강의《안전, 영토, 인구》에서 푸코가 진척시킨 견해들의 연장선상에 있는 것으로서 나타난다. 실제로 푸코는 어떤 덕과 흡사한, 그리고 자신이 "비판적 태도"라고 부르는 어떤 것과 닮은 어떤 특정한 사유 방식, 말하기 방식, 행동 방식의 출현을 탐색하고자 한다. 푸코가 보기에 그것들의 출현은 서구 근대의 특징적인 역사적 현상과 연결된 것이었으며, 15~16세기에 시작된 인간 통치 기술들의 파급을 아는 것과 연결된 것이었다. 이 현상은, 가톨릭 교회의 '사목' 활동 속에서 발전된 권력 형태, 요컨대 개인의 일상적인 품행을 인도하는 권력 형태가 시민 사회 내에서 확대되었다는 것을 보여준다.[24] 그러므로 푸코는 여기서 가장 종합적인 방식으로 '사목적 통치성'을 다시 분석하기 시작하는데, 이는 콜레주드프랑스에서보다 석 달 앞선 것이었다.[25] 푸코는 그 이전에 어디서도 내보인 적 없는 '통치성'이라는 주제를 개진한다. 통치성은 15~16세기부터의 서구 근대 사회를 특징짓는 것으로, "어떻게 **이런 식으로**, 그들에 의해, 그러한 원칙의 이름으로 통치 받지 않을 것인가?"라는 문제와 분리 불가능하다. 비판적 태도는 이렇게, 칸트를 다시 호출하지 않고서도, 요컨대 '보편적인 문화적 형식', '도덕적이고 정치적인 태도', '사유 방식'(을 참조하지 않으면서도)

---

24   이 책 41-43쪽.
25   《안전, 영토, 인구》, 229-264쪽.

19

그 첫 번째 의미를 부여받게 된다. 비판적 태도는 통치술과 쌍을 이루며 통치술의 반대항이기도 하다. 그것은 "이런 식으로 통치당하지 않는 기술"인 것이다.[26]

콜레주드프랑스에서 푸코는 그리스도교 사목의 장에서 발생한 저항의 거점들에 몰두하면서 '대항 품행'을 다음과 같이 정의한다. 그것은 중세에 표명됐던 "다르게 인도받고자 하는" 의지, 요컨대 다른 인도자, 다른 목자에 의해서 다른 목표와 다른 구원의 형식을 향해, 다른 절차와 방법을 통해 인도받고자 하는 의지로 표명되는 태도인 것이다.[27] 이 개념은 명백하게 "이렇게, 이런 식으로, 그들에 의해, 이러한 대가를 치르면서 통치받지 않고자 하는 의지"[28]로서의 비판적 태도라는 개념과 유사하다. "대항 –"과 "이렇게"는 언제나 이러한 저항 형식들의 **국지적** 차원과 **전략적** 차원을 증언한다.[29] 사실 프랑스 철학회에서 푸코는 비판적 태도의 계보학의 한 단계로서 사목적 대항 품행 연구를 명시적으로 제시한다.[30] 요컨대 푸코가 언급하는 첫 번째 "역사적 정박 지점"이 "성서로의 회귀"[31]라는 것뿐만 아니라, 강연 후에 이어지는 토론 내내, 푸코는 이에 더해 구체적으로 중세 후반의 종교적 투

---

26 이 책 44-45쪽. 이러한 진술은 푸코가 여기서 "비판적 태도"라고 부르는 것과 그가 콜레주드프랑스에서의 강연 《생명관리정치의 탄생》의 첫 시간에 "비판적 통치 이성"이라고 부르게 될 것 간의 관계를 추적할 수 있는 가능성을 암시할 수 있었다. 자유주의의 출현을 기술하면서, 사실 푸코는 "어떻게 지나치게 통치 받지 않은 것인가"라는 물음을 특징짓고 또 그것을 둘러싸고 제기되는 "통치이성의 자기제한"이라는 문제를 강조한다. Cf. M. Foucault, *Naissance de la biopolitique. Cours au Collège de France. 1978-1979*, éd. M. Senellart, Paris, Seuil-Gallimard, 2004, p. 14-15, 22-23. 아마도 이 유사함은 단지 피상적이고 완전히 기만적일 것이다. 왜냐하면 자유주의 자체는 인간들을 통치하는 특수한 방법이 지나지 않는, 그러므로 언제나 **이렇게** 통치받는 것에 저항할 가능성이 있는 것이기 때문이다. 요컨대 **자기**-제한은 **대항 품행**이 아니라는 것이다.

27 《안전, 영토, 인구》, 268-270쪽.

28 이 책 83-84쪽.

29 푸코는 사실 "근본적인 무정부주의라든가 모든 통치화에 절대적이며 심층적으로 저항하는 원초적인 자유"에 의거하려 하지 않는다. 이 책 84쪽을 참조하라.

30 이 책 45쪽 각주 **, 48쪽 각주 *.

31 이 책 45-46쪽과 《안전, 영토, 인구》, 308-309쪽 참조.

쟁들 내에서 비판적 태도의 역사적 기원을 찾아야 할 것이라고 명백하게 단언하는 것이다.[32]

〈비판이란 무엇인가?〉의 두 번째 특징은 계몽에 대한 푸코의 해석으로 구성된다. 비판적 태도를 "특정 철학적 사유의 유산과는 완전히 다른 것"[33]으로 만들기 위해 푸코는 "칸트적 계기"보다 더 넓은 역사 내에 비판적 태도를 재위치시켰지만, 푸코는 비판적 태도에 대한 그 정의가, 칸트가 1784년에 계몽에 대해 내렸던 정의, 즉 외적 권위가 인간성을 지탱하고, (타인의) 관리감독과 관계 맺지 않고서는 자기 자신의 오성을 사용할 수 없는 미성숙의 상태로부터 벗어나는 용기 있는 시도라는 정의와 상응한다고 주장한다. 그러므로 푸코의 강연에서 계몽은 통치적 관리 감독의 권력에 저항하는 실천적 태도가 된다. 그 저항하는 실천적 태도는 주체와 권력 그리고 진실 간 관계들의 장 내에서 나타나며, 푸코는 그러한 장을 "비판의 진원지"[34]라고 부른다. 이렇게 푸코는 계몽을, 매우 명료하고 명명백백한 방식으로 칸트의 "인식론적 비판"의 대척점에 놓는다. 그 후에 그렇게 하는 것보다도 훨씬 더 명명백백한 방식으로 말이다.[35] 계몽은 이처럼 주체와 권력 그리고 진리(진실)의 관계에 이의를 제기하고 그것들의 관계를 해체하거나 전복하려고 시도하면서 저항하는 실천적 태도가 되는 것이다. (사실) 칸트가 생각하기에 "우리의 자유는, 우리가 다소간의 용기를 갖고 (어떤 것을) 기획할 때 문제시된다기보다는, 우리가 우리의 인식과 그 인식의 한계들에 대해 갖는 관념 속에서 문제시되

---

32   이 책 77쪽.
33   이 책 48쪽 각주 *.
34   이 책 47쪽.
35   Cf. GSA, p. 30-32 et M. Foucault, "What is Enlightenment ?", art. cit., p. 1386.

는 것"[36]이기 때문에 인식론적 비판을 "현재와 미래의 모든 계몽에 대한 전제 개념"으로 여겼다. 달리 말하자면 칸트에게서 "알고자 하는 용기"의 기원이 되는 계몽은 인식의 한계들을 인정하는 데 있으며, 순종에 대항하는 것이라기보다는 오히려 반대로 순종의 진정한 토대를 구성하는 자율성을 쟁취하는 데 그 목적이 있다. 그리고 푸코는 '계몽의 용기'와 비교해 '후퇴'와 '철회'에 자리하고 있는 이러한 비판적 기획이 19세기와 20세기 동안, 이성 자체가 역사적으로 책임이 있는 권력 남용을 고발하는 형식으로 수행되었다고 단언한다.[37] 푸코는 여기서 프랑크푸르트학파와의 접점을 의식하면서 그들의 길과 자신의 길을 분명하게 구분하고 싶어한다.[38]

프랑스 철학회 강연의 마지막 부분을 차지하고 있는 긴 방법론적 성찰은 이 강연의 세 번째 특징을 구성한다.[39] 한 주 전에 역사학자들과 원탁에 앉아서[40] 다루었던 주제들, 요컨대 1960년대 후반에 정교화된 특정 개념들을 다시 다루면서 푸코는 "역사-철학적인" 실천을 묘사한다. 푸코가 기술하는 실천은 "진실한 담론을 조직하는 합리성 구조와 그것과 결부된 예속화 기제" 간의 관계들을 탐험하는 데 목적이 있으며, 계몽과 특권적 관계를 유지한다. 왜냐하면 그 비판은, 어떠한 조건들하에서 "우리가 이러한 계몽이라는 문제, 즉 권력과 진실과 주체의 관계를 역사의 어떤 일정한 시대에 적용시킬 수 있는지"를 알려고 시도하기

---

36 이 책 51쪽.
37 이 책 53쪽.
38 이 책 58쪽과 같은 쪽 각주 19.
39 1984년 미국에서 출간된, 칸트와 계몽에 관한 아티클 말미에서 푸코는 방법론적이고 훨씬 더 도식적인 몇몇 점들을 언급한다. Cf. M. Foucault, "What is Enlightenment ?", art. cit., p. 1393-1396.
40 Cf. M. Foucault, "Table ronde du 20 mai 1978", dans DE II, n°278, p. 839-853.

때문이다.[41] 이렇게 재정의된 계몽의 문제는 더 나아가 하나의 관점이 되고, 푸코는 이 순간부터 그 관점에 따라 그의 분석들을 추진하고 그의 모든 작업들을 다시 생각하게 된다.[42] '초역사적' 문제로서의 계몽[43]은 그러므로, 근대에 나타나는 (이성과 광기, 병과 건강, 범죄와 법 등의 관계들에 관한 문제들에서) 뿐만 아니라 기원후 첫 수세기 동안의 그리스도교 한복판과 고대 그리스-로마에서도 재발견된다.[44]

하지만 그래서 어떻게 역사-철학적 분석을 진척시킬 것인가? 푸코가 "인식 행위의 역사적 형태들에 관한 정당한 조사"라고 부르는, 인식을 통해 계몽의 문제를 제기하는 것과는 반대로, 푸코는 이 문제에서 정치적 접근, 즉 권력의 문제를 출발 지점으로 삼을 것을 제안한다. "**사건화**의 검토"라는 방법을 통해서 말이다. 한편으로는 경직된 한계를 갖는 인식과 지배라는 용어를 지식과 권력이라는 용어로 대체함으로써, 진리(진실)와 정당성의 보편적 문제 제기를 가능한 한 피하는 것, 그리고 언제나 특수하고 한정된 "지식-권력 결합체"에 집중하는 것이 중요하다. 사실 권력과 지식의 요소들이 서로에게 절대로 외적이지 않은 이러한 지

---

41 이 책 58-59, 62쪽.

42 이를테면 다음을 참조하라. GSA, p. 4-7 ; M. Foucault, "Préface à l'ʾHistoire de la sexualitéʾ", dans DE II, n°340, p. 1400-1403; "Foucault", dans DE II, n°345, p. 1450-1455.

43 Cf. CV, p. 161. 1984년에 푸코는 비슷한 방식으로 이렇게 주장한다. "우리 자신에 대한 비판적 존재론"이라고 푸코가 부르는 그러한 틀 속에서 추진되어야 할 역사-비판적 조사는, 그 조사의 보편성을 가지며 반복되어왔다는 것이다. 하지만 이는, 우리가 그 조사들의 '시간을 가로지르는 메타역사적 연속성'을 상정하고서 그 조사들을 되새겨야 한다는 것을 뜻하지는 않는다. 요컨대 "우리가 알고 있는 범위 내에서, 행사되는 권력과 우리가 우리 자신에 대해 하는 경험이 다만 대상들과 행동 규칙들, 자기 자신과 맺는 관계의 양식들을 정의하는 특정한 문제화 형식에 의해 한정된 역사적 형상들만을 구성한다는 것을 파악해야 한다." Cf. M. Foucault, "What is Enlightenment ?", art. cit., p. 1396.

44 프랑스 철학회에서의 강연에 이어지는 토론에서 푸코는, 계몽의 물음과 더불어 "철학의 근본적인 기원까지 이르는 모든 가능한 철학사를" 일소해버릴 수 있다고 암시하며, "그래서 소크라테스 소송의 문제는, 칸트가 계몽의 문제로 생각하는, 또 생각했던 바에 입각해 전혀 시대착오 없이 진정으로 제기될 수 있는 문제라고 생각"한다. 이 책 82쪽을 보라.

식 - 권력의 접합 지점을 연구함으로써만 (정신병의 체계, 형벌의 체계, 범죄의 체계, 성현상의 체계 등등)의 요소들의 총체의 경험적 관찰 가능성으로부터 그것들의 역사적 수용 가능성으로의 이행을 수행할 수 있게 된다. 푸코는 이것을 고고학적 수준이라고 부른다.[45] 다른 한편으로 이러한 총체가 당연히 그러한 것이 아니며, 필연적인 것도 아니고, 그 어떤 초월론적 선험성 내에도 기입되어 있지 않다는 사실을 보여주는 것이 중요하다. 그러므로 이러한 총체를, "근본적 원인의 통일성"으로 환원시키지 않으면서, 다만 **효과**로서 이해해야 하는 "순수한 특이성"으로서 분석하는 것은 계보학적 수준에 위치한다. 계보학은 "결정하는 여러 다양한 요소들로부터 출발해 어떤 특이성이 출현하는 조건들"을 명확하게 복원하려고 시도하는 것이며, 절대로 폐쇄적 원칙에 따라 작동하지 않는다. 왜냐하면 특이한 효과를 이해할 수 있게 하는 이러한 관계들은 불확실한 가변적 여백들을 가지며, 끊임없는 운동성을 드러내기 때문이다. 바로 그렇기 때문에 이 분석은 고고학적이고 계보학적일뿐만 아니라 **전략적**이기도 하다.[46]

그러므로 이러한 관점으로 계몽의 문제(즉, 권력과 진실 그리고 주체의 관계라는 문제)에 접근한다는 것은 권력을 근본적 소여所與로서, 그리고 설명할 수 있는 유일한 원칙으로서 작동하게 한다는 것을 의미하지 않으며, 오히려 권력을 언제나 "상호 작용의 장 안에서 기능하는 관계로" 그리고 "가능성의 영역, 결과적으로 가역성의

45　이 책 62-67쪽.
46　이 책 68-72쪽. 1983년 캘리포니아대학교 버클리캠퍼스에서 《자기 수양》에 대해 강의하고 난 후에 있었던 사학과와의 토론 때에 단언했듯, 설령 푸코가 "고고학을 전혀 그만두지 않았고", "계보학을 전혀 그만두지 않았"다는 것이 사실이라 할지라도, 제안된 분석들의 특수한 맥락들을 받아들이면서, 푸코가 고고학 및 계보학에 부여하는 정의들이 해가 가면서 변화한다는 것에 대해서는 인정할 수밖에 없다. 이 책 156쪽, 또한 이 책 108쪽 각주 29, 112쪽 각주 31 참조.

영역이며 역전 가능한 영역"에 연결된 것으로서 고려한다는 것을 의미한다.[47] 달리 말하자면, 계몽의 문제를 새롭게 제기하는 것이 푸코에게서 의미하는 바는, 계몽이 어떻게 그 자신을 올바른 관념으로 만들 수 있는지를 이해하는 것이 아니라, 오히려 어떤 **태도**의 윤리–정치적 가치를 전면에 내세우고, 개인적이면서 동시에 집단적으로, 이런 식으로는 더 이상 통치받지 않고자 하는 데 있다. (1983~84년과 마찬가지로) 1978년의 계몽에 대한 칸트의 텍스트 분석은 그러므로 푸코에게서는 자기 자신의 지적 여정에 하나의 점을 찍는 동시에 자기 작업의 특이성과 현대 철학의 장 내에서 자기 위치의 특이성을 가늠해보는 한 방식이었다.

계몽과 우리 자신의 역사적 존재론

〔강연이 있고 난〕 후 몇 년 동안 초점이 잘 맞지 않는 여러 발언들과 텍스트를 가로지른 후, 1983년에 계몽과 비판의 문제가 독특한 방식으로 새롭게 출현한다. 이때 푸코는 그의 콜레주드프랑스 강의《자기 통치와 타자 통치》첫 번째 강의를 칸트의 〈계몽이란 무엇인가?〉를 논의하는 데, 그리고 더 종합적으로는 칸트가 "〔프랑스〕 혁명이란 무엇인가?[48]"라는 문제를 제기하는, 〈학부들의 논쟁〉(1978) 제2편을 논의하는 데 할애하기로 결정한다. 푸코에 따르면 〔칸트의〕 이 두 텍스트들은 사실, 철학하는 특수한 방식을 증언한다. 어떻게 보면 칸트에 의해 시작됐을 수도 있는 그 철학하

---

47   이 책 73쪽.
48   Cf. GSA, p. 16-21.

는 방식은 바로 자기 자신의 현실태에 대해 자문하는 것이다. 프랑스 철학회에서의 강연에서 푸코는 이 주제를 전혀 강조하지 않았다. 하지만 그 이후의 텍스트들과 발언들에서 계몽에 대한 칸트의 논고에 접근할 때마다 이 주제는 가장 변함없는 요소를 구성한다.[49] 또한 1983년 4월 12일 캘리포니아대학교 버클리캠퍼스에서 왜 자신이 '자기 수양'이라는 주제에 관심을 갖는지를 설명하기 위해 강연했을 때도 마찬가지였다. 〈계몽이란 무엇인가?〉를 논평하면서 강의를 시작한 푸코는, "우리가 우리 자신의 이성을 사용하는 용례의 일반적 역사"의 "아주 특수한" 측면이라고 표명되는 "현재에 대한 철학적 물음"이 중요하다고 강조한다. 그러므로 푸코는 칸트의 텍스트가 철학에 "새로운 종류의 문제"를 도입했다고 주장한다. 그것은 어떻게 이런 식으로 통치받지 않을 것인지를 묻는 것이 아니라, "철학자가 글을 쓰는 그 순간, 그가 속해 있는 바로 그 순간"의 역사 - 철학적 의미를 묻는 것이다.[50]

결과적으로 1983년에 푸코는 계몽의 문제를 비판적 태도의 문제와는 명백하게 동일시하지 않고, 그것을 다른 '역사 - 철학적' 문제와 동일시한다. 요컨대 "현재의 우리는 무엇인가?"라는 물음이다. 그리고 설령 그가 여전히 〈계몽이란 무엇인가?〉와 엄밀한 의미에서의 칸트적 비판 기획 간의 어떤 특정한 차이를 포착할지라도 이 차이는 새로운 방식으로 기술되는데, 즉 칸트는 그의 작품들과 연관되어 있으면서도 〔서로에게로〕 환원 불가능한 두 개의 철학적 전통을 창시했다는 것이다. 한편으로 "진실의 형식적 존재론" 혹은 "인식의 비판적 분석"의 전통(진리〔진실〕란 무엇인가? 어떻게 진

---

49   이 책 96쪽 각주 5.
50   이 책 96-97쪽.

리(진실)를 알 수 있는가?)이 있고, 다른 한편으로는 "우리 자신의 역사적 존재론" 혹은 "사유의 비판적 역사"(우리의 현실태는 무엇인가? 이러한 현실태의 일부를 이루는 한에서의 우리는 무엇인가?)[51]가 있다. 푸코는 칸트의 (3대 비판서)를 "진실의 분석적" 전통과 연결시키는 한편, 계몽과 프랑스 혁명에 관한 칸트의 텍스트들은 반대로 "가능한 경험들의 실재적 장"— 이것을 푸코는 "현재의 존재론, 현실태의 존재론, 현대성의 존재론, 우리 자신의 존재론[52]"이라 부른 바 있다 — 의 문제를 제기하는 비판적 전통과 연결시킴으로써, 몇 달 전 콜레주 드프랑스에서 제기했던 도식을 여기서 다시 취한다.

캘리포니아대학교 버클리캠퍼스에서 푸코는 자신이 그중 두 번째 전통에 속한다고 주장하면서 다음과 같이 단언한다. "우리 자신에 대한 모든 존재론적 역사는 일련의 세 관계들, 요컨대 우리가 진리(진실)와 맺는 관계, 우리가 의무와 맺는 관계, 우리가 우리 자신 및 우리의 타자와 맺는 관계들을 분석해야 한다고 생각합니다."[53] 여기서 푸코가 1978년에 정의한 바 있는 "비판의 진원지"를 발견하게 된다. 요컨대 주체와 권력 그리고 진실 사이에 얽힌 관계들 말이다.[54] 그리고 1983년에 푸코는 광기, 정신분석, 범죄와 처벌을 연구하던 시절의 그가 무엇보다도 진실과 권력에 대한 우리의 관계에 강조점을 두지 않을 수 없다면, 지금은 "우리

---

51 이 책 99쪽.
52 GSA, p. 21-22. 1980년 10월 버클리에서 행한 'Howison Lectures'에서 푸코는 이 정식을 미리 앞서 하는 것처럼 보이는 어떤 대립을 묘사한다. 푸코에 따르면 "비판적 철학의 다른 유형을 탐구하는 것; 대상에 관한 우리의 가능한 인식의 조건들과 한계들을 한정하고자 하는 비판철학이 아니라, 주체의 변화 및 우리 고유의 변화의 조건들과 무한정한 가능성을 탐구하는 비판철학을 탐구하는 것" Cf. OHS, p. 37, n. b.
53 이 책 99쪽.
54 비슷한 방식으로 《쾌락의 활용》 서문 첫 번째 버전에서 푸코는 비판을 "진실, 규칙 그리고 자기와 맺는 관계들이 구축되는 역사적 조건들의 분석"으로 정의한다. Cf. M. Foucault, "Préface à l'Histoire de la sexualité'", art. cit., p. 1399.

가 경험하는 성현상이 어떻게 구축되었는지"를 연구하고 싶다고, 또 점점 더 우리가 우리 자신과 맺는 관계와 "자기 기술"에 관심이 간다고 밝힌다.[55] 실제로《앎의 의지》에서 푸코는, 스키엔티아 섹수알리스[Scientia Sexualis, 성의 과학] 및 그에 연관된 권력관계들에 예속화되는 것으로서의 성적 주체를 논의하는데,[56] 이는 고대 그리스 로마에서 자기 기술들이 수행한 결정적 역할을 이해하고 그 시대의 성현상이 어떻게 경험되는지를 연구함으로써 이루어졌다. 자기 기술들 덕분에 (적어도 부분적으로) 과학 및 권력관계들로부터 독립된 방식으로 스스로에게 형식을 부여할 수 있는 것이다. 〈자기 수양〉에서 이루어지는, 계몽에 관한 칸트의 텍스트와 우리 자신의 역사적 존재론에 대한 논의는, 푸코에 의해, 그가 늘 연구해왔다고 주장하는 것 내에서,[57] 즉 자기와의 관계 분석과 우리 자신의 구조를 지배하는 자기 기술의 분석, 그리고 마찬가지로 '그리스 로마의 자기 수양' 중심에 있는 것의 분석 내에서 철학적 틀을 정의하기 위해 사용된다.[58]

　　푸코가 [칸트의] 〈계몽이란 무엇인가?〉에 대한 연구와 고대 그리스 로마의 분석 사이에 설정하는 이 긴밀한 관계는, 이 시기

55　　이 책 101쪽. 캘리포니아대학교 버클리캠퍼스에서 '자기 수양'에 관한 강연 후 철학과 주최의 토론에서 푸코는, 사실 "적어도 우리 사회에서", "자기와 맺는 관계가 구축되는" 영역은 "상당 부분 성적 경험"의 영역이라고 설명한다. 그러므로 "자기를 구축하는 문제와 성현상의 역사라는 문제를 분리하는 것은 거의 불가능"하리라는 것이다. 이 책 142-143쪽 참조. 자기 기술의 주제를 도입하는 유사한 논증을 보려면 다음을 참조하라. OHS, p. 37-39; M. Foucault, "Sexualité et solitude", dans DE II, n° 295, p. 989-990; "La technologie politique des individus", dans DE II, n°364, p. 1633.

56　　《지식의 의지》, 59-143쪽.

57　　Cf. M. Foucault, "Le sujet et le pouvoir", dans DE II, n°306, p. 1042: "내 연구의 일반적 주제를 구성하는 것은 [⋯] 권력이 아니라 주체이다."

58　　이 책 106쪽. 철학과 주최 토론에서 푸코가 설명하듯, 그가 '수양'이라는 말을 사용하는 이유는 자기 수양이 "단지 철학적 이념에 그치는 것이 아니라 실질적인 실천"이기 때문이다. 그것은 개념인 동시에 테크닉의 총체였으며 어떤 종류의 경험이면서 사회적 활동이기도 했다. 이 책 167-169쪽 참조. 여기서 푸코는 고대 그리스-로마의 자기 수양, 즉 자기 돌보기의 '자율성'이 종교 제도, 정치 제도 혹은 교육 제도와 강력하게 연결되어 있지 않았고, 개인의 선택이었다는 것을 강조한다.

의 다른 글이나 발언과 비교했을 때, 버클리에서 행한 강연의 변별적 특징을 구성한다. 사실 1982년 10월 버몬트대학교에서 이루어진 강의는 예외적이다. 여기서 푸코는 계몽에 대한 칸트의 텍스트("우리 시대를 사는 우리는 무엇인가?")에서 정식화되는 물음이 '자기 기술' 연구의 '보편적인 틀'을 정의한다고 단언하는데 이는 예외적이라 할 수 있다.[59] 이것을 제외하면 칸트의 〈계몽이란 무엇인가?〉에 관한 논의와 고대에 대한 푸코의 분석은 언제나 상당한 거리를 유지한다. 이 논의는 〔콜레주드프랑스 강의〕《자기 통치와 타자 통치》[60] 첫 시간의 '주해' 혹은 '짧은 명구', 1984년에 미국에서 출판된 〈계몽이란 무엇인가?〉라는 논고로부터 완벽히 독립적이다.[61] 칸트와 계몽에 관한 성찰이 명료한 방식으로 고대 철학자들의 텍스트들에 관해 진행 중이던 작업과 결부되고, 체계화되는 것은 오로지 〈자기 수양〉에서뿐이다.

    설령 우리가 1983년에 있었던 푸코의 발언들에서 칸트의 텍스트들이 대거 '회귀'하는 것에 대해 의아하게 생각한다 할지라도 우리는 푸코가 1978년에, 그리고 진실의 용기로서의 고대 파레시아에 관한 연구에서 정의한 바 있는 이 비판적 태도와 "계몽의 용기" 사이에 존재하는 긴밀한 관계를 인정할 수밖에 없을 것이다. 게다가 푸코는 그것을 완벽하게 의식하고 있다. 이렇게 해서《자기 통치와 타자 통치》의 마지막 강의에서 푸코는, 〈계몽이란 무엇

---

59   M. Foucault, "La technologie politique des individus", conférence cit., p. 1632.
60   GSA, p. 8.
61   설령 푸코가 여기서 근대성을 "역사의 한 시기라기보다는 오히려 어떤 태도", 즉 "그리스인들이 에토스라고 불렀던 것"과 유사한 방식으로 정의한다 할지라도, 물론 그럼에도 불구하고 푸코는 여기서 다른 것들과 구별되는 근대성의 특징으로, 우리가 우리 자신을 "복잡하고 까다로운 대상"그러 취할 때 활용하는 "필요 불가결한 금욕주의"를 들고 있다 한다. 이러한 특징 때문에 푸코는 근대성을 "역사의 한 시기라기보다는 오히려 어떤 태도", 즉 "그리스인들이 에토스라고 불렀던 것"과 유사한 방식으로 정의한다. Cf. M. Foucault, "What is Enligntement ?", art. cit., p. 1387, 1389.

인가?〉가 철학에서, "고대에는 전통적으로 파레시아의 문제였던" 것들을 고려하는 하나의 방식을 구성한다고 주장한다.[62] 그리고 또 1983년 가을 버클리에서 진행했던 강의에서는 "파레시아 개념을 분석함으로써" "우리 사회에서 비판적 태도라 불릴 수 있는 것의 계보학을 소묘"하고자 한다고 단언한다.[63] 하지만 혹 파레시아의 '발견'이 1983~84년에 있었던 푸코의 발언들과 글들에서 칸트와 계몽에 관한 성찰이 확대되는 데 기여했을 수 있다 하더라도, 그러한 관계는 절대적인 것이 전혀 아님을 〈자기 수양〉에 관한 강연에서 이를 증명한다. 게다가 이 강연 며칠 뒤에 있었던 캘리포니아대학교 버클리캠퍼스 불문과 주최 토론에서, 자신이 1978년에 비판적 태도의 선례들로 소개한 바 있는 사목적 대항 품행조차도 마찬가지로 중세에 자기 수양의 "더 자율적인 형식들의 재출현"을 구성한다고 주장하는 것은 주목할 만하다.[64]

자기 수양

버클리에서의 강연은 그 구성상에서, 푸코가 콜레주드프랑스 강연《주체의 해석학》에서 행한 분석들, 그리고 특히 이 강연의 긴 개요[65]와 매우 가까운 것으로 드러나지만, 반대로 동일한 제목을 갖는 〈자기 배려〉의 두 번째 장[66]과는 상당히 다른 구조를 갖는다. 서론으로 칸트의 계몽에 대한 글을 논의한 후에 〈자

---

62   GSA, p. 322.
63   M. Foucault, *Discourse and Truth*, IMEC/Fonds Michel Foucault, C 100(2)
64   이 책 211쪽.
65   Cf. M. Foucault, "L'herméneutique du sujet", dans DE II, n°323, p. 1172-1184.
66   《성의 역사-제3권 자기배려》, 55-90쪽.

기 수양〉은 하나의 운동을 세 단계로 설명한다.

첫 번째 단계로 푸코는 고대 그리스에서 '너 자신을 알라'라는 정언과 실천이 언제나 자기 배려와 연관되어 있고 또 그것에 종속되어 있었다고 설명하면서, 소크라테스로부터 니사의 그레고리우스에 이르기까지, epimeleia heautou(에피멜레이아 헤아우투, 자기 배려)의 원칙이 갖는 엄청난 역사적 중요성을 강조한다. 바로 이러한 이유로 푸코는 그리스 로마 문화 내에서 '자기 경험의 실천적 원형'으로서의 epimeleia heautou를 연구하는 것이다. 사실 "그리스의 형이상학은 우리가 존재와 맺는 철학적 관계에 결정적 역할을" 했고 "그리스의 과학은 우리가 세계와 맺는 합리적 관계에 결정적 역할을" 했는데, "우리가 우리 자신과 맺는 윤리적 관계에"는, 푸코에 따르면 그리스 로마 문화가 결정적이었다는 것이다.[67] 푸코는 기원전 4세기의 자기 수양과 기원후 첫 두 세기 동안에 있었던 자기 수양이 취하는 형식들을 철저하게 대조해 보여준다. 이렇게 버클리 강연에서는 '자기 수양'이라는 표현이 제정기에만 적용되는 것이 아니라 고대 그리스에도 적용된다. 제정기에 자기 수양의 원칙은 "자기 자신을 배려한다(돌본다)"는 것이었으며, 사회적 실천의 구성에 도달함으로써 그리고 진정한 지식의 구축을 발생시킴으로써 "상당히 보편적인 영향력"을 획득했다.[68] 〔그런가 하면〕 고대 그리스의 자기 수양은 "고전기 도시 국가의 쇠퇴 후 뒤늦은 시기에 발생한 현상이 아니었으며, 고대의 이른 시기에 출현해 여러 형태를 취했던 현상"이었다.[69]

푸코는 두 번째 단계로 플라톤의 《알키비아데스》를, epimeleia

---

67   이 책 106쪽.
68   《성의 역사-제3권 자기배려》, 59-62쪽. 또한 다음을 참조하라. 《주체의 해석학》, 212-214, 237쪽.
69   이 책 108쪽.

heautou라는 원칙의 첫 철학적 정교화로 분석한다.《주체의 해석학》강의에서 제시된 바 있는 분석들을 종합적으로 다시 다루면서[70] 푸코는 자신이 보기에 기원전 4세기의 자기 수양을 특징짓는 네 지점에 특히 주목한다. 자기 배려는 먼저 도시 국가를 통치하기 위해서 우선적으로 자기 자신을 돌보는 것을 배워야 하는 젊은이의 정치적 야망과 연결된다. 두 번째로는 자신의 기획을 실현시키려는 젊은이가 필요로 하는 것을 배울 수 없는 불완전하고 불충분한 교육법과 연결된다. 세 번째로는 젊은이와 스승 간의 에로틱하고 철학적인 관계와 연결된다. 마지막 네 번째로 자기 배려는《알키비아데스》에서 "주로 영혼 자체에 의한 영혼의 명상이라는 형태를 취"[71]한다.

　　세 번째 단계로 이러한 도식화를 통해 푸코는 제정 시대 "새로운 자기 수양"의 주요 특질들을 기술한다.[72] 첫째로 자기와의 관계는 항상적인 것이 된다. 요컨대 자기 자신을 돌보는(배려하는) 것은 이제 더 이상 "단순히 삶을 잠시 잠깐 준비하는 것이 아닌, 삶의 한 형식이다."[73] 둘째로 성인의 실천이 되어버린 자기와의 관계는 아래와 같은, 이제까지 존재하지 않았던 새로운 기능들을 갖게 된다. 비판적 기능(왜냐하면 나쁜 습관, 그릇된 의견 들 등을 버려야 하기 때문에), 투쟁의 기능(왜냐하면 전 생애 동안 개인으로 하여금 싸울 수 있게 해주는 무기와 용기를 그에게 제공해야 하기 때문에), 그리고 치료의 기능(철

70　《주체의 해석학》, 44-69, 90-99, 103-115쪽 등. 또한 다음을 참조하라. M. Foucault, "Les techniques de soi", dans DE II, n°353, p. 1608-1611.

71　이 책 111쪽. 플라톤의 "영혼으로서의 자기의 존재론적 인식"에 대해서, 그리고 전혀 다른 "자기와 맺는 관계의 양식"을 정의하는 후기 스토아주의에서 '너 자신을 알라'라는 정식이 갖는 매우 다른 의미에 대해서는 다음을 참조하라. 이 책 197-203쪽.

72　기원후 1-2세기 동안 자기 수양의 눈에 띄는 특징들의 서술에 대해서는 또한 다음을 참조하라. 《주체의 해석학》, 116쪽 이하,《성의 역사-제3권 자기배려》, 59-90쪽.

73　이 책 113쪽.

학이 영혼의 병들을 치료하기 위해 요청되므로)[74]이 그것이다. 셋째로 스승과의 관계는 에로틱한 성격을 상실하고 권위적 관계, 기술적 관계, 행정적 관계, 제도적 관계가 되어버린다. 마지막 넷째로 '새로운' 자기 수양은, 영혼의 순수한 명상과는 극명하게 다른 대단히 다양한 일련의 자기 기술(버클리에서 푸코는 특히 글쓰기 실천에 관심을 집중한다)을 포함한다.[75] 기원전 4세기의 자기 수양에 대해 논하는 것이 또한 가능하다면 그것은 오직 제정 시대에 이 자기 수양이 무르익어 꽃피웠기 때문이다.[76]

그런데 왜 자기 배려(돌봄)라는 주제가 근대 세계와 현대 세계에서 '사라져버렸다'는 느낌이 드는 것일까? 푸코는 그 이유를 여러 가지로 든다. 자기 배려(돌봄)에 자기 포기라는 형태를 부여한 그리스도교의 영향, 자기 기술을 권위와 규율의 체계 내에 통합함으로써 자기 수양이 독자성을 상실해버렸다는 것, 자기와 자기가 맺는 관계를 인식의 관계로 이해하는 인간과학들의 출현, 마지막으로는 자기를 베일을 벗기거나 해방시켜야 할[77] 숨겨진 현실로 여기는 관념 등이 그 이유들이다. 하지만 푸코가 철학과 주최 토론에서 설명하듯이, "자기는 애초부터 주어진, 또 일정한 도식이나 일정한 모델에 부합해 발전되어야 할 현실이 아니다." 반대로 자기는 "윤리를 특징짓는 다양한 실천과 기술 등을 통해" **구축되는** 것이다. 자기는 실체가 아니라 자기와 자기가 맺는 관계들

---

74   이 책 115쪽.
75   이 책 117-120쪽.
76   게다가 푸코는 기원후 1-2세기 동안 자기 수양의 새로운 특징들이 또한 "그리스도교적 자기 배려"를 특징짓고, 어떤 식으로는 "바로 우리의 자기 수양"을 특징짓는다고 주장한다. 다음을 참조하라. 이 책 〈불교과에서의 토론〉과 주최 토론에서 푸코는, 그럼에도 불구하고 그리스도교 가운데서 고대적 자기 경험의 매우 특징적인 변형들 또한 만들어졌다고 분명하게 말한다. 이 책 187쪽과 같은 쪽 각주 3 참조.
77   이 책 122쪽.

의 총체이다.[78] 그래서 〈자기 해석학의 기원〉 강연(여기서 푸코는 우리 자신과 관련된 정치[79]를 논한다)에서 그렇게 했듯이, 푸코는 자기라는 것은 "우리 역사를 통해 발전된 기술들의 상관물"에 불과하다고 단언하면서 〈자기 수양〉 강연을 마무리한다. 그러므로 문제는 자기를 해방시키는 것이 아니라 "어떻게 하면 새로운 유형의, 새로운 종류의 자기 관계를 만들어낼 수 있을지[80]" 궁리하는 것이다. 달리 말해서 자기의 역사적이고 실천적인 차원을 복원시키는 것은 푸코에게 "우리의 어깨를 누르고 있는 역사의 모든 중압감을 제거하는 것"을 의미하지 않고, "우리에게 접근 불가능한 것으로 제시되었던 것 중 가능한 한 많은 부분을, 우리가 우리 자신에게 가할 수 있는 작업의 재량권에 맡기는 것"[81]을 의미한다. 이것은 "**스스로를** 인도하기"라는 관념에 의해 명확화하는 재귀적 공간이, 푸코가 윤리적 작업을 이해하는 방식에서 결정적임을 확실히 보여주는 하나의 이유다.[82]

역사적이고 철학적이며 또 동시에 윤리적이고 정치적인 이러한 시도는 게다가 푸코가 칸트의 〈계몽이란 무엇인가?〉에 의거해 "우리 자신의 역사적 존재론"이라 부른 바와 구체적으로 연관되어 있다. 이러한 맥락에서 사실 '우리는 누구인가?'라는 문제는 유일하고 보편적이며 비역사적인 주체—"**나**는 누구인가? **나**, 왜냐하면 데카르트는 만인이고 모든 장소이며 모든 순간이므로"[83]

---

78   이 책 132-133, 134-135쪽과 220-221쪽 참조. "자기 실천은 〔…〕 개인이 자기 자신과 맺는 관계 속에서 자기 자신을 주체로서 구축하는 방식입니다. 〔…〕 우리는 자기와 맺는 관계 속에서 주체로서 구축되는 것이지, 주체가 〔미리〕 주어지는 것이 아닙니다."

79   Cf. OHS, p. 90-91.

80   이 책 122쪽.

81   M. Foucault, "Est-il donc important de penser ?"(Entretien avec D. Eribon), dans DE II, n° 296, p. 1001.

82   《쾌락의 활용》, 42-44쪽.

83   M. Foucault, "Le sujet et le pouvoir", art. cit., p. 1050.

를 상정하는 데카르트의 문제가 아니다. 반대로 칸트가 자신의 글에서 계몽에 관해 제기하는 물음은 미완성 상태의 니체적 물음이다.[84] 요컨대 "역사의 바로 이 순간에 있는" **오늘의** 우리가 누구인지를 자문해보는 것, 그러므로 우리의 '자기' 형태가 갖는 우발적 차원을 숙고하는 것, 이를 통해 이론적이고 실천적으로 "현재의 우리인 바를 거부할[85]" 수 있는 가능성을 열고 이제껏 존재하지 않았던 우리가 우리 자신과 맺는 여러 형태의 관계를 창조해낼 수 있는 가능성을 여는 것이 문제인 셈이다. 이와 유사한 방식으로 푸코는 1984년 미국에서 출간된 논고의 결론부에서 "우리 자신에 대한 비판적 존재론"을 "하나의 태도, 하나의 에토스, 요컨대 현재의 우리 자신인 바에 대한 비판이 우리에게 부과된 한계들의 역사적 분석임과 동시에 이 한계들의 가능한 극복의 실험이기도 한 철학적 삶[86]"으로 이해해야 한다고 단언한다. 푸코가 실존의 미학으로 그리스 로마의 자기 수양에 관심을 갖는 것은 사실 현대의 도덕 모델들의 '대안'으로 고대 윤리로의 회귀를 제안하기 위해서가 아니라, 고대의 자기 수양이 '윤리적 상상력'과 연관된 역사적 분석 작업의 도움을 받아, 이미 약화되어버린 종교, 법, 과학이라는 세 개의 주된 준거를 넘어서는 '새로운 윤리'를 구축할 수 있는 가능성을 우리에게 제시한다고 생각하기 때문이다.[87]

---

84 Cf. M. Foucault, "Michel Foucault et Gilles Deleuze veulent rendre à Nietzsche son vrai visage", dans DE I, n°41, p. 579: "니체의 출현은 서구의 사상사에서 어떤 단절을 구성한다. 철학적 담론의 양상은 니체와 더불어 변화했다. 니체 이전의 철학적 담론은 익명의 나였다. 그래서 데카르트의 《성찰》은 주체적 성격을 갖는다. 하지만 독자는 데카르트를 대체할 수 있다. 그러나 독자가 니체를 대신해 '나'라고 말하는 것은 불가능하다."

85 Michel Foucault, "Le sujet et le pouvoir", art., cit., p. 1051.

86 Michel Foucault, "What is Enlightenment ?", art., cit., p. 1396.

87 이 책 172-173쪽. 이와 유사한 사유와 관련해서는 Michel Foucault, *Discussion with Michel Foucault*, IMEC/Fonds Michel Foucault, D250(5), p. 5-6 참조.

비판이란 무엇인가?

미셸 푸코가 1978년 5월 27일에
프랑스 철학회에서 행한 강연

오후 4시 30분, 소르본대학교 원형 강의실에서,
앙리 구이에의 진행으로 열림

앙리 구이에(Henri Gouhier) 프랑스의 철학자, 철학사가, 프랑스 연극 비평가, 소르본느 철학 교수. *Théâtre et l'existence*(연극과 실존), *L'anti-humanisme au XVIIe siècle*(17세기 반-인간중심주의)등을 썼다.

노엘 물루(Noël Mouloud): 릴 대학 인문대 철학교수. *La Peinture et l'espace: Recherche sur les conditions formelles de l'expérience esthétique*(회화와 공간: 미학적 실존의 형식적 조건들에 관한 탐구), *Formes structurées et modes productifs: Essai sur la phénoménologie et la logique des pensées opératoires*(구조화된 형식들과 생산적 양식들: 현상학과 조작적 사유의 논리에 관한 시론) 등을 썼다.

앙리 비로(Henri Birault): 파리 4대학 현대철학 교수. *Heidegger et l'expérience de la pensée, De l'être, du divin et des dieux*(공저)

장-루이 브뤼(Jean-Louis Bruch): 고등학교 철학교사, 아카데미 감독관. *La Philosophie religieuse de Kant*(칸트의 종교철학)등을 썼다.

앙드레 세르냉(André Sernin): 작가, 보석 도매상. *Alain, un sage dans la cité*(도시의 현자, 알랭)등을 썼다.

피에르 아지-디무(Pierre Hadji-Dimou): 정보 불충분

실뱅 자크(Sylvain Zac): *Philosophie, théologie, politique dans l'oeuvre de Spinoza*(스피노자의 저작에서의 철학, 신학 그리고 정치), *La Morale de Spinoza, L'Idée de vie dans la philosophie de Spinoza*(스피노자의 도덕, 스피노자 철학에서의 삶의 관념)등을 썼다.

잔느 뒤부셰(Jeanne Dubouchet): *La condition de l'homme dans l'univers: Déterminismes naturels et liberté humaine*(세계 내 인간의 조건: 자연 결정론과 인간의 자유)를 썼다.

앙리 구이에 참석해주신 여러분, 안녕하십니까? 먼저 매우 바쁜 한 해를 보내는 와중에도 이 학회에 참여해주신 미셸 푸코 선생님께 감사의 말씀을 드리고자 합니다. 사실 저희가 이 학회 일정을 말입니다, 선생님께서 장기간 일본을 여행하고 돌아오신 바로 다음 날은 아니지만 어쨌든 그 다음다음 날로 잡았거든요.[1] 그래서 저희가 보내드린 이 학회 안내장이 간략했던 겁니다. 하지만 선생님의 발표는 예측할 수 없고 또 짐작하시겠지만 기분 좋은 놀라움을 줍니다. 그러니 지체 없이 말씀을 청해보겠습니다.

미셸 푸코 학회 여러분들 앞에서 발표할 수 있도록 초대해주신 데 대해 뭐라 감사의 말씀을 드려야 할지 모르겠습니다. 한 십 년 전쯤에 이미, '저자란 무엇인가?'[2]라는 주제로 이 학회에서 발표한 적이 있는 것 같은데요.

오늘 말씀 드리려는 문제에는 제목을 달지 않았습니다. 구이에 선생님께서는 제가 일본에 다녀와서 그렇다고 너그럽게 말씀해주셨지만, 사실 그건 아주 친절하게 정상 참작해주신 것이고요. 정말 요 며칠 전까지도 저는 제목을 찾아낼 수 없었습니다. 아니, 사실 머리에서 떠나지 않았던 것이 하나 있긴 한데, 그걸

---

1 푸코는 콜레주드프랑스에서의 강의 《안전, 영토, 인구》의 마지막날, 즉 1978년 4월 5일 강의 후, 4월 말까지의 일정으로 일본으로 떠났다. 다음을 참조하라. D. Defert, *Chronologie*, dans DE I, p. 74. 일본에 체류하는 동안 푸코는 중요한 강연을 몇 번 했고, 수많은 토론과 인터뷰에 참여했다. 다음을 참조하라. M. Foucault, "Sexualité et politique" (C. Nemoto와 M. Watanabe와의 인터뷰), dans DE II, n° 230, p. 522-531; "La société disciplinaire en crise", dans DE II, n° 232, p. 532-534; "La philosophie analytique de la politique", dans DE II, n° 232, p. 534-551; "Sexualité et pouvoir", dans DE II, n° 233, p. 552-570; "La scène de la philosophie"(entretien avec M. Watanabe) dans DE II, n° 234, p. 571-595; "Méthodologie pour la connaissance du monde: comment se débarrasser du marxisme" (R. Yoshimoto와의 인터뷰), dans DE II, n° 235, p. 595-618; "Michel Foucault et le zen : un séjour dans un temple zen" (propos recueillis par C. Polac), dans DE II, n° 236, p. 618-624.

2 다음을 참조하라. M. Foucault, "Qu'est-ce qu'un auteur ?", *Bulletin de la Société française de Philosophie*, 63ᵉ année, n° 3, juillet-septembre 1969, p. 73-104(repris dans DE I, n° 69, p. 817-849).

제목으로 고르고 싶지는 않았습니다. 왜냐하면 너무 엉뚱했으니까요.

사실 제가 말씀 드리고 싶었던, 또 언제나 말씀 드리고 싶은 것은 바로 '비판이란 무엇인가?'라는 물음입니다. 철학의 경계에서, 철학 바로 옆에서, 철학에 철저히 맞서서, 철학을 희생시키면서, 아마도 가능한 모든 철학을 대신해서, 미래의 철학을 지향하면서, 끊임없이 형성되고 연장되며 또 거듭나는 이 기획 주변에서 몇 마디라도 하려고 애써봐야 할 것입니다. 그런데 제 생각에 칸트가 시도한 걸출한 작업으로서의 '비판'과 일상적으로 비판이라 불리는, 논쟁적이고 직업적인 소소한 활동 간에는, 말하자면 비판적 태도라고 부를 수 있는 것이 존재합니다. 그것은 근대 서양에서 경험적으로 대략 15~16세기부터 시작되는 어떤 사유 방식, 말하는 방식, 또 행동하는 방식이고, 존재하는 것과의 어떤 관계, 우리가 알고 있는 것과의 어떤 관계, 우리가 행하는 것과의 어떤 관계이며, 사회 및 문화와의 관계, 또 타자들과의 관계이기도 합니다. 물론 비판적 태도라는 어떤 것이 있고 또 그것이 근대 문명 특유의 것이라는 말을 듣고 많이 놀라실 수도 있습니다. 엄청나게 많은 비판과 논쟁 등이 있기도 했고, 무엇보다도 칸트가 제기했던 문제들은 아마도 15~16세기보다 훨씬 더 옛날로 거슬러 올라가는 기원들을 갖고 있으니까요. 또한 본성적이고 기능적으로 주어진 것처럼 보이는, 그리고 직업적이며 분산적이고 의존적이며 순수하게 타율적으로 주어진 것처럼 보이는 이러한 비판에서 어떤 동질성을 찾으려고 시도한다는 데 놀라게 되실 것입니다. 요컨대 비판은 그것이 다른 어떤 것과 맺는 관계 속에서만 존재합니다. 비판은 자신이 알지도 못하고 또 도달할 수도 없는 어떤 미래 혹은 어떤 진실을 위한 수단이자 방법이며, 자신이 잘 관리할 수 있기를 바라지만 법을 제정할 능력은 없는 영역을 향한 시선입니다. 이 모든 것들 때문에 비판은 철학, 과학, 정치, 도덕, 법 권리, 문학 등을 실증적으로 구성하는 것들과의 관계에서 종속적으로 기능하게 되었습니다. 하지만 또 동시에 이 비판은, 비판이라는 이 이상야릇한 활동이 가져다주는 기쁨 혹은 보상이 무엇이건 간에, 상당히 규칙적으로, 아니 거의 늘상 비판이 표방하는 어떤 유용한 가치*를 지닐 뿐만 아니라 더 일반적인 일종의 절대적 필요성에 의해 지탱되고 있는 것 같습니다. 이 필요성은 오류를 배격할 필요성보다도 훨씬 더 일반적으로 필요한 것입니다. 비판에는 덕과 닮은 어떤 것이 있습니다. 그리고 어떻게 보면 제가 말씀 드리고 싶었던 것은 일반적인 덕으로서의 비판적 태도입니다.**

이 비판적 태도의 역사를 기술하는 아주 많은 방법이 있지만, 저는 단지 가능한 하나의 방법을 제시하고자 합니다. 다시 말씀 드리지만 아주 많은 방법 중 하나일 뿐입니다. 제가 제안하고

---

* 원고에는 '가치(valeur)'라고 되어 있지만, 이 발표에서 푸코는 '완강함(raideur)'이라고 말한다.

** 칸트의 결출한 작업과 직업적 논쟁의 소소한 활동들 사이에, 서양에서는 '비판적 방식'이라 부를 만한 사유 방식과 말하기 방식 그리고 행위 방식이 있었던 것 같다. 결코 독자적이지 않은 (그리고 그 정의상 결코 독자적일 수 없는) 비판은 언제나 철학, 과학, 법학, 경제학, 정치학 등, 그러므로 여기저기 흩어진 〔각각의〕 영역에서 혹은 그 영역과 관련해 행해진다. 〔각 영역에서의 비판 활동들은〕 관계를 맺거나 연결되거나 이동하게 되는데, 덕분에 여러 다양한 비판 활동들이 서로 유기적으로 연결될 수 있다. 〔이렇게 해서 여러 비판 활동들은〕 이렇게 분산되어 있음에도 불구하고 우리가 거기서 어떤 특정한 양식과 공통의 절차들을 별 어려움 없이 알아볼 수 있을 정도로 충분한 특수성을 갖고 있다.

비판에서는 그 누구도 자격 소지자가 아니며 절대적 이론의 소유자도 아니다. 보편적이면서도 절대적인 비판자는 존재하지 않으며 본래적이면서도 홀로 서는 비판자는 존재하지 않는다. 서양에서의 모든 성찰 활동과 분석 활동 그리고 지적 활동은 자기 자신 안에 잠재적인 비판의 차원을 갖고 있는 셈이다. 이 비판의 차원은 어쨌든 동시에 필수적이고 바람직하며 유용한 것으로 지각된다. 또 이 비판적 차원은 불만족스러운 상태로 남아 자체적으로 중단될 수 없으며, 심지어는 바로 그러한 이유로 불신을 불러 일으키고 그야말로 비판을 불러 일으킨다.

사랑받는 동시에 사랑받지 못하는 비판, 조롱 당하는 조롱, 요컨대 이 공격들은 끊임없이 공격받는데, 자기가 공격하는 상대로부터 공격받고, 공격밖에 하지 않는다는 것 때문에 공격받는다. 왜냐하면 비판의 존재 법칙은 자기 자신의 비판받음이기 때문이다. 참을 수 없이 참아내는 참을 수 없음. 그렇다면 서양에서의 존재 방식과 사유 방식 내에서의 이러한 참을 수 없음은 과연 무엇일까? 본질적이고 불안정하며, 일시적이고 항구적인 이 참을 수 없음은 과연 무엇일까? 언제나 비판에 시달려야 하는 이 〔비판할〕 의무는 과연 무엇일까?

자 하는 한 가지 방법은 다음과 같습니다. 그리스도교 사목, 혹은 구체적이고 특수한 사목적 활동을 발전시켰던 그리스도교 교회는, 특이하기도 하고 또 제 생각에 고대 문화와는 완전히 이질적인 어떤 관념을 발전시켰습니다. 그 착상이란, 모든 개인이 그의 나이나 지위에 상관 없이, 생애의 처음부터 끝까지, 그의 세세한 행위들에 이르기까지, 통치받아야 하고 또 통치받도록 자신을 내맡겨야 한다는 것, 다시 말해서 자신을 구원으로 인도하는 누군가와 전면적인 동시에 면밀하고 세밀한 복종 관계를 맺어야 한다는 것입니다.[3] 누군가에게 복종하는 관계 속에서 구원을 향해 인도되어 가는 이러한 활동은 진실과 맺는 삼중적인 관계 속에서 행해져야 합니다. 즉 교의로 이해된 진실, 또 이러한 인도가 개인들을 개별화하는 특수한 인식의 어떤 방식을 내포하는 한에서의 진실, 그리고 마지막으로 이 인도가 일반적 규칙들과 특수한 인식들, 교훈들, 시험의 방법들, 고백, 대화 등을 포함하는 어떤 심사 숙고된 테크닉으로 전개되는 한에서의 진실과 맺는 관계 속에서 이루어져야 한다는 것입니다.[4] 결국 수 세기 동안 그리스

---

3   푸코는 그의 콜레주드프랑스 강의 《안전, 영토, 인구》에서, 특히 1978년 2월 8일 강의와 3월 1일 강의에서 처음으로 사목 권력을 인간 통치의 '원형적' 형식으로서 연구한다. Cf. STP, p. 128-219(《안전, 영토, 인구》, 오트르망 옮김, 난장, 2011, 181-312쪽). 여기서 푸코는 그리스도교 사목이라는 주제를 논의하기에 앞서, 히브리인들의 사목이라는 주제에 몰두한다. Cf. STP, p. 128-133(《안전, 영토, 인구》, 181-189쪽). 목자-양떼 관계가 고대 그리스 로마에서는 적합한 정치적 모델로 간주되지 않았던 까닭에 관한 푸코의 더 상세한 설명을 살펴보고자 한다면 다음을 참조하라. STP, p. 140-151(《안전, 영토, 인구》, 194-212쪽). 푸코는 1978년과 1979년 사이에, 사목 권력 분석으로 몇 번이나 되돌아오게 된다. Cf. M. Foucault, "La philosophie analytique de la politique", conférence cit., p. 548-550; "Sexualité et pouvoir", conférence cit., p. 560-566; "'Omnes et singulatim': vers une critique de la raison politique", dans DE II, n° 291, p. 955-968. 다음도 참조하라. M. Foucault, "Le sujet et le pouvoir", dans DE II, n° 306, p. 1048-1049.

4   콜레주드프랑스 강의 《안전, 영토, 인구》의 1978년 2월 22일 강의에서 푸코는, 구원과 맺는 관계, 법과 맺는 관계('순수한 복종'의 심급), 그리고 진실과 맺는 관계라는 세 축을 둘러싸고, 히브리에서의 목자라는 주제와 비교하면서 그리스도교 사목을 분석하고 그것의 특이성을 설명하려는 기획을 세운다. Cf. 《안전, 영토, 인구》, 233-263쪽(STP, p. 170-187). 이 세 요소들은 푸코가 그리스도교 사목을 연구하는 다른 모든 곳에서 더 도식적인 방식으로, 때때로 그 차이들이 강조되면서 다시 나타난다. 이를테면 바로 여기, 프랑스 철학회 강연에서처럼 말이다.

교회에서는 technê technôn(테크네 테크논, 기술 중의 기술)이라 불렸고 라틴 로마 교회에서는 ars artium(아르스 아르티움, 기술 중의 기술)이라 불렸던 것이 바로 양심의 인도였고 인간들을 통치하는 기술이었다는 사실을 잊지 말아야 합니다.[5] 물론 이 통치 기술은 오랫동안, 결국 비교적 한정된 실천들과 결부되어 존속했으며, 중세 사회에서조차도 수도원 생활과 결부되어 있었고, 말하자면 특히 비교적 제한적인 영적 집단들에서 실천되었습니다.[*] 하지만 제 생각에 15세기부터, 그리고 종교개혁 전부터 인간들을 통치하는 기술의 진정한 폭증, 두 가지 의미에서의 폭증이 있었다고 말할 수 있을 것 같습니다. 우선 종교적 기원을 갖는 이 기술이 말하자면 세속화되는 변화가 일어나고, 사람들을 통치하는 기술과 그 통치 기술을 시행하는 방법들에 관한 주제가 시민 사회 속으로 퍼져나갔습니다. 그리고 두 번째로, 다양한 영역으로 이 통치 기술이 보급되었습니다. 어린이를 어떻게 통치할 것인가, 가난한 자와 거지를 어떻게 통치할 것인가, 가족과 가정을 어떻게 통치할 것인가, 군대를 어떻게 통치할 것인가, 다양한 집단, 도시, 국가를 어떻게 통치할 것인가, 자기 자신의 신체를 어떻게 통치할 것인가? 자기 자신의 영혼을 어떻게 통치할 것인가? 제 생각에 '어떻게 통치할 것인가?'라는 물음은 15세기 혹은 16세기에 제기되었던 근본적인 문제 중 하나였던 것 같습니다. 이 근본적인 문제에 응답해 모든 통치 기술들, 말하자면 교육 기술과 정치 기술 그리고 경제 기술 등이 급증했고, 또 오늘날 통치라는 말이 갖는 넓은 의미에

---

5   Cf. GV, p. 51-52 et M. Senellart, dans GV, p. 68, n.9.
*   원고: 최근에 그것의 중요성과 복잡성, 그리고 특히 인간과학들과 관련해 그 독자성이 상당히 상실된 것이 사실이다.

서의 모든 통치 제도들이 급증했습니다.[6]

　그런데 16세기 서구 유럽의 여러 사회들에서 상당히 특징적으로 보이는 이러한 통치화gouvernementalisation는, 제 생각에 '어떻게 통치받지 않을 것인가?'라는 물음과 불가분의 관계에 있는 것 같습니다. 〔그러나〕 저는 '우리는 통치받기를 바라지 않는다. 우리는 **전혀** 통치받기를 바라지 않는다'는 식으로, 통치화에 정면으로 맞서는 단언을 통치화에 대립시킬 수 있다고 말하려는 것이 **아닙니다.**[*] 제가 드리고 싶은 말씀은, 통치 방식을 둘러싼 많은 관심과 그에 대한 연구 속에서, '어떻게 하면 **이런 식으로**, 이들에 의해서, 이런 원칙들의 이름으로, 이런 목표들을 위해, 이런 절차를 통해, 그런 식으로, 그것을 위해, 그들에 의해 통치 당하지 않을 것인가?'라는 문제가 지속적으로 제기됨을 알 수 있다는 것입니다. 그리고 만약 개인과 사회를 동시에 통치화하는 이러한 활동을 역사 속에 집어넣어 그에 합당한 범위를 부여한다면, 대략적으로 비판적 태도라고 불릴 만한 것을 거기에 부여할 수 있을 것 같습니다. 통치 기술에 맞서는 반대자, 아니 그보다는 상대방인 동시에 적대자인 어떤 것으로서, 통치 기술을 불신하고 거부하고 제한하며, 그것의 정당한 한도를 모색하고 그것을 변형시키며, 그것으로부터 벗어나고자 하는, 혹은 어쨌든 그 통치 기술을 변화시키려는 방식으로서, 본질적인 유보의 자격으로서, 그에 더하여, 또 바로 그 이유 때문에 통치 기술이 발전하는 선으로서, 그 당시 유럽에서 탄생한 듯한 일종의 일반 문화적 형식, 도덕적인 동시에

6　인간을 통치하는 기술이 종교 영역 바깥으로 '폭증'한 것에 대해서는 다음을 참조하라. 《안전, 영토, 인구》, 315-331쪽〔STP, p. 235-245〕 et M. Foucault, "La philosophie analytique de la politique", conférence cit., p. 550-551.
*　원고상에서 밑줄로 강조되어 있다.

정치적인 태도, 사고방식과 같은 어떤 것을 저는 아주 간단히 '통치받지 않기 위한 기술', 다시 말해 '이런 식으로, 또 이런 대가를 치르면서 통치받지는 않으려는 기술'이라 부르고자 합니다. 그러므로 저는 비판의 가장 일차적인 정의로서 이 일반적인 특징, 요컨대 이런 식으로 통치받지 않으려는 기술이라는 정의를 제안할까 합니다.

여러분께서는 이 정의가 너무 일반적이고 막연하며, 또 모호하다고 말씀하시겠죠. 물론 그렇습니다! 하지만 저는 어쨌거나 이 정의 덕택에, 제가 비판적 태도라고 부르는 바의 명확한 몇몇 적용 지점을 식별할 수 있으리라 생각합니다. 한정될 수 있는 역사적 적용 지점들은 물론 다음과 같습니다.*

1) 첫 번째 적용 지점: 인간들에 대한 통치가 본질적으로 영적 기술이었던, 혹은 본질적으로 교회의 권위와 성서의 권위에 결부된 종교적 실천이었던 시대에, 이런 식으로 통치받지 않고자 하는 의지는 근본적으로, 신의 가르침**의 작용 방식에 결부된 관계와는 다른 관계를 성서 속에서 모색하는 일이었습니다. 통치받지 않고자 하는 의지는, 성직자의 권위를 거절하고 거부하고 제한하는, 어떻게 표현해도 좋지만 그런 어떤 방식이었으며, 성서로의 회귀였고, 성서에서 진정한 것이 무엇인지를 묻고, 무엇이 성서에 실제로 기록되었는지를 묻는 것이었습니다. 그것은 '성서가 말하는 진실은 어떤 종류의 것인가? 어떻게 성서 속에서, 아마도 〔누군가에 의해〕 쓰인 것임에도 불구하고, 성서의 진실에 접근할 수 있을까, 라는 문제였습니다. 그리고 마침내 사람들은 다음과 같

---

*   원고: 비판에는 계보가 있다.
**   원고에는 '신의 가르침'이라는 말 대신 '종교 기관'이라고 쓰여 있다.

은 매우 간단한 질문에 이르게 됩니다. '성서는 과연 진실인가?' 요컨대 존 위클리프John Wycliffe부터 피에르 베일Pierre Bayle에 이르기까지 비판은 한편으로 성서와 관련해서 발전했습니다. 저는 이것이 중요하다고 생각합니다. 물론 절대적이라는 것은 아니지만요. 어쨌든 비판은 역사적으로 성서와 관련되어 있습니다.[7]

2) 이런 식으로 통치받지 않으려는 의지의 두 번째 적용 지점은 이러저러한 법들을 더 이상 용납하지 않는 의지인데, 그 이유는 이 법들이 부당하기 때문입니다. 또 현재의 통치자가 이 법들에 부여하는 전통성이나 다소 위협적일 정도로 찬란한 빛 아래서 이 법들이 본질적인 비정당성을 숨기기 때문입니다. 따라서 이러한 관점에서 비판은, 이러한 통치에 직면해, 또 통치가 요구하는 복종에 반해 군주든 사법관이든 교육자든 가부장이든 간에, 모든 통치자가 준수해야 할 불가침의 보편적 법권리들을 대립시키는 것입니다. 한마디로, 이렇게 말해도 괜찮다면, 우리는 여기서 자연법의 문제를 재발견하게 됩니다.* 물론 자연법이 르네상스의 창조물은 아니지만, 16세기에 〔자연법이〕 비판의 기능을 획득한 이후로 늘 존속했습니다. '어떻게 통치받지 않을 것인가?'라는 문제에 자연법은 이렇게 되묻습니다. '통치권의 한계는 무엇인가?' 여기에서 비판은 본질적으로 사법적이었다고 말할 수 있습니다.

3) 마지막으로 '통치받지 않고자 한다'는 것은 물론, 이 점과

---

[7]   콜레주드프랑스 강의 《안전, 영토, 인구》 1978년 3월 1일 강의에서 푸코는 중세의 '사목적 대항-품행'의 다섯 가지 주요 형식을 분석한다. 푸코는 그 다섯 형식에 '성서의 문제', 즉 반-사목을 목적으로 하는 '텍스트로의 회귀, 성서로의 회기'를 포함시킨다. Cf.《안전, 영토, 인구》, 308-309쪽〔STP, p. 217〕. 프랑스 철학회 강연이 끝난 뒤에 있었던 토론에서 푸코는 또한 '서구에서의 가장 거대한 저항의 형식들 중 하나'로서 신비주의를 거론한다(이 책 84쪽). '대항 품행의 형식'으로서의 신비주의에 대한 보다 상세한 분석을 보고자 한다면 다음을 참조하라. 《안전, 영토, 인구》, 307-308쪽〔STP, p. 215-217〕. '근대 통치성 체제 내에서의' 대항 품행의 세 형식(혁명적 종말론, 저항의 절대적 권리, 국가에 맞서는 원리로서의 민족)에 대해서는 다음을 참조하라.《안전, 영토, 인구》, 481-483쪽〔STP, p. 363-365〕.

*   원고: 비판은 본래 자연에 의거한다.

관련해서는 아주 간략히 언급하고 넘어가겠는데요, 권위가 진실이라고 말하는 것을 진실로서 받아들이지 않거나, 적어도 권위가 그것을 진실이라 말했다는 이유(만으)로는 그것을 진실이라 받아들이지 않겠다는 것, 그것이 진실하다고 받아들이는 이유들이 자기에게 타당하다고 간주될 때에만 수용하겠다는 태도입니다. 이 경우 비판의 적용 지점은 권위에 맞선 확신의 문제에 있습니다.

성서, 법 권리, 학문, 그리고 성서, 자연, 자기와의 관계, 또 권위, 법률, 독단적 권위가 비판의 적용 지점입니다. 우리는 통치화와 비판의 상호 작용, 이 둘의 관계가 어떻게 문헌학, 성찰, 사법적 분석, 방법론적 반성 등과 같이 서양 문화사에서 중대한 현상들을 야기했는지 알게 됩니다. 하지만 무엇보다도 우리는 권력, 주체, 진실을 서로 연결시키거나 이 중 하나를 다른 두 가지와 연결시키는 관계망이 본질적으로 비판의 진원지라는 것을 알 수 있습니다.[8] 그리고 만일 통치화가, 사회적 실천의 현실 속에서 진실을 주장하는 권력 메커니즘을 통해 개인을 예속화하는 문제와 관련된 활동이라면, 저는 비판이란, 진실에 대해서는 그 진실이 유발하는 권력 효과를, 권력에 대해서는 그 권력이 생산하는 진실 담론을 문제 삼을 수 있는 권리를 주체가 자신에게 부여하는 것과 관련된 활동이라고 말하고 싶습니다. 비판은 자발적 불복종의 기술, 숙고된 불순종의 기술일 것입니다. 비판은 한마디로 진실을 둘러싼 정치라고 부를 수 있는 활동 속에서 탈예속화 désassujettissement를 그 본질적인 기능으로 갖는 것입니다.[9*]

---

8 '진실, 규칙 그리고 자기와 맺는 관계들을 구성하는 역사적 조건들의 분석'으로서의 비판과 유사한 정의를 보고자 한다면 다음을 참조하라. 《성의 역사-제2권 쾌락의 활용》, 21쪽(M. Foucault, "Préface à l'Histoire de la sexualité'", dans DE II, n° 340, p. 1399).

9 '진실을 둘러싼 정치'라는 표현의 활용에 대해서는 이미 앞에서 다음을 참조한 바 있다. (《성의 역사-제1권 앎의 의지》, 이규현 옮김, 나남, 2010, 82쪽)과 M. Foucault, "Entretien avec Michel

이러한 정의는 경험적인 동시에 막연하기도 하며, 또 지금까지 훑어본 역사와는 다소 거리가 있지만 그럼에도 불구하고, 감히 생각건대, 그것은 칸트가 비판에 대해 내린 정의가 아니라 다른 무엇에 대해 내렸던 정의와 크게 다르지 않은 것 같습니다. 그것은 결국 계몽에 대한 칸트의 정의로부터 멀리 있지 않다는 것입니다. 사실 칸트는 특이하게도, 계몽이 무엇인지에 관한 1784년 텍스트[10]에서, 인류가 거기에 머물러 있고 또 머물도록 강제당하

Foucault"(entretien avec A. Fontana et P. Pasquino), dans DE II, n° 192, p. 160.

*   원고: 만약 내가 '비판적 방식'의 간결한 계보를 소묘한다면, 그리고 만약 내가 통치화의 방대한 절차와 관련해 이 비판적 절차의 위치를 설정했다면, 그것은 당연히 단순한 칸트적 계기보다 더 큰 역사 속에 그것을 다시 자리매김하고, 그것을 특수한 철학적 사유의 유산과는 완전히 다른 것으로 만들기 위해서다. 하지만 또한 그것을 종교적 삶의 요소들에 다시 연결시키기 위해서이기도 했다. 종교적 삶의 요소들은 내가 보기에 애초부터 다음과 같이 특징지어진다.

     (보편적이거나 특수한 형태의) 통치성 그리고 그 통치성의 원리들, 방법들, 결과들을 [문제] 삼는 것으로서의 비판은, 만인의 구원과 개개인의 구원에 대한 문제를 제기한다. 여기서 구원은 [종교적 의미에서의] 영원한 지복이거나 혹은 그저 단순한 행복이다.

     권력과 진실이 결합되어 발생한 효과들에 예속된 요소라는 의미에서의 주체가, 그 효과들을 중단시키는 것으로서의 비판은, 이 비판을 시도하는 주체의 어떤 결정을 전제로 한다. 이 결정은 비판적 활동과 관련해 화면 밖에서 들려오는 내레이션과 같은 것이 아니다. 직업이나 전문 분야의 선택처럼 선택된 바의 외부에 머무르는 임의적인 선택도 아니다. 그 결정은 바로 항구적이고 결정적인 의지다. 설령 그 의지가 종말에 이를 가능성이 있다 하더라도 말이다. 그것은 충만한 의미에서의 경험이다. 그 경험이 1인칭의 담론을 취하든 아니든, 추론의 길을 따르든 경험적 탐구의 길을 따르든 간에 말이다. 물론 그것은 중요하긴 하지만, 그렇다고 해서 그러한 사실이 개인적 태도로서, 자유로이 결정하는 태도로서, 비판적이고자 하는 의지를 제거할 수도 없고 상처 입힐 수도 없으며 축소시킬 수도 없다.

     비판이 그리스도교 영성의 역사 내에 뿌리내리고 있다는 것은 또한 비판적 태도가 일반적으로 증명하거나 논박하는 것에 그치지 않는다는 것을 설명한다. 비판은 막후에서 말하는 것이 아니라 직접 말을 건다. 비판은 만인에게 말하고 개개인에게 말을 건다. 비판은 일반적 합의의 구축을 추구하거나 어쨌든 학자들의 공동체 혹은 양식 있는 영혼들의 공동체의 구축을 추구한다. 비판은 말해야 하는 바를 만인에게 단 한 번 말하는 것으로 만족하지 않는다. 자기 자신을 이해시키고, 지지자들을 찾고, 개종하도록 만들고, 추종자들을 가져야 한다. 비판은 일하고 싸운다. 혹은 오히려 비판적 작업은 두 종류의 것과 맞서는 투쟁과 분리 불가능하다. 한편으로는 권위, 전통, 권력의 남용과 싸우고, 다른 한편으로는 그 보충물인 관성, 맹목, 환상, 비굴함과 싸워야 하는 것이다. 요컨대 남용에 맞서고 각성을 추구한다.

     한마디로 말하자면 다음과 같다. 요컨대 비판은, 진실과 권력이 결합해 발생하는 효과들의 총체로서 이해되는 인간들의 통치를 문제 삼는 태도이며, 이것은 개인의 결정에 의거해 전체의 구원을 자신의 목표로 설정하는 투쟁의 형태로 수행된다.

10   Cf. E. Kant, "Réponse à la question : qu'est-ce que les Lumières ?"(1784), dans Œuvres philosophiques, t. II, trad. fr. H. Wisman, Bibliothèque de la Plèiade, Paris, Gallimard, 1985, p. 207-217. 프랑스 철학회에서의 이 강연 외에 푸코는 콜레주드프랑스 《자기 통치와 타자 통치》의 첫 강의(cf. GSA, p. 8-38)에서 칸트의 이 텍스트에 대해 오랫동안 논한다. 이 첫 강의의 일부는 1984년에 논문의 형식으로 수정되어 출판되었다(cf. M. Foucault, "Qu'est-ce que les Lumières ?", dans DE II, n° 351, p. 1498-1507 et dans "What is Enlightenment ?", dans DE II, n° 339, p. 1381-1397). 그러나 [이 텍스트는] 다른 곳에서도 여러 번 언급되었다. Cf. M. Foucault, "Introduction par Michel Foucault", dans DE II, n°

는 어떤 미성숙 상태와 연관시켜 계몽을 정의했습니다. 둘째로 그는 이 미성숙을, 인류가 봉착해 있는 어떤 무능력한 상태, 타인의 인도 없이는 자신의 오성을 사용할 수 있는 능력이 결여된 상태로 정의하고 특징지었으며, 역사적으로 잘 정의된 종교적 의미를 지니는 인도하다_{leiten}라는 용어를 사용합니다. 셋째로 칸트가 이러한 무능력을, 인류를 미성숙 상태에 머무르게 만드는 권위와 맺는 어떤 상호 관계를 통해 정의했다는 것, 즉 한편으로는 권위의 과잉과 무능력이 맺는 상호 관계를 통해, 그리고 다른 한편으로는 결단력 및 용기의 결여와 무능력이 맺는 상호 관계를 통해 정의했다는 것도 특기할 만하다고 생각합니다.[11] 따라서 계몽의 이러한 정의는 단순히 역사적이고 사변적인 정의가 아닙니다. 이 정의 속에는 아마도 '설교'라 부르기에는 조금 우스꽝스러울 수 있지만, 어쨌든 계몽에 대해 기술하는 와중에 행하는, 용기에 대한 호소가 있는 것 같습니다. 이 텍스트가 잡지에 실린 글이었다는 것을 잊지 말아야 합니다. 18세기 말부터 시작된 철학과 저널리즘의 관계에 대한 연구가 필요할 것 같아요…. 그런 연구가 아직 이루어지지 않았다면 말이죠. 하지만 확실히는 모르겠군요…. 어느 시기부터 철학자들이 그들의 철학적 관심사를 잡지 지면에서, 또

219, p. 431-433; "Pour une morale de l'inconfort", dans DE II, n° 266, p. 783; "Postface", dans DE II, n° 279, p. 855-856; "Le sujet et le pouvoir", art. cit., p. 1050-1051; "Structuralisme et poststructuralisme" (entretien avec G. Raulet), dans DE II, n° 330, p. 1257, 1267; "La vie : l'expérience et la science", dans DE II, n° 361, p. 1584-1587; "La technologie politique des individus", dans DE II, n° 364, p. 1632-1633. 또한 다음을 참조하라. 이 책 95-102쪽, 그리고 1979년 10월에 스탠퍼드대학교에서 푸코가 강연했던 〈Tanner Lectures〉에서의 토론 발췌본이 번역되어 이 책 96쪽 각주5에 재수록되어 있으니 참조하라.

11   위의 책 13쪽: "**계몽이란 인간이 자신의 과오로 인한 미성숙의 상태로부터 벗어나는 것으로 정의된다. 미성숙 상태**란 다른 사람의 지도 없이는 자신의 오성을 사용할 수 없는 상태다. 이 미성숙 상태의 원인이 오성의 결여에 있지 않고, 다른 사람의 지도 없이도 오성을 사용할 수 있는 결단과 용기의 결여에 있다면, 이 미성숙 상태에 대한 **책임을 스스로 져야 한다.** 그러므로 '과감히 알려고 하라!(Sapere aude!)', '너 자신의 오성을 사용하려는 용기를 가져라!' 이것이 계몽의 표어다." 칸트 논고의 이 첫 문장에 대한 보다 상세한 주해는 다음을 참조하라. GSA, p. 25-28.

대중들과의 특정한 관계 속에서 그것을 전달하고 호소하기 위해 발언하게 되었는지는 매우 흥미로운 문제입니다.[12] 마지막으로 특기할 만한 사항은 이 계몽에 관한 텍스트에서 칸트가 인류가 미성숙 상태에 머물러 있는 예로서, 또 그에 따라 계몽이 이 상태를 타파하고 어떤 의미로는 사람들을 성숙시켜야만 하는 영역들의 예로서, 정확히 종교와 법 권리, 그리고 인식을 거론한다는 점입니다.[13]

칸트가 계몽이라고 기술했던 것은 제가 방금 전 비판이라고 기술하려 했던 바로 그것입니다. 제 생각에, 그것은 사회의 통치화라는 거대한 역사적 절차로부터 출발해 서양 특유의 태도로 나타났던 것 같습니다. 이 계몽의 격언은 아시다시피 칸트가 상기시킨 바 있는 "감히 알고자 하라sapere aude"인데〔아우구스투스 황제 시절의 로마 시인 호라테우스가 "dimidium facti qui coepit habet; sapere aude; incipe!(시작을 했다면 반은 한 것이오. 감히 알고자 하고, 시작하시오!)"라는 구절에서 처음으로 사용했고, 후에 칸트가 이를 인용하면서 계몽주의의 표어가 된다〕, 이

---

12 1978년 1월에 쓰인 조르주 캉길렘의 《정상적인 것과 병리적인 것》의 영역본 서문에서 푸코는 (cf. D. Defert, "Chronologie", art. cit., p. 73), 1784년 *Berlinische Monatsschrift*에 실린 모제스 멘델스존과 칸트의 텍스트들이 "'철학적 저널리즘'을 열었으며, 철학적 저널리즘은 대학 교육과 더불어, 19세기에 철학의 제도적 정착의 거대한 두 형식 중 하나를 창시했다"고 단언한다. 하지만 푸코는 이 서문에서 '철학적 저널리즘'이라는 주제를 명확하게 '지금 이 순간(le moment présent)'을 분석하는 문제와 결부시킨다. 반면 프랑스 철학회에서의 이 강연에서 푸코는 반대로 '지금 이 순간'의 문제를 방치한다. Cf. M. Foucault, "Introduction par Michel Foucault", art. cit., p. 431. 또한 다음을 참조하라. M. Foucault, "Pour une morale de l'inconfort", art. cit., p. 783: "이 특이한 탐색을 저널리즘의 역사에 속하는 것으로 보아야 할까, 아니면 철학사에 속하는 것으로 보아야 할까? 난 다만 이 순간 이후로 "지금 우리는 누구인가? 그러므로 우리가 그것으로부터 우리의 정체성을 떼어낼 수 없는 너무나 불안정한 이 순간, 우리의 정체성에 항상 따라다니는 이 순간은 무엇인가?"라는 질문을 향하지 않은 철학은 별로 없다는 것만을 알 뿐이다. 하지만 나는 이 질문이 또한 저널리스트라는 직업의 핵심(fond)이기도 하다고 생각한다. 일어나고 있는 일을 말하는 데 고심한다는 것〔…〕은 그것이 어떻게 일어나는지를 알려고 하는 열망에 사로잡히기보다는 오히려 '오늘'이라고 하는 명확해보이지만 부유하고 불가사의하며 지극히 단순한 말 아래 감춰져 있는 바를 파악해보고자 하는 열망에 사로잡히는 것이다." Cf. M. Foucault, "La vie : l'expérience et la science", art. cit., p. 1584-1585.

13 Cf. E. Kant, "Réponse à la question : qu'est-ce que les Lumières ?", art. cit., p. 209, 211(《칸트의 역사철학》, 13쪽).

격언은 프리드리히 2세의 "복종하기만 하면 원하는 만큼 이치를 따져도 좋다"[14]는 말과 대구를 이룹니다. 어쨌든 이 계몽과 관련해 칸트는 비판을 어떻게 정의하려 했을까요? 아니면 좌우간에, 왜냐하면 제가 철학적으로 엄정한 칸트의 비판 기획을 재파악하려는 것도 아니고, 또 그와 마찬가지로 엄정하신 철학자 여러분들 앞에서, 철학자도 아니고 한낱 비판자에 불과한 제가 그렇게 할 수는 없으니까요. 〔어쨌든〕계몽과 관련해 엄밀한 의미에서 **비판**을 어떻게 정의할 수 있을까요? 만약 칸트가 실제로 '계몽'에 앞섰던 이러한 모든 비판적 움직임에 이름을 붙인다면, 비판이라는 것으로 그가 의미하는 바를 어떻게 자리 매겨야 할까요? 여기서 모든 것은 너무나 간단한데, 제가 말씀드리려는 것은 칸트가 보기에 계몽과 관련해 비판은, 그가 지식에 대해 말하려 했던 것과 같다는 것입니다. 즉 너는 네가 어디까지 알 수 있는지를 정말로 알고 있는가? 네가 바라는 만큼 이치를 따져라, 그런데 너는 네가 어디까지 위험하지 않게 이치를 따질 수 있는지 정말로 알고 있는가? 요컨대 비판은 이렇게 말해줄 것입니다. 우리의 자유는, 우리가 다소간의 용기를 갖고 〔어떤 것을〕기획할 때 문제시된다기보다는, 우리가 우리의 인식과 그 인식의 한계들에 대해 갖는 관념 속에서 문제시되는 것이라고 말입니다. 따라서 타인이 **'복종하라'**고 명령하도록 내버려두는 대신 자기 자신의 인식을 스스로 올바른 관념으로 만들게 될 때, 바로 그 순간 자율성의 원리를 발견하게 되고 **'복종하라'**는 명령에 더 이상 순종할 필요가 없게 된다고, 아니 차라리 **'복종하라'**는 명령이 자율성 자체에 의거하게 되

---

14   위의 책 211, 217쪽 참조. 또한 다음을 참조하라. GSA, p. 37-38 et M. Foucault, "What is Enlightenment ?", art. cit., p. 1384-1385.

리라고 말입니다.

    칸트의 계몽 분석과 비판 기획 사이에 있을 수 있는 대립을 보여드릴 생각은 아닙니다. 제 생각에 칸트의 계몽이 내세우는 진정한 용기인 이 '알고자 하는 용기'*가 인식의 한계를 인정하는 데 있음을 보여드리는 것은 어렵지 않을 것 같습니다. 칸트에게서는 자율성이 주권자에 대한 복종과 대립하지 않는다는 점도 어렵잖게 보여드릴 수 있습니다. 하지만 칸트가 권력과 진실의 〔상호〕작용과 관련된 탈예속화의 기획 속에서 비판의 가장 중요한 과제이자 현재와 미래의 모든 계몽에 대한 전제 개념으로서 인식에 대한 인식을 부과했다는 것도 역시 사실입니다.**

    칸트가 표명하려 했던 계몽과 비판 간의 차이가 발생시킨 결과를 더 이상 강조하고 싶지는 않습니다. 다만 19세기에 일어났던 일들이 우리에게 암시하는, 이 문제의 역사적 측면에 주목하고자 합니다. 19세기의 역사는 계몽 그 자체보다도 칸트가 계몽과 관련해 어느 정도 거리를 두어 위치시켰던 비판적 기획이 지속될 수 있는 더 많은 영향력을 제고했습니다. 달리 말해 19세기의 역사는, 물론 20세기의 역사는 더더욱 그렇지만, 칸트의 편을 들었던 것은 아닐지라도, 적어도 칸트가 계몽과 관련해 거리를

---

*   이 따옴표는 원고에 따른 것이다.

**   원고: 칸트는 이성의 오만, 자신의 한계 내에서 자신을 유지할 수 있는 능력의 부재, 자신의 본래적 한정을 잊어버리는 순진함을, 교조주의-전제주의의 원리로 규정해버린 것도 역시 사실이다. 그래서 그는 통치받지 않을 수 있게 해주는, (혹은 적어도 통치받는다는 것의 경계를 설정하는) 것을 만드는 이러한 균열과 분열을 비판적 태도 내에 도입시켰다. 이러한 균열과 분열은 아마도 우리 안에서 '우리를 통치'한다. 우리는 그것을 알지 못할 것이고, 그것은 우리를 전제적 타율성으로 빠지게 한다. 그런데 만약 우리가 그것이 무엇인지 알지도 못하는 채로 통치 받았었다면? 만약 그것이 우리를 통치하는 것에 대항하여 투쟁하도록 도와주는 어떤 종류의—이성이라는 이름으로 행사되는—끝없는 통치화에 우리를 복종시킨다면?

    바로 여기에, 계몽과 관련하여 비판이 후퇴하는 움직임, 혹은 비판의 첫 번째 태도와 관련된 두 번째 태도의 움직임이 있다. 요컨대 계몽의 순진함, 그리고 그 숙고되지 않은 의식이 모든 합리적 주체의 자연권이라는 이름으로 전체주의-교조주의의 모든 효과들의 확장과 증대를 조장했다.

두어 위치시켰고 또 그 가능성을 제시했던 이 새로운 비판적 태도에 구체적인 힘을 실어주었음에 틀림없습니다.

계몽의 용기보다는 칸트식의 비판이 실린 이 역사적 힘에는 간단히 말해 세 가지 근원적 특징이 있습니다. 첫 번째는 실증과학의 성립입니다. 다시 말해 〔그 과학에서 도출되는〕 각각의 결과에 대해서는 세심하게 비판적이면서도 자기 자신에 대해서는 근본적으로 신뢰하는 바탕 위에 형성되는 학문 말입니다. 두 번째로 한편으로는 스스로를 절대적 역사의 심오한 이성이자 합리성이라 간주하고* 다른 한편으로는 경제와 사회의 합리화 절차를 자신의 수단으로 선택한 국가 또는 국가 체계의 발전입니다. 〔근대〕국가의 발전과 과학적 실증주의의 접점에서 세 번째 특징, 즉 국가에 관한 학문 또는 이렇게 말해도 괜찮다면 국가주의가 파생됩니다. 〔한편으로〕 과학이 생산력의 발전에 점점 더 결정적인 역할을 하게 되면서, 〔다른 한편으로〕 국가주의적 유형의 권력이 점점 더 정교화되는 여러 기술의 총체를 통해 행사되면서 양자 간에 조밀한 관계의 피륙이 직조됩니다. 이렇기 때문에 '계몽이란 무엇인가?'라는 1784년의 질문, 아니 오히려 칸트가 이 질문과 관련해 그리고 그 대답과 관련해 자신의 비판적 과업을 자리 매기려 했던 방식, 계몽과 비판 사이의 관계에 관한 문제제기는 당연히 점점 더 불신과 회의의 경향을 띠게 됩니다. 즉 바로 이성 그 자체가 권력의 남용과 통치화에 역사적 책임이 있는 것은 아닐까? 어쩌면 이성 자신에 의해 정당화되기 때문에 그것이 불가항력이 되어가는 것은 아닐까? 하는 의문이 생겨납니다.

그런데 이러한 질문이 독일과 프랑스에서 동일한 방식으로

---

* 　원고: 민족성을 실현시키고 민족성에 독자성을 부여하는 임무는 갖는다는 한에서

제기되지는 않았던 것 같아요. 그 역사적 근거가 복잡하기 때문에 분석해볼 필요가 있습니다.[15]

　　대체로 이렇게 말할 수 있을 것 같습니다. 합리화 과정 속에, 그리고 아마 이성 자체 내에 권력 남용의 책임이 있는 무엇인가가 있지 않을까 라는 의심이 독일에서 발달한 원인은, 최근에 새롭고 합리적인 고약한 국가가 발전했기 때문이라기보다는, 대학과 학문이 오래전부터 행정 및 국가의 구조에 속해왔었기 때문입니다. 제 생각에, 그래서 이러한 의심이 독일에서 특히 제기되어왔고, 더 간단히 말하자면, 특히 독일 좌파라고 부를 수 있는 집단에서 제기되었습니다. 어쨌든 헤겔 좌파부터 프랑크푸르트학파에 이르기까지 실증주의, 객관주의, 합리화, 기술, 기술화에 대한 온갖 비판이 있었으며 과학의 근본적인 기획과 기술의 근본적인 기획 간의 관계와 관련된 많은 비판이 있었습니다. 그런데 이러한 비판은 과학의 오만과 현대 사회 특유의 지배 형식 간의 관련성을 폭로하고자 하는 목적을 갖고 있습니다. 아마 좌파와는 가장 거리가 먼 듯한 사람의 비판을 예로 들자면, 1936년 후설Husserl이 유럽적 인간성의 현대적 위기를 인식과 기술의 관계, épistèmè(에피스테메)와 technê(테크네)의 관계 문제에서 찾았다는 사실을 기억해둬야 할 것입니다.[16]

　　프랑스에서 철학적 실천의 조건과 정치적 성찰의 조건은 〔이

15　독일에서와 프랑스에서의 계몽이라는 질문의 '숙명'의 대조와 동일한 것이 다음의 글에서도 발견된다. M. Foucault, "Introduction par Michel Foucault", art. cit., p. 431-433. 여기서 푸코는 이렇게 주장한다. 프랑스에서 "계몽이라는 철학적 문제의 바탕이 되었던 것은 무엇보다도 과학사"였던 반면, "독일 철학은 무엇보다도 사회에 대한 역사적이고 철학적인 성찰 내에서 계몽을 실현시켰다." 또한 다음을 참조하라. M. Foucault, "Structuralisme et poststructuralisme", entretien cit., p. 1257 et "La vie : l'expérience et la science", art. cit., p. 1585-1587.

16　Cf. 에드문트 후설, 《유럽학문의 위기와 선험적 현상학》, 이종훈 옮김, 한길사, 2016〔E. Husserl, *La crise des sciences européennes et la phénoménologie transcendantale*, trad. fr. G. Granel, Paris, Gallimard, 1976〕.

와는) 아주 달랐으며, 이로 인해 오만한 이성과 그 특유의 권력 효과에 대한 비판이 동일한 방식으로 전개되지는 않은 것 같습니다.[*] 그리고 제 생각에 독일처럼 이성이 수반하는 권력 효과를 이유로 이성 또는 합리화를 탄핵했던 세력을 우리는 19세기와 20세기 동안에 우파 쪽의 어떤 사상에서 발견할 수 있을 듯합니다. 어쨌든 계몽 사상과 프랑스 대혁명에 의해 구축된 진영은 대체로 합리화와 권력의 관계에 대한 실질적이고 심도 있는 문제 제기를 방해했습니다. 제 생각에 종교개혁은, 통치받지 않으려는 기술로서 대단히 뿌리 깊은 최초의 비판운동이었다고 생각되는데, 이 종교개혁이 프랑스에서는 독일만큼의 반향과 성공을 거두지 못했다는 사실은, 계몽이라는 개념과 그것이 제기했던 모든 문제들이 프랑스에서는 독일처럼 광범위한 의미를 지니지 못했으며, 나아가 역사적으로 오랫동안 유효한 준거가 되지 못했다는 점을 이해할 수 있게 해줍니다. 프랑스에서는 18세기 철학자들에 대한 일정한 가치고양에 그침과 동시에 계몽사상에 대해서는 철학사 내의 사소한 에피소드로 평가절하 되었다고 말할 수 있습니다. 이와 반대로 독일에서 계몽은, 그것이 좋은 의미로 받아들여졌든 나쁜 의미로 받아들여졌든 상관없이, 서구 이성의 심오한 목표가 찬란하게 드러나는 것이라 여겨졌습니다. 사람들은 계몽 속에서, 그리고 이 계몽이라는 개념에 시대적 배경을 제공한 16세기부터 18세기 동안, 서구 이성의 가장 특징적인 실마리를 발견하고, 그것을 해독하고 식별하려고 했는데, 이 경사선과 연결되어 있던 정치가 수상쩍은 검토의 대상이 되었습니다. 대략적으로 말하자면, 바로 이와 같은 교차배열이 19세기와 20세기 전반에 프랑스와 독

[*]   원고: 고립되고 소외된 소수의 사상가들을 제외하고

일에서 계몽의 문제가 제기되었던 방식을 특징지었습니다.

그런데 최근 들어 프랑스 상황이 변한 것 같습니다. (사실 멘델스존에서부터 칸트, 헤겔, 니체, 후설, 프랑크푸르트학파 등에 이르기까지 독일 사상에서 그렇게도 중요했던) 이 계몽의 문제는 프랑스에서 이른바 프랑크푸르트학파의 저작들과 아주 현격히 가까워진 상태에서 다시 고찰될 수 있는 시대가 도래합니다. 간략하게 이야기하자면, 놀랄 것도 없는 것이 "계몽이란 무엇인가?"라는 문제는 현상학을 통해, 그리고 현상학이 제기한 문제를 통해 우리에게 되돌아온 것입니다. 계몽은 사실 의미에 대한 문제 제기와, 무엇이 의미를 구축할 수 있는가, 라는 문제 제기를 통해 되돌아왔습니다. 무의미로부터 어떻게 의미가 구축되는가? 의미는 어떻게 발생하는가? 이는 다음과 같은 또 다른 문제 제기에 대한 보충적 성격을 띱니다. 즉 합리화라는 거대한 움직임은 어떻게 우리를 그리도 많은 소란과 분노와 침묵과 침울한 메커니즘으로 인도했는가? 결국 《구토》[17]가 《유럽학문의 위기와 선험적 현상학》과 거의 같은 시기에 나왔다는 점을 잊지 말아야 합니다. 그리고 의미가 기표 장치를 특징짓는 강제 체계들을 통해 구축되며, 그 구조들에 고유한 강제 효과를 통해서만 존재한다는 사실의 분석을 통해, 바로 이 이상한 지름길을 통해 **이성**과 **권력** 간의 문제가 재발견되었던 것입니다. 마찬가지로, (아마도 바로 이것을 연구해야 할 것 같습니다), 모든 과학사적 분석과 문제화(프랑스에서는 장 카바이에스Cavaillès, 가스통 바슐라르Bachelard, 조르주 캉길렘Canguilhem)를 통해 이루어진 또 다른 역사는 어쩌면 현상학에 뿌리를 두고 있는데, 학문의 역사성이라는 이 역

17   Cf. 장 폴 사르트르, 《구토》, 방곤 옮김, 문예출판사, 1999(J.-P. Sartre, *La nausée*, Paris, Gallimard, 1938).

사적 문제는 제가 보기에 의미의 구축이라는 문제와 모종의 관계 또는 유사성이 없지 않은 듯하며, 어느 정도 이 문제를 반영하고 있는 것 같습니다. 합리성은 어떻게 그와 완전히 다른 그 무엇으로부터 시작해 발생했고 또 형성되었을까? 여기에 상호적이면서도 전도된 계몽의 문제가 있습니다. 즉 합리화는 어떻게 해서 권력의 폭발을 불러일으킨 것일까요?

그런데 의미가 기표의 강제 구조에 의해서만 구축된다는 사실의 발견과 더불어 행해진 의미의 구축에 관한 연구가 됐든, 과학적 합리성의 제도화 및 그 모델의 구축과 연관된 강제 효과를 수반하는 과학적 합리성에 대한 역사적 분석이 되었든 간에, 이 모든 것, 이 모든 역사적 탐구들은 결국 지난 한 세기 동안 우리(서구) 역사의 심층적 운동이었던 바를 강단 철학자들의 집중적인 대조와 검증의 대상으로 만들어 버렸습니다. 왜냐하면 사회 조직 또는 경제 조직이 합리성을 결여하고 있다는 소리를 우리가 하도 많이 들었던 탓에, 이성이 과다했던 탓인지 아니면 불충분했던 탓인지 잘 모르겠지만, 어쨌거나 우리가 과도한 권력을 마주하게 됐기 때문입니다. 또 혁명의 약속들을 너무 많이 들어왔던 탓에, 실제로 일어난 혁명들이 좋은 것이었는지 나쁜 것이었는지 모르겠지만, 우리는 끊임없이 스스로를 유지해오던 권력의 관성과 마주하게 되었습니다. 사회와 프롤레타리아 그리고 역사에 대한 진정한 과학적 이론은 폭력 이데올로기와 대립한다는 노래를 들어왔음에도 불구하고, 우리는 형제처럼 서로 닮은 두 권력 형식, 요컨대 파시즘과 스탈린주의에 직면하게 되었습니다. 따라서 우리는 "계몽이란 무엇인가?"라는 문제로 되돌아가게 됩니다. 그리고 이렇게 해서 막스 베버 분석에서 강조한 바 있는 일련의 문제들이 재활성화됩니다. 즉 16세기 이래로 서양의 사상과 과학

뿐만 아니라 사회적 관계, 국가 조직, 경제적 실천 그리고 아마도 개인의 행동까지도 특징지었던 이 합리화는 과연 무엇인가? 강제와 미혹의 효과, 대량적이며 점진적인 침투의 효과, 결코 근본적으로 부인되어 본 적은 없는 거대한 과학적 체계와 기술적 체계의 효과 속에서 과연 합리화란 무엇인가?

프랑스에서 우리들이 다시 천착해야 했던 **계몽이란 무엇인가**라는 이 문제에 접근할 수 있는 방식은 다양합니다. 하지만 제가 이 문제에 접근하기 위해 택한 이 길을 논쟁적이거나 비판적인 의도를 갖고 추적하지는 않겠습니다. 저를 믿어 주셨으면 좋겠습니다. 저는 논쟁적인 것을 싫어하고,[18] 비판으로 말할 것 같으면 저는 그런 재능을 타고 나지도 않았습니다. 두 가지 이유에서, 저는 다만 차이점들을 지적하고 분명 근대 철학의 문제인 이 계몽의 분석 방식을 우리가 얼마만큼이나 증식시키고 확산시키며 서로 구분할 수 있고 또 분리할 수 있는지를 보려고 합니다.

당장 우리와 프랑크푸르트학파 간의 유대감을 보여주는[19] 이 문제에 접근하면서 즉각적으로 저는, 어찌 됐든 간에 계몽을 핵심 문제화하는 것이 확실히 몇 가지 사실을 의미한다는 점을 지적하고자 합니다. 이것은 우선 역사철학이나 철학사와는 무관

---

18   푸코는 '논쟁적인 것(le polémique)'과 '논쟁자(la polémiste)'를 명확하게 구분한다. 다음을 참조하라. "Polémique, politique et problématisations"(entretien avec, P. Rabinow), dans DE II, n° 342, p. 1410-1412.

19   칸트와 계몽이라는 문제에 할애된 텍스트들에서 푸코는 자신의 작업과 프랑크푸르트학파의 작업이 매우 유사하다고 몇 번이나 주장한다. Cf. GSA, p. 22; M. Foucault, "Qu'est-ce que les Lumières ?", art. cit., p. 1507; "La technologie politique des individus", conférence cit., p. 1633. 또한 〈Tanner Lectures〉 de Stanford (이 책 96쪽 각주5) 강연들에서 있었던 토론의 발췌를 참조하라. 여기서 푸코는 프랑크푸르트학파와 동일한 '철학적 가족'에 속한다고 단언한다. 다음 인터뷰도 참조하라. "Structuralisme et poststructuralisme"(entretien cit., p. 1258). 여기서 푸코는 심지어 이렇게 선언하기까지 한다. "만약 제가 프랑크푸르트학파를 알았더라면, 제가 그걸 제때 알았더라면, 아주 많은 연구들을 하지 않아도 되었을 텐데, 말하지 않아도 됐을 어리석은 말들을 참 많이 했고, 돌아가지 않아도 됐을 길을 많이도 돌아갔습니다."

한 어떤 역사 – 철학적 실천에 연루되어 그 실천에 착수한다는 것을 의미합니다. 이 역사 – 철학적historico-philosophique 실천을 통해 제가 말씀드리고자 하는 것은, 이 철학적 실천과 관련된 경험의 장이 자신과 다른 영역을 결코 배제하지 않는다는 사실입니다. 이 영역은 내적 경험도 아니고 과학적 인식의 근본 구조도 아니며 다른 곳에서 고안되어 역사가들에 의해 다루어지고 기성의 것으로 수집된 역사적 내용의 총체도 아닙니다.[20] 이 역사 – 철학적 실천에서 관건이 되는 것은 사실, 스스로 자기 역사를 만들어 내는 일, 즉 진실한 담론을 조직하는 합리성 구조와 그것과 결부된 예속화 기제 간의 관계에 대한 문제제기에 의해 관통되는 역사를, 마치 허구를 통해서처럼 **만들어내는**[*] 일입니다.[21] 이러한 질문은 역사가들에게 친숙하고 관례적인 역사적 대상을, 역사가들이 취급하지 않는 문제, 요컨대 주체와 진실이라는 문제로 이동시킵니다. 또한 이 문제제기가 그와 더불어 명확하게 소묘된 경험적 자료에, 철학적 사유와 철학적 작업 그리고 철학적 분석을 가하기도 합니다. 이 역사적 혹은 철학적 작업을 마주한 역사가들은 이렇게 말할 것입니다. "네, 네, 그럼요, 아마도요." 아무튼 전적으로

20   *L'impossible prison* (éd. M. Perrot, Paris, Seuil, 1980)에 부치는 후기로 출판된, 모리스 아귈롱 (Maurice Agulhon)에게 보내는 답변에서 푸코는, "역사학자들과 철학자들 간의 관계가 [⋯] '검증'될 수 있는" 자신의 "흥미로운 '역사-철학적' 연구"를 이야기하면서, "우리의 가장 '실재적 과거'"인 계몽이 "19세기와 20세기 유럽에서 지각되고, 사유되고, 체험되고, 상상되고, 내쫓기고, 배척되고, 재활성화된" 방식에 대한 "거대한 역사적 연구"의 시작을 암시한다. Cf. M. Foucault, "Postface", art. cit., p. 856.
*   원고상에서 강조되어 있다.
21   1979년의 인터뷰에서 푸코는, "어떤 종류의 역사적 허구"의 실천에서 "내가 말하는 것은 진실이 아니"기 때문에 당연히 역사가들로부터 비판받을 수 있다고 단언한다. 하지만 푸코는 그가 "우리의 현재의 역사에 대한 진정한 효과들"을 생산하기 위해 "우리의 현실과, 우리의 지나간 역사에 대해 우리가 알고 있는 것 간의 어떤 충돌을 부추기고자" 한다고 설명한다. 그래서 그는 자기 책들의 '진실'이 '미래'에 존재하기를 희망한다. Cf. M. Foucault, "Foucault étudie la raison d'État" (entretien avec M. Dillon), dans DE II, n° 272, p. 805. 역사적 허구라는 개념에 대해서는 또한 다음을 참조하라. M. Foucault, "Les rapports de pouvoir passent à l'intérieur des corps" (entretien avec L. Finas), dans DE II, n° 197, p. 236 et "Entretien avec Michel Foucault" (entretien avec D. Trombadori), dans DE II, n° 281, p. 863-864.

그렇다고 할 수는 없다고 말입니다. 어쨌든 이것은 제가 언급한 주체와 진실의 문제 쪽으로 역사적 대상을 이동시킴으로써 발생한 교란 효과입니다. 그리고 철학자들은 비록 공격받은 뿔닭처럼 굴지야 않겠지만 일반적으로 이렇게 생각할 것입니다. "아무리 그래도 철학은 아주 다른 것이지." 이것〔역사 - 철학적 실천에 대한 철학자들의 일반적 태도〕은 이 작업이 철학에게 내적 경험을 보장조차 해줄 수 없는 경험성으로 되돌아갔기 때문에 발생한 효과입니다.

이러한 주변적 목소리들이 갖고 있는 모든 중요성을 인정합시다. 그리고 이 중요성은 상당합니다. 이 목소리들은 소극적으로나마 우리가 바른 길에 들어서 있다는 사실을 시사합니다. 다시 말해 진실이거나 진실이라 여겨지기 때문에 우리가 그에 연루되어 있는 역사적 내용, 우리가 고안한 역사적 내용을 통해 우리는 다음과 같은 문제를 제기합니다. 그렇다면 일반적으로는 〔절대적〕 진실의 권력에, 개별적으로는 〔여러 다양한〕 진실들의 권력에 예속되어 있는 이 인류에 속하는 나, 아마도 인류의 한 부분에, 인류의 이 시기에, 인류의 이 순간에 속해 있는 나는 과연 무엇일까? 역사적 내용에 따라 이러한 철학적 질문을 탈주체화하는 것, 이 역사적 내용을 지배하는 그러한 진실이 이 역사적 내용에 미치는 권력 효과들에 대한 문제 제기를 통해 역사적 내용을 진실로부터 해방시키는 것, 바로 이것이 이 역사 - 철학적 실천의 첫 번째 특징이라고 말씀드릴 수 있습니다.* 다른 한편, 이 역사 - 철학적 실천은 경험적으로 한정 가능한 일정한 시대와 특권적인 관계를 맺고 있습니다. 비록 이 시대가 상대적으로 그리고 필연적으로 불

---

* 　원고: 솔직히 말하자. 고정된 점도 아니고 논리적으로 필연적인 〔진실〕도 아니며 결정적 결과도 아닌 운동은 다만 운동할 뿐이다.

명료할지라도 이 시대는 분명 근대적 인간성 형성의 계기로 지목되는 계몽, 칸트와 베버 등이 준거한 바 있는, 넓은 의미에서의 계몽, 정확한 연대 추정이 부재하는 시대,* 다양한 진입로가 있었던 그러한 시대입니다. 왜냐하면 이 시대는 자본주의의 형성, 부르주아 세계의 성립, 〔근대〕 국가 체제의 정립, 근대 과학 및 그에 관련된 기술들의 정초, 통치 기술과 그런 식으로는 통치받지 않으려는 기술 사이의 조직적인 대립 등을 통해 정의될 수 있기 때문입니다.[22] 결과적으로 역사-철학적 작업에서 이 시대는 실제적인 특권을 갖는데, 왜냐하면 바로 이 시대에 권력과 진실 그리고 주체 사이의 관계들—바로 이 관계들을 분석해야 합니다—이 가시적인 변형의 표면에 노출됐기 때문입니다.[23] 하지만 이 시대가 특권적 시대인 또 다른 이유는, 바로 이런 관계들의 노출에 입각해 일련의 다른 가능한 영역들의 연구를 위한 어떤 모델〔모형〕을 만들어내는 것이 중요하기 때문입니다. 우리가 18세기를 특권화하기 때문에, 혹은 18세기에 관심이 있기 때문에 계몽의 문제와 만나는 것은 아니라고 생각합니다. 우리가 근본적으로 '계몽이란 무엇인가?'라는 문제를 제기하고자 하기 때문에 이러한 역사적

---

*   원고에는 '정확한 연대 추정이 부재하는 시대(période sans datation fixe)'라는 말 대신, '연대 추정이 유연한 시대(période à datation souple)'라고 쓰여 있다.

22   미국에서 출간된, 칸트와 계몽에 관한 1984년 논고에서 푸코는, "근대성을 역사의 한 시기로 간주하기보다는 하나의 태도로 간주하자"고, 즉 "현실태와 관계 맺는 한 방식, 몇몇 사람들이 내린 어떤 자발적 선택, 말하자면 사유하고 감각하는 어떤 방식, 또한 어떤 소속을 나타내는 동시에 하나의 과업으로서 나타나는, 행동하고 인도받는 어떤 방식"으로 간주하자고 제안한다. Cf. M. Foucault, "What is Enlightenment ?", art. cit., p. 1387.

23   권력, 진실 그리고 주체 사이의 관계들에 대한 분석은 1970년대와 1980년대 푸코 작업의 핵심을 이룬다. 그래서 1983년과 1984년 사이에 푸코는 세 개의 극(極) 혹은 '축'을 중심으로 자신의 지적 여정을 조직하면서 그것을 회고적으로 재구성한다. 이를 테면 다음을 참조하라. GSA, p. 4-7 et M. Foucault, "Préface à l'Histoire de la sexualité", art. cit., p. 1400-1402. 더 나아가 푸코의 콜레주드프랑스 강의 〈진실의 용기〉 첫 수업에서는, 그가 파레시아에 대한 자신의 연구를 명백히 "진실진술 방식과, 통치의 테크닉 그리고 자기 실천들 간의 연관 관계"를 분석하는 한 방식으로, 다시 말해 "어느 한쪽을 다른 쪽으로 절대 환원시키지 않으면서, 진실과 권력 그리고 주체 간의 관계들을" 연구하는 한 방식으로 소개한다는 것은 대단히 중요한 의미를 갖는다. Cf. CV, p. 10.

도식[*] 과 만나게 되는 것입니다. 이는 5세기의 그리스인들이 어느 정도는 18세기의 철학자들과 비슷했다거나 혹은 12세기가 이미 일종의 르네상스였다는 말이 아니라, 어떤 조건 아래서 어떤 수정 혹은 일반화를 대가로 우리가 이러한 계몽이라는 문제, 즉 권력과 진실과 주체의 관계를 역사의 어떤 일정한 시대에 적용시킬 수 있는지를 알아보려는 시도입니다.

바로 이것이 제가 역사 – 철학적이라 명명한 연구의 일반적 틀입니다. 이제 어떻게 이 연구를 진척시킬 수 있을지 살펴보겠습니다.

저는 앞에서 지금까지 다른 사람들이 잘 개척해놓은 방법들과는 다른, 제가 보기에 가능한 다른 방법을 아주 대략적으로 묘사했습니다. 하지만 이런 묘사를 통해 다른 사람들의 방법이 무용하다거나 혹은 아무런 유효한 결과도 보여주지 않는다고 비판할 의도는 없습니다. 저는 단지 가능한 또 하나의 방법을 제안하려 했을 뿐입니다. 제 생각에 칸트 이후로 계몽의 문제는 칸트 때문에 그리고 아마도 그가 설정한 비판과 계몽 사이의 차이 때문에 본질적으로 인식의 측면에서 제기되었습니다. 요컨대 근대 과학이 구축되는 시대에 인식의 역사적 운명이 무엇이었는지라는 문제로부터 출발함으로써, 또 객관주의, 실증주의, 기술중심주의 등을 통해 인식의 운명에 필연적으로 결부될 무한정의 권력 효과를 드러내려는 것이 무엇인지를 추적함으로써, 그리고 이 인식을 모든 가능한 인식의 구성 조건과 정당성의 조건에 결부시킴으로써, 마지막으로 역사 속에서 정당성 밖으로의 이행(환상, 오

---

[*]   원고에는 '도식(schème)'이라는 말 대신 '문턱(seuil)'이라고 쓰여 있다.

비판이란 무엇인가?

류, 망각, 은폐 등)이 어떻게 행해졌는지를 추적함으로써 계몽의 문제가 제기됐던 것입니다. 한마디로 칸트가 벌려 놓은 계몽과 비판의 간극으로 인해 상이한 분석 절차들이 동원됩니다. 여기에서부터 요컨대 가장 빈번히 답습됐던 분석 절차, 즉 인식의 역사적 양식들의 정당성에 대한 탐구라고 불릴 수 있는 절차가 생겨납니다. 아무튼 18세기 상당수의 철학자들과 딜타이Dilthey, 하버마스Habermas 등이 이런 식으로 계몽을 이해했습니다. 더 간단히 말하자면 이렇습니다. 인식은 자기 자신을 어떤 그릇된 관념으로 만들어버린 것일까? 그리고 인식은 어떠한 남용에 노출됐는가? 그 결과 인식은 어떠한 지배와 결부됐는가?*

아마도 우리는 인식의 역사적 양식들의 정당성에 대한 탐구의 형태를 취하는 절차와는 다른 절차를 구상할 수도 있을 것입니다. 이 절차는 계몽의 문제에 접근하기 위해 인식의 문제가 아닌 권력의 문제를 택할 수 있을 것입니다. 이 절차는 정당성을 연구하는 것이 아니라 제가 **사건화**événementialisation의 검토라고 부르는 어떤 것을 행합니다.[24] 이 표현이 너무 볼품없어 죄송합니다! 하지만 이 말이 도대체 무슨 뜻일까요? 역사가들이 제 말을 들으면 소스라치게 놀라 비명을 지를지도 모르지만, 아무튼 제가 사건화의 절차라는 말로 의미하는 바는 다음과 같습니다. 우선 그것은 그 안에서 일차적 접근을 통해, 따라서 완전히 경험적이고 잠정적인 방식으로 강제 메커니즘과 인식 내용 간의 상호 관계를 포

---

*   원고: 칸트적 문제를 사용하는 것은 좋다.

24   '우리의 지식, 우리의 동의, 우리의 실천의 근거가 되는 〔…〕 명증성의 파열'로서의 사건화(événementalisation), 유일한 필연성이라는 모든 관념을 문제 삼으면서, 푸코에 있어서 '역사적 분석과 정치적 비판에 공통되는 쟁점'을 구성하는 '인과관계 증식(démultiplication causale)' 도구로서의 사건화라는 개념에 대해서는 다음을 참조하라. M. Foucault, "Table ronde du 20 mai 1978", dans DE II, n° 278, p. 842-844.

착하는 것이 가능한 그런 요소들의 총체를 채택하는 것을 의미합니다. 〔요컨대 한편으로〕 다양한 유형의 강제 메커니즘, 사법적 요소들의 총체, 물리적 장치, 권위와 같은 현상들을 취합니다. 〔다른 한편으로〕 다양성과 이질성 속에서 인식의 내용들을 취해 그것들이 일정한 인식 체계에 속함으로써 갖게 되는 권력 효과에 따라 채택하는 것입니다. 그러므로 우리가 알고자 하는 것은 진실된 것과 거짓된 것, 근거 있는 것과 근거 없는 것, 사실적인 것과 허구적인 것, 과학적인 것과 이데올로기적인 것, 정당한 것과 부당한 것이 무엇인지가 아닙니다. 우리가 알고자 하는 것은 강제 메커니즘과 인식 요소 간의 상호 유대 관계가 무엇인지, 양자 간에는 어떤 종류의 상호 참조 및 상호 지지 작용이 전개되는 것인지, 다시 말해 이러저러한 인식의 요소가 권력 효과들을 가질 수 있게 만드는 것은 무엇인지, 요컨대 진실된 요소, 있을 수 있는 요소, 불확실한 요소, 거짓된 요소에 할당되는 권력 효과들이 무엇인지, 이러저러한 강제 절차가 합리적이고 타산적이며 기술적으로 효율적인 일정한 요소가 갖고 있는 고유한 형식과 정당화를 획득할 수 있게 하는 것은 무엇인지와 같은 것입니다.

그러므로 이 첫 번째 수준에서는 정당성〔과 부당성〕을 구분해서도 안 되고, 〔진실의 지점과〕 오류 및 착각의 지점을 획정해서도 안 됩니다.* 그렇기 때문에 이 수준에서는 두 용어를 사용할 수 있을 것 같은데 이 용어들의 역할은 어떤 실체나 〔무정형의〕 힘 혹은 선험적인 어떤 것을 지시하는 데 있는 것이 아니라 이 용어들이 준거하는 영역과 관련해 체계적인 가치 축소를 행하는데, 말하자면 정당성 효과들의 중화와 이 정당성 효과들을 일정한 시기에 수용

---

*   원고: 남용 혹은 오용의 한계

가능하게 만들고 실제로 그것들이 수용되게끔 한 것의 해명을 하는 데 있습니다.

따라서 〔한편으로〕 일정한 시기, 특정 영역에서 수용 가능한 모든 절차와 모든 인식 효과를 지시하는 **지식**savoir이라는 용어를 사용할 수 있습니다. 〔다른 한편으로〕 행동이나 담론을 유발할 수 있는 일련의 특수하고 정의 가능하며 〔이미〕 정의된 메커니즘을 포괄하는 **권력**pouvoir이라는 용어를 사용할 수 있습니다. 그런데 이 용어들이 방법론적 역할만을 할 뿐이라는 것을 즉각적으로 알 수 있습니다. 즉 이들을 통해 현실의 보편적 원리를 발견하는 것이 관건이 아니라 분석의 단면과 그것에 적절한 요소의 유형을 설정하는 것이 관건입니다. 그러므로 인식[25]이나 지배[26]라는 용어

---

[25] 1978년 말 인터뷰에서 푸코는 '지식(savoir)'과 '인식(connaissance)'을 구분하되 조금 다르게 구별하자고 제안한다. "제가 '지식'이라는 말로 의미하고자 하는 것은 어떤 과정입니다. 그 과정은 주체로 하여금 자신이 인식한 것, 혹은 인식하기 위해서 했던 작업을 통해 어떤 변화를 겪도록 합니다. 그 과정은 주체로 하여금 변화할 수 있도록 해주고 또 동시에 대상을 구축할 수 있게 해줍니다. 지식은 또한 인식 가능한 대상들을 증대시키는 작업이고 대상들에 대한 인식 가능성을 확장시키는 작업이며 대상들의 합리성을 이해하는 작업, 그러나 조사 주체의 불변성을 유지한 채로 그렇게 할 수 있도록 해주는 작업입니다." 푸코는 또 이렇게 단언한다. "계보학이라는 개념과 더불어, 어떤 인식의 구조를 다시 포착하는 것이 분명 중요합니다. 다시 말해 고정된 주체와 대상들의 영역 간의 관계를, 그것들의 역사적 뿌리들 내에서, 그리고 지식의 이러한 움직임 내에서 다시 포착하는 것이 중요하다는 것입니다." Cf. M. Foucault, "Entretien avec Michel Foucault", entretien cit., p. 876.

[26] 1984년 인터뷰에서 푸코는 자신이 '권력'과 '지배' 사이에 긋는 구별을 명확하게 설명한다. "여러 자유들 간의 전략적 게임"인 "권력관계"들 때문에 "어느 한쪽이 다른 쪽의 품행을 결정지으려고 시도하게 되는데", 그러므로 이 관계들은 "유동적이고 가역적이며 불안정"하고, 어떤 특정한 형식을 전제하고 개인 자유의 어떤 특정한 범위를 전제합니다. 하지만 ("우리가 통상적으로 권력이라 부르는") "지배 상태"들 내에서 권력관계들은 반대로 "항구적으로 비대칭적인 관계들로, 자유의 여백이 극도로 한정된 그러한 상태로 고정되어 있다". Cf. M. Foucault, "L'éthique du souci de soi comme pratique de la liberté" (entretien avec H. Becker, R. Fornet-Betancourt et A. Gomez-Müller), dans DE II, n° 356, p. 1539, 1547. 또한 다음을 참조하라. M. Foucault, "Le sujet et le pouvoir", art. cit., p. 1054-1057. 1983년 4월 버클리에서 있었던 토론에서 푸코는 '지배 상태'라는 표현 대신 '폭력 관계'라는 표현을 사용하긴 하지만 그럼에도 불구하고 동일한 생각을 고수한다. "폭력 관계 내에서 당신은 아무 것도 할 수 없습니다. 당신은 속박되어 있기 때문에 강제받습니다. 〔반면에〕 권력관계 내에서는 둘 중 한쪽에게 언제나 아니라고 말하거나 피하거나 저항하는 등의 가능성이 있습니다. 〔…〕 저는 권력관계를 가장 단순하게, 누군가 타인들의 행위에 영향력을 행사하려고 시도할 때로 정의합니다. 물론 당신은 타인의 손을 잡아 끌면서 어떠한 방식으로 움직이도록 강제함으로써 그의 행위에 영향력을 행사할 수 있습니다. 이것은 폭력이지 권력이 아닙니다. 권력은 당신이 폭력을 사용하지 않으면서 타인들의 행동과 품행을 통치하고자 할 때 시작됩니다. 〔이때 폭력을 사용하지 않는다는 것은〕 당신이 폭력의 위협까지도 사용하지 않는다는 것을 의미하지는 않습니다. 그것은 어떤 경우에 어쨌든 일벌백계 등의 이유로 당신이 폭

가 그렇게 하듯이, 정당화의 관점이 작동하지 못하도록 만드는 것이 중요합니다.

마찬가지로 분석의 매 순간마다 이 두 용어에 구체적이며 명확한 내용을 부여할 수 있어야만 합니다. 이러한 지식의 요소, 저러한 권력 메커니즘 하는 식으로 말입니다. **하나의** 지식 또는 **하나의** 권력이 존재한다거나, 아니면 더 나쁘게는 자기 안에서 자기 스스로 작동하는 듯한 **보편적** 지식 또는 **보편적** 권력이 존재한다고는 결코 전제하지 말아야 합니다. 권력, 지식, 이것은 그저 분석의 격자일 뿐입니다. 우리는 또한 이 격자가, 제가 방금 이것들이 마치 서로에 외재적인 것처럼 표현했을지라도, 한쪽은 지식에서 기인하고 다른 한쪽은 권력에서 기인하는 서로 다른 요소들을 갖는 두 범주로 구성되어 있는 것이 아님을 알 수 있습니다. 왜냐하면 어떠한 지식의 요소도, 만일 그것이 예를 들어 한편으로 일정한 시대의 일정한 과학적 담론을 특징짓는 규칙과 강제의 총체에 부합하지 않는다면, 또 다른 한편으로 그것이 과학적이라고 아니면 단지 합리적이라고 혹은 그저 일반적으로 수용될 수 있는 것으로 그 유효성을 인정받은 것 특유의 강제 효과나 선동 효과를 갖추지 못한다면 지식의 요소로서 남아 있을 수 없다는 것입니다. 역으로 그 무엇도 만약 그것이 다소 정합적인 지식의 체계 내에서 유효성을 인정받을 수 있는 절차, 기제, 수단, 목표에 따라 전개되지 않으면 권력 메커니즘으로 기능할 수 없습니다.[27]

력을 사용하는 일은 실제로 없으리라는 것을 의미합니다. 그러므로 폭력이 곧바로 권력에 연결되어 있는 것도 사실이지만, 제 생각에 권력은 당신이 폭력을 사용하지 않을 때 시작됩니다. 적어도 잠시 동안 말이죠. 그리고 이 경우에 권력과 더불어 저항 혹은 저항의 가능성이 시작됩니다." Cf. M. Foucault, *Discussion with Michel Foucault*, IMEC/Fonds Michel Foucault, D 250(7), p. 15, 22-23.

27 Cf. M. Foucault, "Théories et institutions pénales", dans DE I, n° 115, p. 1257-1258: "그 어떤 지식도 소통·기록·축적·이전(移轉)의 체계 없이는 형성되지 않는데, 이 체계는 그 자체로 권력의 한 형식이며, 그 체계의 실존과 기능 속에서 다른 권력 형식들과 연결된다. 반면 그 어떤 권력도 지식의 추출

처벌이란 무엇인가?

따라서 무엇이 지식이고 무엇이 '권력'이며, 어떻게 한쪽이 다른 한쪽을 억압하거나 다른 한쪽이 이쪽을 기만하는지를 기술하는 것이 중요한 것이 아니라, 그보다는 차라리 정신병이든 형벌이든 비행이든 성현상이든 간에 어떤 수용 체계의 수용 가능성을 구성하는 요인들을 포착할 수 있게 하는 지식-권력 결합체를 기술하는 것이 중요합니다.

　　요컨대 일정한 총체를 경험적으로 관찰할 수 있는 가능성으로부터 이 총체의 역사적 수용 가능성으로, 심지어는 이 총체를 실제로 관찰할 수 있는 시대로 나아가는 이 도정은, 이 총체를 지탱하는 지식-권력 결합체의 분석, 이 총체가 수용된 지점에서 이 총체를 재파악할 수 있게 하는 지식-권력 결합체의 분석을 거쳐 이 총체를 수용 가능하게 만든 것의 분석 쪽으로 나아가게 됩니다. 하지만 물론 이것은 일반적인 의미에서의 수용 가능성이 아니라, 그 총체가 수용된 [바로] 그곳에서 그 총체를 수용 가능하게 한 것의 분석을 뜻합니다. 하나의 총체를 그 실정성positivité[28] 내에서 재파악하는 것으로 특징지을 수 있는 것은 바로 이런 것입니다. 정당화에 대한 고심으로부터 초월해 있고 그 결과 법칙이라는 근본적 관점을 피해가면서, 수용이라는 사실로부터 [출발해] 지식-권력의 작용을 통해 분석된 수용 가능성의 체계로 전진하면서 실정성의 회로를 탐색하는 절차가 있습니다. 이를 고고학의 수준이라고 말씀드리겠습니다.[29]

과 점유 그리고 분배, 혹은 지식의 압류 없이는 행사될 수 없다. 이러한 맥락에서, 한편에 인식이 있고 다른 한편에 사회가 있는 것이 아니다. 혹은 한편에 학문이 있고 다른 한편에 국가가 있는 것도 아니다. 그저 '지식-권력'의 근본적 형식들이 있을 뿐이다.

28　'실정성(positivité)' 개념에 대해서는 다음을 참조하라. 《지식의 고고학》, 172-174쪽[AS, p. 164-165].

29　1969년 《지식의 고고학》에서 '**고고학**'이라는 용어로 푸코는 "이미 말한 것을 그것의 실존의 수준에서 검토하는 어떤 기술(記述)의 일반적 주제를 지시한다. 요컨대 이미 말한 것 안에서 행사되

둘째로 우리는 곧바로 이러한 유형의 분석에 많은 위험이 도사리고 있다는 사실, 즉 이와 같은 분석을 위해 부정적이고도 값비싼 대가를 치르지 않으면 안 된다는 사실을 알게 됩니다.

이 실정성은 우리가 그저 당연하게 수용할 수 있는 총체가 아닙니다. 어떤 의미에서 그런가 하면, 우리가 오랫동안 거의 습관적으로 접해온 까닭에 실정성이 우리에게 친숙하게 다가올지라도, 이 실정성을 작동시키는 권력 메커니즘들이 어떤 맹목화시키는 능력을 지녔을지라도, 혹은 이 실정성이 정교화된 정당성에 기초해 있을지라도, 이 실정성이 본래적 권리에 의해 수용 가능하게 되었던 것은 아닙니다. 그리고 이 실정성을 수용하게 만든 요인들을 제대로 포착하기 위해 부각시킬 필요가 있는 것은 그 자체가 자명한 것도 아니었고 어떤 선험성이나 선행성 속에 내포되어 있지도 않았습니다. 한 체계의 수용 가능성의 조건들을 추출하고 그것의 등장을 특징짓는 단절의 경계선을 추적하는 일은 서

는 언표의 기능과 이미 말한 것이 속해 있는 담론적 형성, 그리고 이미 말한 것이 드러나는 문서의 일반적 체계에 대한 기술을 지시한다." 이러한 유형의 분석은 "그 어떤 시작도 탐구하라고 부추기지 않는다"고 푸코는 분명히 한다. Cf. 《지식의고고학》 190쪽(AS, p. 173). 더 일반적으로는 4장 전체 "La description archéologique(고고학적 기술)", 191-272쪽(p. 177-255)를 참조하라. 또한 다음을 참조하라. M. Foucault, "Michel Foucault explique son dernier livre", dans DE I, n° 66, p. 800; "La naissance d'un monde", dans DE I, n° 68, p. 814-815; "Dialogue sur le pouvoir", dans DE II, n° 221, p. 468-469. 더 나아가 1971년에는 명백하게, 《말과 사물》과 관련한 조지 슈타이너(George Steiner)의 비판에 답하면서 푸코는 고고학이라는 용어가 칸트에게서 발견된다는 것을 분명히 한다. 칸트는 "사유의 어떤 특정한 형식을 불가결하게 하는 역사를 지시하기 위해 이 말을 사용했다". Cf. M. Foucault, "Les monstruosités de la critique", dans DE I, n°97, p. 1089. 푸코가 참조하는 칸트의 텍스트는 다음과 같다. Les progrès de la métaphysique en Allemagne depuis Leibniz et Wolf(1793), trad. fr. L. Guillermit, Paris, Vrin, 1973(cf. p. 107-108). 푸코에게서도 역시 고고학이라는 용어는 아프리오리를 지시하기 위해 사용된다. 하지만 푸코의 아프리오리는 칸트의 아프리오리와는 대조적으로 언제나 역사적 아프리오리, 즉 '사건들'이다. 1984년 미국에서 출판된, 칸트와 계몽에 관한 텍스트에서 푸코는 이렇게 단언한다. "우리로 하여금 우리가 행위 하는 바와 사유하는 바 그리고 말하는 바의 주체로서 구축되게 하고, 또 그러한 주체로서 인식하도록 하는 사건들을 통한 역사적 조사"로서 이해된 비판은, "그 합목적성 내에서는 계보학이고 그 방법론 내에서는 고고학이다." 또 이 비판이 고고학인 이유는 이 비판이 "모든 인식의 보편 구조들 혹은 모든 가능한 도덕적 행위의 구조들을 끌어내려고 시도하지 않을 것"이고 오히려 "우리가 사유하는 바와 말하는 바 그리고 행위 하는 바를 분절하는 담론들을 역사적 사건들처럼" 다룰 것이라고 말이다. Cf. M. Foucault, "What is Enlightenment?", art. cit., p. 1393. 또한 이 책 148-152, 156쪽을 참조하라.

로 연관된 두 가지 작업입니다. 광기와 정신병이 정신의학의 과학적이면서도 제도적인 체계 속에서 서로 중첩되었던 것은 결코 당연한 일이 아니었습니다. 처벌의 절차, 감금과 징계의 규율이 형벌 체계 속에서 서로 접합된 것도 결코 당연한 일이 아니었습니다. 개인의 욕망, 육욕, 성적 행동이 성현상이라 불리는 지식과 정상성의 체계 속에서 서로 연결된 것 또한 절대 필연적인 일이 아니었습니다. 어떤 체계의 수용 가능성을 포착하는 작업은 그 체계를 수용하기 어렵게 만든 것을 포착하는 작업과 분리 불가능합니다. 이를테면 인식 측면에서의 자의성과, 권력 측면에서의 폭력성, 요컨대 그 에너지 말입니다.* 그러므로 어떤 체계의 수용 가능성의 인위성을 보다 잘 추적하기 위해서는 그 구조를 탐구해야 합니다.

두 번째 결과 역시 부정적이며 값비싼 대가를 요구하는데, 왜냐하면 이 총체는, 역사가 그 특수한 상황들과 더불어 상당수의 변혁을 가하게 되는 보편소로 분석되지 않기 때문입니다. 물론 수용된 많은 요소들과 그들 배후의 수용 가능성은 역사 속에서 오랫동안 남아 계속 영향을 미칠 수도 있습니다. 하지만 이 실정성의 분석 속에서 다시 파악되어야 할 대상은 본질의 구현도, 〔인류라는〕 종種의 개체화도 아닌, 어떤 의미로는 순수한 특이성 singularité[30], 곧 근대 서양 세계에 있어 광기라는 특이성, 성현상이라는 절대적 특이성, 형벌의 사법-도덕적 체계라는 절대적 특이성입니다.

---

*   원고에는 '그 에너지(son énergie)' 대신에 그 출현(son émergence)이라고 되어 있다.
30   '사건' 개념과 항상 결부되어 있는 이 '특이성' 개념과 관련해서는 Michel Foucault, "Table ronde du 20 mai 1978", art. cit., p. 842-843과 "Préface à l'Histoire de la sexualité'", art. cit., p. 1399-1400 참조. Michel Foucault, "Theatrum philosophicum", dans DE I, n°80, p. 952, 956 등 참조.

그 어떤 근원에도 의지하지 않는 것, 순수한 형식 속으로 도주하지 않는 것, 바로 여기에 아마도 이 역사-철학적 연구 방식의 가장 중요하고 이론의 여지가 있는 쟁점 중 하나가 있습니다. 이 연구가 역사 철학이나 역사적 분석으로 전락하지 않으려면 그것은 순수한 특이성의 내재적 장場에 남아 있어야 합니다. 그렇다면 그것은 무엇일까요? 단절, 불연속성, 특이성, 순수한 기술, 부동의 도식, 설명의 배제, 이행의 배제 등 알고 계신 대로입니다. 실정성의 분석은 이른바 설명적 절차에 속하지 않는다고 말씀드릴 수 있습니다. 이 설명적 절차는 다음 세 가지 조건 내에서 인과적 가치를 부여받습니다.

1) 사람들은 심층적이고 유일한 가치를 담지하고 있다고 여겨지는 최종 심급을 추구하는 설명들에 한해서만 그 인과적 가치를 인정합니다. 누군가에게 그것은 경제학일 것이고 또 누군가에게는 인구통계학이겠죠.

2) 사람들은 **유일한** 원인이나 원인의 중심점, 단일한 근원으로 향하는 위계 서열화에 따르는 설명에 한해서만 인과적 가치를 인정합니다.

3) 마지막으로 사람들은 일종의 불가피성을 설정하는 설명, 아니면 적어도 필연성에 접근하는 설명에 한해서만 인과적 가치를 인정합니다.

그렇지만 실정성들의 분석에서는 어떤 종種이나 본질이 아닌 단순한 수용 가능성의 조건들에 관계된 순수한 특이성이 문제이기 때문에 복잡한 동시에 조밀한 인과 관계망의 전개를 전제합니다. 그런데 이 망은 심원하고 단일하며 피라미드식으로 강제하는 원리로 가득찬 요구에 반드시 부합하지는 않는, 다른 유형의 인과 관계망입니다. 즉 이 특이성을 효과로서 파악할 수 있는 관계망을 구축하는 일이 문제인 것입니다. 그것[관계망]에서부터 관계들이 다수일 필요성, 다양한 유형의 관계들을 구분해야 할 필요성, 연쇄의 다양한 형태의 필요성들을 구분해야 할 필요성, 순환적인 상호 작용 및 작용을 해독해야 할 필요성 그리고 이질적인 과정의 교차를 고려해야 할 필요성이 제기됩니다. 그러므로 이러한 분석에서 인과성을 배제하는 것보다 더 이상한 일은 없을 것입니다. 하지만 중요한 일은 이러한 분석에서 파생적인 현상들의 총체를 하나의 원인으로 환원하는 것이 아니라, 특이한 실증성을 그 특이성 속에서 명료화하는 작업인 것입니다.

다양한 계보들을 중압적이고 원리적인 단일한 원인으로 통일하려는 **발생학***에 대립하는 **계보학**이 중요합니다. 요컨대 다양한 결정 요소들에 입각해 특이성의 출현 조건을 복원하려는 계보학과 같은 것이 중요하다는 것입니다.[31] [그러므로] 계보학은 특이성의 출현 조건을 이해할 수 있게 하는 절차입니다. 하지만 계보학이 폐쇄의 원리에 따라 작동하지는 않는다는 것을 알아야 합니다. 여기에는 몇 가지 이유가 있습니다.

첫 번째 이유는, 이 특이성의 효과를 규명 가능하게 하는

---

*   원고에서 강조되어 있다.

31   1971년에 이미 푸코는 니체의 영향을 받아 계보학이 목표로 하는 것은 "계통적 기원을 기술하는 것"이 아니라 "모든 단조로운 목표로부터 벗어나 사건들의 특이성을 포착하는 것, 사람들이 가장 기대하지 않을 뿐만 아니라 역사가 전혀 없다고 간주하는 곳에서 사건들을 찾아내려 하는 것, (…) 변화의 완만한 곡선을 추적하기 위해서가 아니라 사건들이 상이한 역할들을 담당하는 상이한 무대들을 재발견하기 위해 사건들의 회귀를 포착하는 것, 사건들의 결여지지점, 사건들이 일어나지 않은 순간을 한정하는 것"이라고 말한다. 그러므로 계보학은 '기원'의 탐구와 철저하게 대립된다. Michel Foucault, "Nietzsche, la généalogie, l'histoire", dans DE I, n°84, p. 1004-1005참조. 1984년 미국에서 출간된 칸트와 계몽에 관한 논고에서 비판은 "목표의 측면에서는 계보학적이고 방법의 측면에서는 고고학적이다"(이 책 67-68쪽 주 29 참조)라고 주장하면서 푸코는 비판이 계보학적임을 분명히 했다. 그 이유는 비판이 "현재 우리 자신인 바의 형식에 입각해 우리가 할 수 없거나 인식할 수 없는 것을 연역해내지 않을 것"이기 때문이다. 그것이 아니라 "현재의 우리를 만들어낸 우연성으로부터 현재의 우리가 더 이상 아닐 수 있는 가능성과 우리가 행하거나 사유하는 것을 더 이상 행하지 않고 사유하지 않을 수 있는 가능성을" 끌어내려 하기 때문이라는 것이다. Michel Foucault, "What is enlightenment ?", art. cit., p. 1393참조. 이 책 148-153, 156쪽도 참조.

관계가, 총체적으로는 아닐지라도 적어도 상당 부분, 개인들이나 집단들 간의 상호 작용의 관계이기 때문입니다. 달리 말해, 이 관계는 주체, 행동 유형, 결정, 선택을 내포하고 있습니다. 그러므로 우리가 식별할 수 있는 관계망의 지주와 근간은 사물의 본질 속에 있는 것이 아니라, 불확실하고 가변적인 여지가 있는, 상호 작용에 존재하는 특유의 논리 속에 있습니다.

〔관계망의〕 폐쇄가 불가능한 또 다른 이유는, 우리가 효과로서 기능하는 특이성을 규명하기 위해 구축하려는 이 관계망은 단일한 평면을 구성할 리가 없기 때문입니다. 이 망 안의 관계들은 서로에게서 지속적으로 이탈하고 있습니다. 이를테면 두 개인 간의 상호 작용의 논리는 그 규칙과 특수성을 일정 수준 보존하면서 다른 요소들과 더불어 다른 수준에서 일어나는 상호 작용들을 구성하게 되는데, 그 결과 일정한 방식으로, 그 어떤 상호 작용도 결코 원초적이거나 완전히 총체적인 역할을 할 수는 없습니다. 각각의 상호 작용은 그것을 넘어서는 작용 내에 다시 자리 잡을 수 있습니다. 반대로 어떤 상호 작용이 아무리 국지적이라 할지라도, 그것을 포괄하는 다른 상호 작용, 그것이 일부를 이루고 있는 또 다른 상호 작용에 실제로 효과를 미치거나 아니면 적어도 효과를 미칠 수 있는 위험을 배제할 수 없습니다. 그러니까 좀 도식적으로 이야기하자면, 동일한 과정의 재생산과 변화 사이에 영구적인 유동성, 본질적인 취약성, 또는 상호 연루가 있다고 할 수 있겠습니다. 요컨대, 여기에서 **전략적**이라고 할 만한 분석 양식을 도출하는 것이 중요합니다.[32]

32   《지식의 고고학》, 100-109쪽〔"La formation des strategies", *L'archéologie du savoir*, 2부 6장, p. 85-93〕.

고고학, 전략 그리고 계보학에 대해 논함으로써 저는 한 분석으로부터 다른 한 분석이 전개되어 나가게 되는 연속적인 세 가지 경로를 지적하는 것보다는 동일한 분석의 동시적일 수밖에 없는 세 차원을 특징짓는 것이 중요하다고 생각합니다. 이 동시적인 세 차원은, 상호 작용과 전략들의 식별에 준거해 특이성을 명료화하고 그 특이성을 수용 가능하게 만드는 조건들이 무엇인지를 실정적으로 파악할 수 있게 해주어야 합니다. 우리가 사건화의 절차라고 부를 수 있는 것은 바로 이 세 차원들을 고려하는 연구입니다. 〔…〕*는 효과로서 발생하며, 결국 그것은 다음과 같은 점에서 사건화입니다. 요컨대 우리가 다루어야 하는 어떤 것의 안정성, 정착, 토대가, 이런 식으로든 저런 식으로든, 결코 그것의 소멸까지 생각하게 하지는 않지만 적어도 그것이 사라진다면 과연 무엇 때문에, 무엇으로 인해 소멸할 수 있을 것인지를 포착하게 만드는 사건화 말입니다.

방금 인식과 정당화를 통해 문제를 제기하기보다는 권력과 사건화라는 우회적 방법을 통해 문제에 접근해야 한다고 말씀드렸습니다. 하지만 잘 알고 계시는 대로 권력을 지배나 제어, 근본적 요소, 유일한 원리, 설명, 혹은 불가피한 법으로 이해되게 만들어서는 안 됩니다. 반대로 권력을 언제나 상호 작용의 장 안에서 기능하는 관계로 간주하며, 지식의 형식들과 분리 불가능한 관계 속에서 고려하고, 언제나 가능성, 즉 역전 가능성의 영역에 연계되어 있다는 시각에서 이해해야 할 것입니다.[33]

도대체 어떤 오류와 착각과 망각으로 인해, 도대체 어떤 결

---

* 테이프를 뒤집는 과정에서 녹음이 중단됐고, 원고에 의거해 일부만을 재현할 수 있었다.
[33] 이 책 65-66쪽 주 26 참조.

함으로 인해 인식은, 근대 세계에서 기술techné의 헤게모니가 현시하는 지배 효과를 발생하게 되었느냐는 질문은 이제 더 이상 문제가 아니라는 것을 아시겠죠. 오히려 문제는 아마도 다음과 같을 것입니다. 어떻게 해서 지식과 권력의 불가분성이 상호 작용과 다수의 전략의 맥락 내에서, 한편으로는 그 수용 가능성의 조건들에 따라 고정되는 특이성을 유발시키고, 또 다른 한편으로는 이 특이성을 약화시키고 영속성이 없는 것으로 만들며, 특이성의 효과들을 사건으로, 그 이상도 이하도 아닌 다만 사건으로 만드는 장, 곧 가능성과 개방과 불확실과, 역전과 잠재적인 전복의 장을 동시에 유발시키는가? 이 실정성에 고유한 강압 효과들은 어떻게, 인식이 자신의 정당한 용도로 회귀함으로써, 그리고 인식의 정당한 용도를 설정하는 선험성 혹은 유사 선험성에 관한 성찰에 의해 일소되지 않으면서 그 효과들을 유발시킨 구체적인 전략적 장의 내부로부터, 그리고 통치받지 않으려는 결연한 의지에 의해 역전되거나 해소될 수 있는가?

결론적으로 비판적 태도를 비판의 문제 내로 이동시킨 운동, 아니 그 목적이 인식으로 하여금 자기 자신에 대한 적절한 관념을 획득 가능하게 하는 데 있는 비판의 기획 내에서 계몽의 기획을 재검토[재평가]하는 데 있는 운동 — 이 동요 운동, 이 이동, 요컨대 비판 안으로 계몽의 문제를 강제로 이동시키는 방식 — 을 고려해볼 때, 그 반대 방향의 길을 따라 가려고 시도해야 할 필요가 있지 않을까요? 만일 인식의 문제를 인식과 지배가 맺는 관계 속에서 제기해야 한다면 우선, 그리고 무엇보다도 통치받지 않으려는 자유 결정의 어떤 특정한 의지에 입각해 제기해야 할 텐데, 이는 칸트가 말했듯 미성숙 상태에서 탈피하고자 하는 개인적인 동시에 집단적인 태도에 다름 아닐 것입니다. 태도의 문제죠. 여러분께서는 제가 이 강연에 감히 붙이고자 했던, '계몽이란 무엇인가?'라는 제목을 결국에는 못 붙이게 된 이유를 이제 알게 되셨을 것입니다.

앙리 구이에 저는 미셸 푸코 씨가 우리에게, 제가 철학적이라고 부르고 싶은, 총체적이며 조화로운 성찰을 발표해주신 데 깊이 감사드립니다. 발표자께서는 비록 "철학자도 아니"라고 말씀하셨지만 말입니다. 하기야 그렇게 말씀하신 바로 직후에 푸코 씨가 "한낱 비판가에 불과하다"고, 곧 어쨌거나 조금은 비판가라고 덧붙이셨다는 점을 이야기해야겠습니다. 푸코 씨의 발표를 듣고 나서, 저는 비판가라는 것이 철학자라는 의미인지 자문해봅니다.

노엘 물루 두어 가지를 지적하고 싶군요. 먼저 첫 번째 지적은 다음과 같습니다. 발표자께서는 저희에게 권력의 거부 혹은 강제적인 규칙의 거부로부터 발생하는 사상의 일반적 태도, 즉 비판적 태도에 관해 설명해주신 듯합니다. 선생님은 거기에서부터 선생님의 이러한 태도의 연장이자 활성화로서 제시했던 문제계로 넘어가셨습니다. 이는 오늘날 지식과 기술 그리고 권력이 맺는 관계와 관련되어 제기되는 문제들입니다. 저는 어떤 면에서 (푸코 선생님의 문제계에서) 일정한 핵심적 문제들을 중심으로 전개되는, 달리 말해 대체적으로 역사적인 근거와 한계를 갖는 국지화된 비판적 태도를 보는 것 같습니다. 그런데 비판적 태도의 윤곽이 명확해지려면 우리는 어떤 한계에 도달하고 문제들을 제기하며 막다른 길목에 이르는 실천이랄지 방법을 이미 갖고 있어야만 합니다. 그래서 예컨대 실증주의의 방법론적 성공이 그 난점들과 더불어 실증주의에 대한 비판적 반응, 곧 지난 반세기 동안 등장했던 논리주의와 비판주의의 성찰을 촉발시켰던 것입니다. 저는 규범화된 과학 언어의 한계에 관한 포퍼 학파 또는 비트겐슈타인 식의 성찰을 염두에 두고 있습니다. 우리는 종종 이러한 계기들을 통해 새로운 해결책과 실천의 모색, 국지적이며 역사적인 탐구의 양상을 띠는 방법에 대한 탐색이 나타나는 것을 봅니다.

미셸 푸코 전적으로 옳으신 말씀입니다. 바로 그런 식으로 비판적 태도가 시작되었으며, 그 중요성은 19세기에 그 결과들을 발생시켰습니다. 저는 이를 칸트식 경로라고 이름 붙이고 싶은데, 바꿔 말하자면, 비판적 태도의 강력하고도 본질적인 계기는 인식이 그 자체의 고유한 한계 혹은 그 일차적이며 구체적인 실행 속에서 직면한 곤경에 관해 문제를 제기하는 데 있기 때문입니다.

저를 놀라게 한 것은 다음과 같은 두 사실입니다. 한편으로 이 비판적 태도의 칸트식 활용은 비판이 또한 다음과 같은 문제를 제기하는 것(문제는 이것이 근본적인지 여부를 아는 것인데, 여기에는 논의의 여지가 있습니다)을 막을 수 없었고 솔직히 말해 칸트는 이 문제를 아주 명확히 제기했습니다. 이성의 사용이란 무엇인가? 어떻게 이성을 사용해야만 과도한 권력 행사를 억제하고, 그 결과 자유의 구체적 목표에 도달할 수 있을까? 제 생각에 칸트는 이 문제를 간과하지 않았으며, 특히 독일에서 이 주제를 둘러싼 대대적인 성찰 운동이 있었는데, 그것은 질문자께서 인용하셨던 엄격한 비판이라는 문제를 다른 영역으로까지 일반화시키고 이전시켰습니다. 질문자는 포퍼를 인용하셨는데, 하지만 포퍼에게서도 결국 근본적인 문제는 권력 남용이었습니다.

다른 한편으로 제가 주목하고자 하는 점은 —죄송하지만 너무 대충 훑어보는 것을 양해해주세요—15세기에서 16세기 이래의 근대 서양 사회 특유의 비판적 태도의 역사적 기원을 중세 후반기의 종교 투쟁과 영적 태도에서 찾아야 한다는 사실입니다. 어떻게 통치받아야 하는가, 이런 식의 통치를 수용해야 하는가 하는 문제가 제기되는 바로 그 시기 말입니다. 따라서 사태는 가장 구체적이며, 역사적으로 결정된 수준에 위치해 있습니다. 제 생각엔 중세 후반기의 사목을 둘러싼 모든 투쟁이 종교개혁을 예비했고, 비판적 태도가 발전하는 역사적 출발점이 되었습니다.[34]

앙리 비로 놀란 뿔닭처럼 굴고 싶진 않군요! 칸트가 도덕 차원, 종교 차원, 정치 차원 등의 정언 명령에 따라 결정적인 이론적 제약을 가하기 위해—이것이 칸트 철학의 특징입니다—, 계몽이라는 문제를 명백하게 재검토한 방식에 저는 전적으로 찬성합니다. 이 문제에 관해서는 저와 선생님의 의견이 완전히 일치하는 것 같습니다.

　　이제 이 발표의 긍정적 기여에 대해 직접 언급하자면 지식과 권력의 십자 포화를, 사건이라는 수준에서 가능한 한 포복해가면서 연구해야 한다고 하더라도 저는 겉으로 드러나지 않는 문제의 여지가 하나 남아 있지 않나 자문해봅니다. 이는 더 본질적인 혹은 더 전통적인 철학적 문제라 할 수 있는데, 다양한 영역 내에서 벌어지는 지식과 권력의 상호 작용에 관한 소중하고 엄밀한 연구와는 좀 차이가 있는, 이 형이상학적이며 역사적인 문제는 다음과 같은 식으로 정리할 수 있습니다. 어떤 역사적 시기에서, 세계의 어떤 지역에서는 지식 자체가 권력이나 권능의 형식을

34　　반-사목 투쟁들의 주제와 관련해서는 《안전, 영토, 인구》, 268-312쪽〔STP, p. 197-219〕 및 "'Omnes et singulatim': vers une critique de la raison politique", conférences cit., p. 967-968 참조.

취하는 반면, 언제나 일종의 수완, 타인을 다루는 요령을 알고, 어떻게 처신해야 하는지를 아는 것으로 정의되는 권력은 마침내 지성론 특유의 역동적 본질을 현시한다고 말할 수 있지 않을까요? 선생님이 지식과 권력 사이에 구축되는 복합적 관계 내지 망을 재발견하고 해명할 수 있다는 사실이 그다지 놀랍지 않은 이유는 최소한 어떤 시대부터는 지식이 그 근본에 있어 권력이고, 권력이 그 근본에 있어 지식이며, 동일한 의지의 지식과 권력인데 이 의지를 저는 힘$_{puissance}$의 의지라고 불러야만 할 것 같습니다.

미셸 푸코 그런 유형이 지닌 관계의 일반성에 대한 질문이신가요?

앙리 비로 그런 관계의 일반성에 관한 질문이라기보다는, 지식 - 권력이라는 두 용어의 이원성 너머에 있는 근본성 혹은 내밀한 근간에 관련된 질문이라고 하겠습니다. 지식이 그 자체로 권력의 지식으로 정의되고 권력은 지식의 권력으로 정의된다면 지식과 권력의 어떤 공통적 본질을 재발견할 수 있지 않을까요? (이 이중적 성격의 다양한 의미를 주의 깊게 탐색할 각오를 하고 말입니다.)

미셸 푸코 물론입니다. 제가 연구하려 했던 것, 제가 제안하려 했던 것, 요컨대 대략적으로 지식인과 위정자가 있고 과학자 집단과 산업의 요구 등과 같은 것이 있다고 하는, 이런 식의 기술記述의 하부 혹은 그 내부에 실은 조밀하게 직조된 망이 있다는 점에 비춰 볼 때, 선생님께서 질문하신 것에 대해 충분히 명확히 설명하지 못했습니다. 지식과 권력이라는 요소들뿐만은 아니죠. 하지만 지식이 지식으로서 기능하는 것은 지식이 권력을 행사하는 한에서만 가능합니다. 가능한 지식의 담론과는 다른, 지식의 담론 내부에서 진실로 간주되는 각 언표는 일정한 권력을 행사하는 동시에 어떤 가능성을 창출합니다. 반대로 모든 권력 행사는, 설령 그것이 사형 집행과 관련될지라도 최소한 어떤 방법에 대한 지식을 함축하는 것입니다. 결국 어떤 개인을 야만적으로 파괴하는 것도 역시 수완입니다. 따라서 저 역시 비로 선생님의 의견에 동감하며, 제가 보여드리고자 했던 것은 바로 명확하게 구분되어 있는 듯한 권력의 여러 극들 아래에, 실은 일정 유형의 광채가 있다는 점이었습니다.

노엘 물루 저는 비로 선생님과 제가 공통적으로 언급했던 포퍼로 되돌아가고자 합니다. 포퍼의 구상 가운데 하나는 그 본질이야 무엇이든, 즉 독단이든 정언적 규범이든 패러다임이든지 간에 권력 영역의 구성에 관여하고 책임이 있는 것은 지식 그 자체가 아니라, 더 이상 진정한 지식일 수 없는, 일탈한 합리성이라는 점을 증명하는 데 있습니다. 지식 혹은 그것을 형성시키는 합리성 그 자체는 패러다임이나 처방을 결여하고 있습니다. 지식에 고유한 창의성은 지식 자체의 근거와 확실성, 권위를 다시 의문에 부치고 '그 자체에 맞서 논쟁하는' 데 있습니다. 정확히 이러한 이유에서, 그 창의성은 바로 합리성이며, 포퍼가 그것을 개념화한 방법론은 지식을 생산하는 행위와 지식을 비판하는 행위를 구분하고 분리시키는 데 있고 또 이성의 창안물을 그 제조법의 활용이나 절차의 관리와 혼동하거나 혼합하지 않는 데 있습니다. 그래서 저는 아주 어려운 문제이긴 하지만, 사회과학 일반이 인간적, 사회적, 역사적 영역 속에서 무엇보다도 개시의 역할을 하지 않았는지 자문해봅니다. 여기에 매우 난처한 상황이 있는데, 왜냐하면 실상 사회 과학은 기술과 밀접히 결속되어 있기 때문입니다. 과학과 그것을 이용하는 권력 사이의 관계는 진정으로 본질적이라고 할 수 없습니다. 그 관계가 중요하다 할지라도, 이는 어떤 의미에서는 '우발적인' 관계로 남아 있습니다. 교환과 자유 검토((libre)examen: 합리적·경험적 진실만을 받아들이는 행동 원리)로부터 벗어난 권력 행사와 직접적인 관계를 맺고 있는 것은 지식 그 자체의 조건이라기보다는, 지식의 이용과 연관된 기술적 조건들인 것입니다. 제가 발제자의 논의를 완전히 이해하지 못하는 것은 바로 이러한 관점에서입니다. 게다가 선생님께서는 자신이 장차 발전시켜 나가고자 하는 명철한 의견을 제시해주셨습니다. 그런데 이런 의문이 떠오릅니다. 과연 지식의 의무 또는 요구와 권력의 의무 또는 요구 사이에 정말로 직접적인 관련성이 있는 걸까요?

미셸 푸코 비열한 권력과는 관계가 없는 동시에 진실인, 그런 좋은 과학이 있다, 그러고 나서 과학의 오류랄지 이해 타산적 적용과 같은 나쁜 활용이 있다, 저로서는 우리가 그렇게 할 수 있다면, 즉 우리가 그렇게 말할 수 있다면 더할 나위 없이 기쁘겠습니다. 만일 선생님께서 이 사실을 제게 확신시켜 주신다면, 저는 행복한 마음으로 이 자리를 떠날 수 있을 것 같습니다.

노엘 물루 그렇게 말씀드리려는 것은 아닙니다. 저도 역사적이며 사건적인 연관이 강하다는 점은 인정합니다. 하지만 몇 가지 사실은 지적하고 싶습니다. 새로운 과학적 탐구들(생물학이나 인간과학)은 인간과 사회를 비결정의 상황 속에 위치시키면서 자유의 가능성을 열었고 또 그러면서 인간과 사회에 새롭게 결정을 하도록 압박합니다. 더구나 억압적 권력이 과학적 정식定式, formulation에 의지하는 경우는 매우 드물며, 그보다는 비-지식이라든지, 사전에 '신화'로 환원된 과학에 의거합니다. '사이비 유전학'에 기초했던 인종주의라든가, '생물학의 신 라마르크주의적' 변형에 기반한 정치적 실용주의와 같은 예들은 잘 알려져 있습니다. 마지막으로 저는 과학의 실증적 정보가 비판적 판단의 거리를 필요로 한다는 점을 잘 이해하고 있습니다. 하지만 제가 보기에는—그리고 바로 이것이 제 논지의 방향과 가까운데— 문화적이며 가치론적인 범주들을 채택하는 인간중심주의적 비판은 인식이 인식 자체의 토대, 전제, 선행 조건에 가하는 비판의 지원 없이는 완벽하게 전개될 수도 실현될 수도 없습니다. 이는 특히 인간 과학, 역사 과학이 제시하는 해명과 관련되어 있습니다. 그리고 제 생각에는 특히 하버마스가, 그가 지식에 의해 발생된 이데올로기에 대한 비판이라고 명명한 작업에 이 분석학적 차원을 포함시키고 있습니다.

미셸 푸코 저는 바로 그것이 비판의 장점이라고 봅니다!

앙리 구이에 저도 한 가지 질문 드리고 싶군요. 발표자께서 역사적 시대 구분을 하는 방식과 종교개혁에 부여하신 중요성에 대해서는 저도 완전히 공감하고 있습니다. 그런데 제가 보기에 서구의 전통 속에는 줄곧 소크라테스주의라고 하는 비판의 활력소가 있었습니다. 이는 16세기와 17세기에 소크라테스로 되돌아가는 운동에 의해 모종의 역할을 수행하게 됩니다만 선생님께서 정의하고 사용하신 그 **비판**이라는 단어가 혹시, 제가 일단 표현해보자면, 서양 사상 전반에서의 이 소크라테스주의라는 비판의 활력소와 일치할 수 있겠는지요?

미셸 푸코 참 어려운 질문을 하시네요. 소크라테스로 되돌아가자는 운동은(역사적으로는 16세기에서 17세기의 과도기에 있었다고 보이는데) 사목 투쟁과 사람들에 대한 통치, 중세 말기에 그 말이 내포하고 있었던 아주 풍부한 의미에서 통치 문제를 근간으로 해서만 가능했고, 이 점이 제게는 훨씬 중요하게 다가옵니다. 사람들에 대한 통치는 결국 사람들을 장악하는 일이며, 세세한 지도의 기술과 조정을 통해 사람들을 구원으로 인도하는 일이었는데, 이는 인도되는 개인과 인도의 목표 지점이 되는 진실에 관련된 지식의 작용을 함축하고 있었습니다.

앙리 구이에 만일 발표자께서 소크라테스와 그의 시대에 관해 발표하신다면, 지금 하신 분석을 다시 적용하시겠습니까?

미셸 푸코 사실 그것이 진짜 문제입니다. 이 난감한 질문에 간략히 답하자면, 요컨대 우리가 소크라테스에 대해 이런 식으로 문제를 제기할 때, 아니면 차라리 감히 말씀드린다면 하이데거가 소크라테스 이전의 철학자들을 언급할 때, 결코… 절대로 시대착오를 저지르지도 않았고, 18세기를 (기원전) 5세기로 옮겨놓지도 않았다고 생각합니다. 하지만 어쨌거나 칸트 이래로 서양 철학에서 근본적이었다 할 수 있는 이 계몽의 문제, 저는 이 문제를 가지고 철학의 근본적인 기원까지 이르는 모든 가능한 철학사를 일소해버릴 수 있지는 않은지 자문해봅니다. 그래서 소크라테스 소송의 문제는, 칸트가 계몽의 문제로 생각하는, 또 생각했던 바에 입각해 전혀 시대착오 없이 진정으로 제기될 수 있는 문제라고 생각합니다.[35]

---

35   1984년 철학에 부여해야 할 작업에 관련된 질문에 답하면서 푸코는 이렇게 단언한다. "비판적

장-루이 브뢱 저는 선생님의 발표문에서 핵심적인 논점이었지만, 제가 보기에 상이한 두 가지 형식으로 표현되었던 정식에 관해 질문하고자 합니다. 선생님께서는 발표 끝 무렵에, 토대로서의 '통치받지 않기로 결정하는 의지', 혹은 이 강연의 주제였던, 계몽으로 되돌아가기에 대해 말씀하셨습니다. 또 처음에 '이런 식으로 통치받지 않으려는', '지나치게 통치받지 않으려는', '이런 대가를 치르고서는 통치 받지 않으려는' 의지에 관해 말씀해주셨습니다. 첫 번째 정식의 경우는 절대적 정식인 데 반해, 두 번째 정식의 경우는 상대적인데, 어떤 기준에 따라서 그렇습니까? 선생님께서 통치받지 않으려는 결연한 의지라는 급진적 입장을 취하는 것은 통치화의 남용을 감지하셨기 때문입니까? 그리고 이 입장 자체가 철학적으로 본질적인 의문과 검토의 대상이 되어야만 하지 않겠습니까?

미셸 푸코 두 가지 좋은 질문을 해주셨습니다. 먼저 제 표현이 변화했다는 지적에 관해 답변 드리자면, 저는 사실 전혀 통치받지 않으려는 의지가 어떤 원초적인 열망이라고는 생각하지 않습니다. 저로서는 사실, 통치받지 않으려는 의지는 언제나 너무, 이런 식으로 이들에 의해서, 이러한 대가를 치르면서는 통치받지 않으려는 의지라고 생각합니다. '전혀 통치받지 않으려는'이라는 정식으로 말씀 드리자면, 이는 상대적으로 통치받지 않으려는 의지의 철

측면에서 제가 의미하고자 하는 것은 넓은 의미에서의 비판입니다. 지배라는 현상들이 정치, 경제, 성, 제도 등 어떤 수준에서 출현하든, 또 어떤 형태로 출현하든 간에 이 모든 지배 현상들에 대해 이의를 제기하는 것이 바로 철학입니다. 철학의 이러한 비판적 기능은 어느 정도는 소크라테스의 정언에서 유래하고 있습니다. '자기를 돌보라', 다시 말해 '자기를 통제함으로써 자유에 기초해 행동하라'는 정언에서 말입니다." Michel Foucault, "L'éthique du souci de soi comme pratique de la liberté", entretien cit., p. 1548 참조.

학적이며 이론적인, 일종의 절정인 것 같습니다. 발표를 마칠 즈음에 제가 '통치받지 않으려는 결연한 의지'라고 말씀드렸던 데 제 실수가 있었는데, 그 말은 '이렇게, 이처럼, 이런 식으로 통치받지 않으려 한다'는 의미였습니다. 저는 근본적인 무정부주의라든가 모든 통치화에 절대적이며 심층적으로 저항하는 원초적인 자유 등에 의거하려 하지는 않겠습니다. 제가 그것을 말하지 않는다고 해서 또 그것을 전적으로 배제한다는 의미는 아닙니다. 사실 제 발표는 거기서 멈췄습니다. 왜냐하면 발표가 벌써 너무 오랜 시간 지속되었고, 뿐만 아니라…… 비판의 이러한 차원, 철학의 일부를 이루는 동시에 또 이루지 않기 때문에 매우 중요해보이는 이 차원을 탐색하자면 한편으로는 실제적 통치에 굴복하지 않고 그것에 항거하는 역사적 실천을, 다른 한편으로는 통치성을 거부하는 개인적 경험을 비판적 태도의 근간으로서 언급해야 하지 않을까 싶기 때문입니다. 아주 인상적이라 느꼈던 것은 ─ 아마도 제가 여기에 사로잡혀 있다고 할 수도 있을 정도로, 이 문제는 지금 제 주된 관심사입니다 ─ 서양 세계에서 이 비판적 태도의 모태를 중세의 종교적 태도 속에서 발견해야만 한다는 점이고, 사목 권력의 행사와 관련해서 어쨌거나 아주 놀라운 점은 개인적인 경험인 신비주의와 제도적이며 정치적인 투쟁이 완전히 일체가 되어 지속적으로 서로에게 의거했다는 사실입니다. 서양에서 거대한 반란의 최초의 형태들 가운데 하나는 바로 신비주의였습니다.[36] 성서의 권위와 목사의 개입에 대한 모든 저항의 근거지는 수도원 안에서도, 수도원 밖, 평신도들의 집에서도 전개됐습니다. 이른바 경제 투쟁, 민중 투쟁, 마르크스주의의 용어로는 계급 투

36 이 책 46쪽 주7.

쟁에서 이 경험, 이 영적 운동이 아주 빈번하게 그 투쟁의 외양이자 언어로서, 나아가 존재 양태와 희망의 지주 구실을 했다는 사실을 볼 때, 거기에 근본적인 뭔가가 있다는 생각이 듭니다.

비판적 태도의 역사적 근원은 바로 이 지점에 있는 듯한데, 그 도정道程 속에서 그런 식으로, 지나치게 통치받지 않으려는 의지에 대한 문제 제기는 개인적 차원에서뿐만 아니라 집단적 차원에서도 제기되어야 할 필요가 있지 않을까요? 이제는 의지의 문제를 제기해야만 합니다.[37] 요컨대 당연하다고 말씀하시겠지만, 권력이라는 실마리를 따라 앞서 논의했던 문제들을 고려하게 되면 의지의 문제에 다다르게 되는 것입니다. 실상 이는 너무도 명확하므로 제가 미리 간파할 수 있어야 했습니다. 하지만 이 의지 문제는 서양 철학이 언제나 한없이 어렵고 조심스럽게 다루어왔던 과제이니만큼, 저는 가능하면 이 문제를 회피하고자 노력했습니다. 하지만 결국에는 불가피하다고 봐야 하겠습니다. 그와 관련해서는 제가 지금 수행하고 있는 작업을 여러분께 보여드린 바 있습니다.

앙드레 세르냉 선생님께선 어느 쪽에 좀 더 애착을 느끼십니까? 도식적으로 말해, 영적 권력과 세속적 권력을 엄격하게 분리하는 오귀스트 콩트 편이십니까? 아니면 반대로 철학자들이 세속적 권

---

37 푸코는 한 달 전에 일본에서 행한 대담에서 이 '의지의 문제'를 상기시킨 바 있다. 이 대담에서 푸코는 서양 철학은 이 의지를 오직 두 가지 방식으로만 다루었다고 주장한다. 요컨대 자연철학(자연-힘)과 법철학(법률-선과 악)을 모델로 해서 다루었다는 것이다. 의지와 관련한 이러한 도식이 쇼펜하우어와 니체와 더불어 단절을 겪게 되지만 그럼에도 불구하고 "서양 철학은 타당한 방식으로 의지의 문제를 여전히 사유할 수 없었다"고 확신한다. 그래서 푸코는 군사 전략으로부터 방법을 차용해 의지의 문제를 "투쟁으로서" 제기한다. "다시 말해서 다양한 반목들이 전개될 경우 전략적 관점에서 갈등을 분석하려고 한다." Michel Foucault, "Méthodologie pour la connaissance du monde", entretien cit., p. 603-605.

력의 수장이 되지 않는 한 세상사는 잘 풀릴 수 없다고 말했던 플라톤 편이십니까?

미셸 푸코 정말로 어느 한쪽을 선택해야 합니까?

앙드레 세르냉 아니요, 반드시 선택하실 필요는 없습니다. 다만 발표자께서 어느 쪽으로 더 많이 기울어지시는지 궁금합니다.

미셸 푸코 이 질문은 피해가고 싶군요

피에르 아지-디무 발표자께서는 비판 문제를 철학과 관련 지어서 성공적으로 제시해 주셨고 권력과 인식connaissance 간의 관계에까지 도달하셨습니다. 저는 그리스 사상에 관해 약간의 해명을 덧붙이고자 합니다. 제 생각에 이 문제는 이미 구이에 선생께서 제기하셨습니다. '인식한다'는 것은 로고스logos와 뮈토스mythos를 갖게 된다는 것입니다. 제가 보기에 계몽만으로는 인식의 상태에 이를 수 없다고 생각합니다. 인식은 합리성에 불과한 것도 아니며, 역사적 삶 속에서의 로고스만도 아닙니다. 인식에는 두번째 원천이 있는데, 이는 바로 뮈토스입니다. 프로타고라스와 소크라테스 사이의 토론에 의거하자면, 프로타고라스가 폴리테이아와 관련해 처벌권과 그 권력의 문제를 제기하자 소크라테스는 뮈토스에 대한 그의 생각을 명백히 예증하겠다고 말합니다.[38] 뮈토스가 로고스에 결부되어 있는 것은 합리성이 존재하기 때문이라는 것입니다. 즉 뮈토스가 우리를 가르치면 가르칠수록 우리는 더욱 아름

플라톤, 《프로타고라스》, 320c-324d

다워진다는 것이죠. 제가 드리고자 하는 질문은 바로 이렇습니다. 사유의 일부, 즉 로고스에서 발생하는 비합리적인 사유를 제거함으로써, 요컨대 뮈토스를 제거함으로써, 우리는 인식의 원천을 이해할 수 있는 것일까요? 그 역시도 신화적 의미를 갖는 권력에 대한 인식의 원천을 인식할 수 있는 걸까요?

미셸 푸코 선생님의 질문에 공감합니다.

실뱅 자크 저는 두 가지를 지적하고 싶습니다. 발표자께서는 정당하게도 비판적 태도가 하나의 덕으로 간주될 수 있었다고 말씀하셨습니다. 그런데 정신의 자유인 이 덕을 연구했던 말브랑슈Nicole Malebranche라는 철학자가 있습니다. 다른 한편으로 저는 발표자께서 계몽에 관한 칸트의 논문과 인식에 대한 비판 사이에 관계가 있다고 하신 점에는 찬성하지 않습니다. 인식에 대한 칸트의 비판은 분명히 한계들을 설정하고 있습니다. 하지만 그러한 비판 자체는 한계를 갖지 않으며 오히려 총체적입니다. 그런데 계몽에 관한 논문을 보면, 칸트는 공적 사용과 사적 사용을 아주 의미심장하게 구분합니다. 공적 사용의 경우에 이 용기는 없어져야 합니다. 이는……

미셸 푸코 그 반대입니다, 왜냐하면 칸트가 공적 사용이라고 부르는 것은……

실뱅 자크 이를테면 어떤 사람이 대학의 철학교수라는 지위에 있을 때, 거기에서 그는 자기의 말을 공적으로 사용하고 있는 셈이고 따라서 그는 성서를 비판하지 말아야 합니다. 반대로 그가 자기의 말을 사적으로 사용한다면, 성서를 비판할 수도 있지요.

미셸 푸코 그 반대입니다. 그래서 또 매우 흥미롭기도 하구요. 사실 칸트는 "이성의 공적 사용이 있는데, 이는 제한되어서는 안 된다"고 말합니다. 이 공적 사용이라는 것이 무엇일까요? 그것은 학자들 사이에서 통용되고 신문과 출판을 통해 전파되며, 만인의 양심에 호소하는 것입니다. 칸트에 따르면 이와 같은 이성의 공적 사용은 제한되지 말아야 하는 반면, 그가 사적 사용이라고 명령하는 것은 이상하게도 이를테면 공직자가 그것을 사용하는 것입니다. 칸트에 의하면, 공직자나 관리는 그의 상관에게 "나는 당신의 명령에 따르지 않겠습니다. 당신의 명령은 부조리합니다"라고 말할 권리가 없습니다. 국가를 구성하는 일부분으로서 각 개인이 그의 상관에게, 주권자에게, 혹은 주권의 대표자에게 복종하는 일, 이를 칸트는 이상하게도 사적 사용이라고 규정하고 있습니다.³⁹

실뱅 자크 선생님 말씀이 옳습니다. 제가 착각했군요. 하지만 그 결과, 칸트의 이 논문에는 용기의 표명에 대한 제한이 나타나게 됩니다. 그런데 저는 이와 같은 제한을 모든 계몽 철학자들에게서, 멘델스존에게서도 명백하게 발견했습니다. 독일의 계몽 운동에는 18세기 프랑스 계몽 철학자들에게서 발견할 수 없는 순응주의가 있습니다.

미셸 푸코 전적으로 동감입니다. 그 지적이 제가 말씀드렸던 내용과 어떤 점에서 상충되는지 잘 모르겠는데요.

─────────────

39 Cf. 《칸트의 역사철학》, 15-18쪽〔E. Kant, "Réponse à la question : qu'est-ce que les Lumières ?", art. cit., p. 211-213〕. 칸트가 이성의 공적 사용과 사적 사용을 구분하는 것에 대해 푸코가 더 상세히 언급한 것을 보고 싶다면 다음을 참조하라. GSA, p. 34-38 et M. Foucault, "What is Enlightenment ?", art. cit., p. 1384-1386.

실뱅 자크 저는 선생님께서 중심에 위치시킨 계몽이라는 운동과 비판적 태도 혹은 지적이거나 정치적 관점에서의 비판적 태도 사이에 밀접한 역사적 관련이 있다고 보지는 않습니다. 발표자께서는 이 점을 좀 더 명확하게 할 수 있다고 생각하지 않으십니까?

미셸 푸코 저는 칸트가 한편으로 자기 시대의 현실태였던 계몽에 대해, 그것에 관한 논문을 썼을 뿐만 아니라, 다른 여러 일들 때문에 그 내부에 직접 개입하기도 했던 계몽에 대해 무관심했으리라고 여기지는 않습니다. 하지만 다른 일들을 통해서도….

실뱅 자크 계몽이라는 용어는 《이성의 한계 안에서의 종교》[40]에도 등장하는데요, 거기서 이 용어는 감정의 순수성, 내적인 그 무엇에 적용됩니다. 루소에게서와 마찬가지로 전도가 일어난 셈이지요.

미셸 푸코 하던 말을 마저 끝내고 싶은데요. 그래서 칸트는 그가 계몽이라 명명했고 정의하려 했던 이 현실태에 완전히 관여하고 있다고 느꼈습니다. 그리고 제가 보기에 이 계몽 운동과 관련해서 그는 더 특수하다고 간주될 수 있는, 아니면 반대로 더 일반적이고 근본적이라고 간주될 수 있는 차원을 도입하는데, 그것은 다음과 같습니다. 지식과 인식이 문제가 될 때 우리가 최초로 취해야 하는 과감한 조치는, 우리가 인식할 수 있는 것이 무엇인지를 아는 것입니다. 그 점이 칸트의 작업이 갖는 급진성이자, 보편성이기도 합니다. 제 생각으로는 그 한계야 어떻든 간에, 바로 이것이

---

40   Cf. 《이성의 한계 안에서의 종교》, 백종현 옮김, 아카넷, 2011, 239쪽, 344쪽(주), 428쪽(E. Kant, *La religion dans les limites de la simple raison* (1793), trad. fr. J. Gibelin, revue par M. Narr, Paris, Vrin, 1994, p. 95, 149 (n. 1), 195-196).

88
—
89

계몽주의자들의 대담성이 갖는 공통점입니다. 칸트 자신이 수행했고 또 제 생각에 그 자신이 어느 정도 의식하고 있기도 했던 이러한 종류의 운동에 계몽주의자들의 소심성이라는 사실이 무엇을 어떻게 변화시킬 수 있는지, 저로서는 잘 모르겠습니다.

앙리 비로 저는 사실 비판철학이 일반적으로 계몽과 관련해서는 제약과 동시에 급진화의 움직임을 표현하고 있다고 생각합니다.

미셸 푸코 하지만 계몽에의 연루 문제는 이 시대에 모든 사람들의 질문이었습니다. 우리는 무엇을 말하는 중인가? 우리보다 조금 전에 시작되었고 지금도 계속되고 있으며, 우리가 그에 속해 있다고 할 수 있는 이 계몽이라는 운동은 무엇인가? 가장 좋은 증거는 잡지가 일련의 논문을, 곧 멘델스존과 칸트의 논문을 게재해야만 했다는 사실입니다. … 이는 현실태〔당대성〕의 문제였습니다.[41] 우리들이라면 이렇게 질문했을 텐데 말입니다. 오늘날 가치의 위기란 무엇인가?

잔느 뒤부셰 저는 발표자께서 말씀하시는 지식의 구체적인 제재가 무엇인지 질문하고 싶습니다. 권력은 제가 이해했다고 생각하는데요, 왜냐하면 통치받지 않겠다는 문제에 연결되어 있기 때문입

---

[41]　1978년 프랑스철학회에서 푸코는 오로지 토론에서만, 칸트 스스로가 결부되어 있다고 느끼고 있고 자신의 텍스트에서 문제를 제기하는 현실태로서의 계몽의 문제를 상기시키고 있다. 반면 이 현실태의 문제는 칸트 및 계몽과 관련된 푸코의 다른 모든 발표에서는 중심적 역할을 한다. 그래서 푸코는 1983년과 1984년 사이에 칸트의 계몽에 관한 논고가 자신이 '우리 자신의 존재론'임과 동시에 '현재의 존재론' 혹은 '현실태의 존재론'이라 명명하기를 제안하는 비판적 전통의 창시자라고 주장하기까지 한다. Michel Foucault, GSA, p. 22와 Michel Foucault, Qu'est-ce que les Lumières ?, art. cit., p. 1506-1507 참조. 게다가 1978년 4월 일본에서 있었던 대담에서 푸코가 "니체를 철학을, 발생하고 있는 바, 현재 일어나고 있는 바를 아는 데" 소용되는 활동("현재의 철학, 사건의 철학, 일어나고 있는 바에 관한 철학")이라 정의하고 또 결과적으로 철학자에게 현실태의 "진단의"의 역할을 부여한 최초의 인물이었다고 단언하는 것은 의미심장하다. Michel Foucault, "La scène de la philosophie", entretien cit., p. 573-574 참조.

니다. 하지만 지식은 어떤 종류의 지식을 의미하시는 것입니까?

미셸 푸코 바로 거기서, 만일 제가 이 지식이라는 단어를 사용한다면, 그 목적은 본질적으로 정당화나 가치의 단순한 위계화가 될 모든 종류의 위험성을 중화시키려는 데 있습니다. 제가 지식에 관해 말할 때, 우선 제게는—사실 학자나 방법론자 또는 과학사가의 눈에조차 터무니없어 보일 수 있겠지만—정신과 의사의 주장과 수학적 증명 간에는 아무런 차이도 없습니다. 하지만 유일하게 차이들이 발생하는 지점은, 한편으로 이 정신과 의사의 주장이 표명된 과학적 영역들—수학, 정신의학 등—내부에서 가질 수 있는 권력 효과, 말하자면 유도induction 효과—논리학에서의 귀납induction이 아닙니다—가 무엇인지를 알 수 있는 지점에서이고, 다른 한편으로는 그 주장이 순환할 때 그것에 결부되는 제도적이고 비담론적이며 형식화할 수 없고 특별히 과학적이지도 않은 권력의 망이 무엇인지를 알 수 있는 바로 그 지점에서 말입니다. 저는 이것을 지식이라 부르고자 합니다. 인식의 다양한 요소는, 그것이 우리와 관련해, 우리의 순수 정신과 관련해 어떤 가치를 지니든지 간에 그들 영역의 내부와 외부에서 권력 효과를 발생시킵니다.

앙리 구이에 이제 이렇게 흥미로운 회합을 마련해주시고, 아마도 각별한 중요성을 가지게 될 이 발표 내용을 출간해주실 미셸 푸코 선생님께 감사드릴 일만 남은 것 같군요.

미셸 푸코 감사합니다.

자기 수양

미셸 푸코가 1983년 4월 12일에
캘리포니아대학교 버클리캠퍼스에서 행한 강연

2세기 말에 쓰인 한 대화편에서 루키아노스는, 중얼거리며 길을 걷는 헤르모티무스라는 사람을 소개합니다. 친구인 리키누스가 헤르모티무스를 보고 길을 건너가 그에게 묻습니다. "너 뭘 중얼거리고 있는 거야?" 그러자 헤르모티무스가 대답합니다. "스승님께 해야 할 말을 상기하고 있어." 헤르모티무스와 리키누스의 대화를 통해 우리는 헤르모티무스가 20년 전부터 그의 스승과 자주 만나왔고, 스승의 소중한 가르침에 대해 지불한 비싼 수강료 때문에 거의 파산지경에 이르렀다는 사실, 그리고 헤르모티무스가 그의 교육을 마치려면 20년이 더 필요하다는 사실을 알 수 있습니다. 그런데 우리는 이 가르침의 주제가 무엇인지도 알 수 있습니다. 요컨대 스승은 헤르모티무스에게 가장 탁월한 방식으로 자기 자신을 돌보는 방법에 대해 가르치고 있었던 것입니다.[1] 여러분들 중에 현대의 헤르모티무스와 같은 사람은 없을 것이라 확신하지만 오늘날 여러분들 가운데 대부분이 자신을 돌보는 법을 가르치는 대가로 돈을 받는 이런 종류의 스승과 정기적으로 만나는 사람을 적어도 한 사람 정도는 만나본 적이 있을 것이라 장담합니다. 하지만 프랑스어로든 영어로든 독일어로든 간에 저는 이 현대의 스승들의 이름을 아주 다행히도 잊어버리고 말았습니다. 고대의 사람들은 이들을 '철학자'라 불렀습니다.

철학적이고 역사적인 문제로서 '자기 수양'이라는 주제에 왜 제가 관심을 갖는지 그 이유를 설명하기 위해 저는 칸트가

---

1   Lucien de Samosate, *Hermotimus ou les sects*, dans *Œuvres complètes*, t. I, trad. fr. E. Talbot, Paris, Hachette, 1866, p. 289-334. 푸코는 그의 콜레주드프랑스 《주체의 해석학》 2월 20일 강의에서 루키아누스의 이 텍스트를 이미 언급한 바 있다. 그리고 그는 《자기 배려》에서도 더 간략히 이 텍스트를 재론한다. Cf. 《주체의 해석학》, 129-130쪽[HS, p. 89-90] et 《자기 배려》, 67-68쪽[SS, p. 64-65]

1784년에 쓴 짤막한 글, 〈계몽이란 무엇인가Was ist Aufklärung〉²를 출발점으로 삼고자 합니다. 이 글은 《베를린 잡지Berlinische Monatsschrift》가 공개적으로 제기한 문제에 대한 답변이었고 이 동일한 문제에 대한 모제스 멘델스존Moses Mendelssohn의 답변은³ 칸트의 답변보다 두 달 앞서 게재되었습니다. 칸트의 이 글에 좀 주목해볼 필요가 있다고 생각합니다. 첫째로 칸트를 통한 독일의 철학 운동과 멘델스존을 통한 유대의 하스칼라가 같은 시기에 같은 주제인 계몽이란 무엇인가⁴라는 주제로 서로 만나게 됩니다. 그리고 현재와 관련해서도 〔〈계몽이란 무엇인가〉에서 제기된 것과〕 동일한 종류의 철학적 질문을 던진다는 점도 주목할 필요가 있습니다.⁵ 철학자들이 자

2   E. Kant, "Réponse à la question : qu'est-ce que les Lumières ?('Beantwortung der Frage: Was ist Aufklärung ?')(질문에 대한 답: 계몽이란 무엇인가?)", art. cit.
3   Cf. M. Mendelssohn, "Que signifie éclairer("Über die Frage: was heißt aufklären?")(계몽한다는 것은 무엇인가?)", dans *Aufklärung. Les Lumière allemandes*, éd. G. Raulet, Paris, Flammrion, 1995, p. 17-22.
4   철학적 계몽과 '유대 계몽주의'인 하스칼라의 만남에 대해서는 다음을 참조하라. 《자기 통치와 타자 통치》(GSA, p. 10-11〕 et M. Foucault, "What is Enlightenment ?", art. cit., p. 1382. 하스칼라에 대해서는 마찬가지로 다음을 참조하라. F. Gros, dans GSA, p. 23, n. 12.
5   현재의 철학, 현실태의 철학, '오늘날'의 철학, 그리고 역사의 바로 이 순간에 우리가 무엇인지에 관한 철학, 이러한 철학에서 나오는 이러한 질문의 출현에 비추어서 칸트의 글을 논의하는 것은 아마도 푸코가 〈계몽이란 무엇인가?〉에 헌정한 일련의 텍스트들에서 가장 지속적으로 등장하는 요소이다. Cf. M. Foucault, "Introduction par Michel Foucault", art. cit., p. 431; "Pour une morale de l'inconfort , art. cit., p. 783; "Le sujet et le pouvoir", art, cit., p. 1050-1051; "Structuralisme et poststructuralisme", entretien cit., p. 1267; "What is Enlightenment ?", art. cit., p. 1381-1383, 1386-1387; "Qu'est-ce que les Lumières ?", art. cit., p. 1498-1501; "La vie : l'expèrience et la science", art. cit., p. 1584-1585; "La technologie politique des individus", conférence cit., p.1632-1633; GSA, p. 12-16. 이 질문은 또한 푸코가 1979년 10월에 스탠포드의 "Tanner Lectures"에서 있었던 토론자리에서 했던 답변의 핵심이기도 하다. "이렇게 말씀드려야 할 것 같아요. 저는 독일의 몇몇 사상가들, 특히 프랑크푸르트학파 사람들과 심층적으로 유사하다는 느낌을 받습니다. 제 생각에 독일인들과 프랑스인들에게서 가장 중요하고 지속적인 철학적 문제들 중 하나가 바로 계몽의 문제입니다. 이 문제는 18세기 후반에 일어났던 일에 대한 것입니다. 이때 사회와 문화, 학문과 문학, 합리성의 체계와 권위의 체계에 어떤 일이 일어났던 것입니다. "계몽이란 무엇인가?" 이것이 의미하는 바는 무엇이고, 이것의 결과는 무엇일까? 제 생각에 이것은 여전히 가장 중요한 철학적 문제들 중 하나입니다. 칸트가 1784년에 "계몽이란 무엇인가?"라는 제목의 아주 흥미로운 텍스트를 썼다는 것을 잊지 말아야 합니다. 그리고 서구 사유사에서 철학이 '오늘날 무슨 일이 일어나고 있는가?'라는 질문을 던진 것은 제 생각에 이것이 처음이었습니다. 이런 종류의 문제를 철학 영역 내에 도입한 것, 요컨대 철학의 범주로서 '오늘'이라는 문제를 도입한 것은 우리의 철학사에서 대단히 중요하고 대단히 이상하며 대단히 결정적인 어떤 것입니다. 이러한 일이 있기 전에 데카르트, 스피노자 혹은 라이프니츠도, 자기 국가의 역사나 사회에 더 깊은 관심을 갖고 있었고 스피노자나 데카르트 보다 훨씬 더 정치 문제에 개입했던 홉스나 흄도 오늘 무슨 일이 일어나고 있는가,

신들의 현재와 그것이 갖는 역사적, 종교적, 철학적 의미에 대해 문제를 제기한 것이 처음이 아니라는 점을 물론 저는 잘 알고 있습니다. 그러나 대개의 경우 이 물음들은 현재의 시대와 그 이전 시대의 비교 혹은 해독되어야 할 징후를 해독함으로써 미래를 예고하는 것과 관련되었습니다. 대개의 경우 현재에 대한 물음은 퇴보와 진보, 새로운 시대의 임박이나 예정된 최후의 날들의 도래

'오늘'이란 무엇인가, 우리의 현실태는 무엇인가, 우리는 무엇인가, 어떻게 해서 우리는 우리의 동시대인이 될 수 있는가 라는 문제를 철학적으로 도입하여 표명[정식화] 하지 않았습니다. 이 문제는 칸트의 문제입니다. 그리고 어떤 의미에서 칸트와 심지어는 3대 비판서를 "계몽이란 무엇인가?"라는 문제에 입각해 재해석할 수 있다고 생각합니다. 또 어떤 면에서《순수이성비판》은 말하자면 "계몽이란 무엇인가?"에 대한 답변이라 말할 수 있으며 또《순수이성비판》이 이 문제에 대한 답변임을 증명할 수 있다고 저는 생각합니다. 헤겔의《정신현상학》도 "계몽이란 무엇인가?"라는 문제에 대한 답변에 다름아닙니다. 물론 계몽이 세계사의 총체라는 차이가 있기는 하지만 말입니다. 하지만 이 문제, 요컨대 지금 무슨 일이 일어나고 있는가, 우리와 동시대에 있는 이 사실들과 이 세계는 무엇을 의미하는가, 라는 문제는 물론 니체의 문제이기도 했습니다. 니체 철학 전체, 요컨대 니체 작품 전체는 현재의 세계에서 일어나고 있는 바가 무엇인지, 요컨대 '오늘'이라는 것이 무엇인지를 진단하는 일이었습니다. 이처럼 역사적임과 동시에 정치적이고, 역사적임과 동시에 현재적인 이런 종류의 문제는, 철학적인 문제로서의 이런 종류의 문제는 19세기와 20세기 독일 사유의 지극히 독특한 특성입니다. 그리고 몇몇 프랑스 사상가들—그들을 일일이 명명하고 싶지는 않습니다[아마도 푸코는 알렉상드르 코이레, 가스통 바슐라르, 장 카바이에스와 조르주 캉길렘을 염두에 두고 있는듯 하다. 이점과 관련해서는《말과 글Dits et écrits》 "Introduction par Michel Foucault"와 "La vie : l'expérience et la science"를 참조하라]—도 이 철학적 문제를 동일한 방식으로 제기하였습니다. 적어도 저와 관련해 제가 속하는 철학 집단이 어떤 것인지 설명해야 한다면 저는 그것이 '오늘'이 갖는 의미 혹은 현실태 진단의 문제를 철학의 주된 문제로 삼는 모든 철학자들로 구성된 계열이라고 말할 수 있을 것 같습니다. 이런 의미에서 저는 프랑크푸르트학파와 긴밀한 유대감을 느낍니다. 제가 그들과 모든 점에서 의견을 공유하는 것은 아니지만 말입니다. 제가 탐구하려 했던 모든 것에는 당연히 프랑크푸르트학파와 상충되는 바가 있습니다. 예를 들면 감옥과 관련해 그렇습니다. 저는 감옥과 관련한 책을 썼는데 그 이유는 키르슈하이머와 루슈의 저작[다음을 참조하라. G. Rusche & O. Kirscheheimer, Punishment and Social Structures, New York, Columbia University Press, 1939; 프랑스어판 F. Laroche, Peine et structure sociale. Histoire et "théorie critique" du régime penal, Paris, Editions du Cerf, 1994]은 대단히 유려하고 흥미로운 책이지만 몇 가지 점에서 저를 만족시키지 못했습니다. 하지만 이 책은 저의 계열, 제 철학적 계열에 속합니다. 하이데거도 역시 주된 문제가 "계몽이란 무엇인가?"인 철학자라고 말해야 할 것 같습니다. 아니 달리 말해서 내 자신의 현재이고 또 내가 이 문제에 대해 글을 쓰고 있는 이 순간의 역사적 의미, 메타역사적 의미는 무엇인가 라는 문제, 요컨대 사유의 현실태, 사유의 현실태와 사유의 역사에서 아주 멀리 있는 사건 간의 관계, 바로 이것이 하이데거 문제의 특징을 이루는 바라고 생각합니다." M. Foucault, Discussion with Michel Foucault, IMEC/Fonds Michel Foucault, D250(8), p. 40-41도 참조하라. "대략적으로 말해 상당수의 철학자들에게 고유한 이 비판적 태도는 계몽에서 비롯된다고 저는 생각하는데 저도 그들 중 한 사람입니다. 요컨대 현재에 대한 비판적 분석이라고 하는 철학적 과제가 존재합니다. 이러한 철학은 통상적으로 항시 가변적인 임무를 수행하는데 그것은 현재 우리 자신인 바에 대한 비판적 분석이라는 임무입니다. 이런 한도 내에서 저는 전적으로 계몽을 계승한 자라고 생각하는데 그 이유는 제가 개인적으로 계몽을 선택하였기 때문이 아니라 우리의 현상황이 비로 그러한 상황이고 우리의 현재도 이런 식으로 이루어졌기 때문입니다"

와 관련되었습니다. 하지만 칸트의 글에서 현재와 관련된 문제는 이성의 보편적 역사, 아니 보다 구체적으로 우리가 우리 자신의 이성을 사용하는 용례의 일반적인 역사라는 아주 특수한 측면에서 제기됩니다. 이런 종류의 문제 제기는 두 가지 이유로 흥미롭습니다. 첫 번째로 18세기에는 아주 빈번하게 보편적 이성 개념이 부여되었기 때문인데 이 가설은 정확하다고 생각합니다. 하지만 18세기에는 이성의 용례 내에서 역사적 변화들도 의식되고 있었지만 칸트가 이 변화와 관련해 한 설명은 이성의 단순한 진보나 발전과는 지극히 다른 것이었습니다. 그러나 칸트가 계몽과 관련해 쓴 이 글에 주목해야 할 또 다른 이유가 있다고 생각합니다. 저는 칸트의 글이 철학적 성찰의 장에 새로운 종류의 문제 하나를 유입했다고 생각합니다. 이 새로운 문제는 철학자 칸트가 글을 쓰는 바로 그 순간, 그가 속해 있는 바로 그 순간의 역사적이고 철학적인 속성, 의미, 의미화의 문제입니다. 저는 칸트 이전의 철학자들이 자신들의 현재에 대해 의식하지 않았고 또 고심하지 않았다고 말하려는 것이 아닙니다. 플라톤과 성 아우구스티누스뿐만 아니라 홉스, 데카르트, 스피노자, 라이프니츠도 자신들의 상황, 동시대 세계의 상황을 중요하게 고려했습니다. 하지만 데카르트는 소위 몇몇 과학의 실패 때문에, 홉스는 영국의 정치 상황 때문에, 라이프니츠는 종교적 논쟁과 분쟁 때문에 이러한 상황에 개입해 무엇인가를 변화시키고자 했던 것입니다.

　　그러나 계몽과 관련한 칸트의 문제는 이와 다른 것을 의미했다고 봅니다. 이와 동시에 칸트는 자신이 속해 있는 **현실태** actualité[6]의 분석을 통해 이성의 자연적이고 자연발생적 역사 내에

6　이 문장 이후로 푸코는 늘 이 단어(현실태actualité)를 프랑스어로 발음한다.

자기 수양

서 그가 일정한 역할을 담당하는 것을 자신의 철학적 작업의 목
표로 설정합니다. 계몽과 관련한 이 짧은 글에서 칸트는 근대 철
학 특유의 일련의 문제들을 제기한다고 저는 생각합니다. 그리
고 그것은 "역사적 형상으로서 우리의 현실태는 무엇일까? 이 현
실태에 속하는 한에서 우리는 누구이고 또 누구여야 하는가? 왜
철학하는 것이 필요하며 또 이 현실태와 관련해 철학의 특수한
임무는 무엇인가?" 이와 같은 문제들은 칸트의 〈계몽이란 무엇
인가?〉라는 상당히 모호한 텍스트 속에 파묻혀 사장된 것이 아
니라 서구 철학에서 점차적인 중요성을 갖게 되었다고 생각합니
다. 피히테가 프랑스 대혁명을 분석할 경우[7], 그것은 그가 대단
히 중요한 이 사건에 단지 관심을 가졌기 때문만도 아니고 자신
이 프랑스 대혁명에 찬동하는지 적대시하는지를 선택해야 한다
고 생각했기 때문만도 아닙니다. 요컨대 피히테는 프랑스 대혁명
이라는 사건 내에서 자기 자신이 누구였는지 자신의 철학의 역할
은 무엇이었는지를 알 필요가 있었던 것입니다. 어떻게 보면 헤겔
의 철학은 "나폴레옹이 승리한 후 예나에 입성한 날은 어떤 의미
를 갖는가?"라는 아주 단순한 물음에 답하려는 시도였으며, 요컨
대 그 답변은 말을 탄 세계정신Weltgeist[8]이었다고 할 수 있습니다.
이것은 또한 콩트의 문제였고, 니체의 문제이기도 했으며, 베버의
문제, 또《유럽 학문의 위기와 선험적 현상학》에서 후설의 문제이

7   Cf. J. G. Fichte, *Considérations destinées à rectifier les jugements du public sur la Révolution française* (1793), trad. fr. J. Barni, Paris, Payot, 1989. 콜레주드프랑스 강의《자기 통치와 타자 통치》첫 시간에 푸코는, 칸트가 계몽에 관한 그의 텍스트 이후로 14년이 지나, 이번에는 프랑스 대혁명과 관련하여 현실태의 문제를 새로이 제기한다고 주장한다. 즉, '혁명이란 무엇인가'라는 문제를 제기한다는 것이다. Cf. GSA, p. 16-21 et M. Foucault, "Qu'est-ce que les Lumières ?", art. cit., p. 1501-1506.

8   G. W. F. Hegel, "Lettre du 13 octobre 1806 à Niethammer", dans *Correspondance*, t. I, trad. Fr. J. Carrère, Paris, Gallimard, 1990, p. 114: "나는 황제, 세계의 영혼이 정찰을 위해 마을을 떠나는 것을 보았다. 여기 한곳에 집중하고 말 위에 앉아, 세계에 영향력을 미치면서 세계를 지배하는 한 개인을 본다는 것은 굉장히 느낌이다."

기도 했다고 생각합니다. 피히테에서 후설에 이르기까지 이 물음은 서구 철학의 주요한 방향들 가운데 하나였습니다. 저는 이러한 물음들이 **보편적인(본래적 의미의)** 철학이 되어버렸다고 말하고 싶은 것이 아니라 이 물음들이 두 세기 전부터 철학 활동에 상존하는 하나의 양상이라고 말하고자 하는 것입니다. 그리고 저는 칸트 이후에 서구 철학에 한 번의 단절이 있었다는 점을 시사하고자 합니다. 하지만 이 단절은 칸트의 3대 비판서의 결과로 나타난 단절이라기보다는 "현재의 우리는 누구인가?"라는 역사–비판적 물음의 결과라고 생각합니다. 19세기 초 이래로 철학 활동의 장에서 서로 연관되어 있으면서도 서로에게로 환원될 수 없는 두 축이 발견되는 것 같습니다. 이 둘 중 한 축에서 "진리(진실)란 무엇인가? 진리(진실)를 인식하는 것은 어떻게 가능한가?"와 같은 물음들이 발견됩니다. 이것은 진리(진실)의 형식적 존재론 혹은 인식의 비판적 분석에 해당하는 철학의 극입니다. 그리고 또 다른 극에는 "우리의 **현실태**는 무엇인가? 이 **현실태**에 참여하는 한에서의 우리는 무엇인가? 우리가 우리의 **현실태**에 속해 있는 한에서 우리의 철학적 행위의 목표는 무엇이어야 하는가?"라는 물음들이 발견됩니다. 이러한 물음들은 제가 우리 자신에 대한 역사적 존재론 혹은 사유에 대한 비판적 역사라 부르고자 하는 바를 논하고 있습니다.[9]

---

9   콜레주드프랑스 강의 《자기 통치와 타자 통치》 첫 시간에 푸코는 비슷한 방식으로 이렇게 단언한다. 칸트는 "근대 철학이 나뉘 가진 비판철학의 두 거대한 전통"에 근거를 제공했는데, 한편으로는 (푸코가 '진실의 분석학'이라고 부르는) "진실한 인식의 조건과 가능한 인식의 조건에 문제를 제기하는 비판철학의 전통"에, 다른 한편으로는 (푸코가 '현재의 존재론, 현실태의 존재론, 근대성의 존재론, 우리 자신에 관한 존재론'이라고 부른) 현실태 및 "가능한 경험들의 현실적 장"에 문제를 제기하는 비판적 전통에 토대를 제공했다는 것이다. Cf. GSA, p. 21-22. 또한 다음을 참조하라. M. Foucault, "Qu'est-ce que les Lumières ?", art. cit., p. 1390, 1393, 1396. 1983년 가을 캘리포니아대학교 버클리캠퍼스에서 있었던 강연에서 푸코는 "발화된 것이 진실인지 어떻게 단언할 것인가" 라는 문제를 진실 분석학의 전통으로 다시 이끌고 간다. 한편 "진실 말하기, 진실을 말할 줄 아는 자, 왜 우리는 진실과 인식을 말해

이 두 번째 유형의 물음의 범주에서 저는 광기나 의학, 범죄와 처벌 혹은 성현상sexualité에 관한 몇몇 역사적 연구를 시도했습니다. 물론 우리의 역사적 존재론에 관한 이러한 물음들을 다루는 여러 방식들이 있었고 지금도 여러 방식이 존재합니다. 하지만 우리 자신에 대한 모든 존재론적 역사는 일련의 세 관계들, 요컨대 우리가 진리(진실)와 맺는 관계, 우리가 의무와 맺는 관계, 우리가 우리 자신 및 타자와 맺는 관계들을 분석해야 한다고 생각합니다.[10] 아니 달리 말해서 "현재의 우리는 무엇인가?"라는 문제에 답하기 위해 우리는 우리 자신을 사유하는 존재로 간주해야 한다는 것입니다. 왜냐하면 사유를 통해서 우리는 진리(진실)를 추구하고, 의무사항·법률·강제를 수용하거나 거부하며, 또 자기 자신 및 타자와 관계를 맺기 때문입니다. 제가 목표로 하는 것은 "사유하는 존재는 무엇인가?"와 같은 일반적인 물음에 답하는 것이 아닙니다. 제 목표는 "우리 사유의 역사 ─제가 말씀 드리고자 하는 것은 진리(진실)와 우리가 맺는 관계, 의무들과 우리가 맺는 관계, 우리가 우리 자신과 맺는 관계, 우리가 타자들과 맺는 관계입니다─가 어떻게 해서 우리 자신을 현재의 우리로 만드는

야 하고, 진실을 말할 수 있는 자를 식별해야 하는지를 묻는 것은 왜 중요한가?"라는 질문은, 푸코에 따르면, "우리 사회 내에서 철학의 비판적 전통이라 부를 수 있는 것의 뿌리, 토대"에 자리한다. 그렇기 때문에 "파레시아라는 개념을 분석하면서" 푸코는 "우리 사회 내에서의 비판적 태도라고 부를 수 있는 것의 계보를 소묘"하고 싶다고 단언한다. Cf. M. Foucault, *Discourse and Truth*, IMEC/Fonds Michel Foucault, C 100(2) et C 100(11).

10   1984년 미국에서 출판된, 칸트와 계몽에 관한 아티클에서 푸코는 "우리 자신의 역사적 존재론"이라는 관점에서 "그 특수성과 복잡함을 분석해야 하는 세 개의 축", 즉 "지식의 축과 권력의 축 그리고 윤리의 축"에 대해 언급한다. Cf. M. Foucault, "What is Enlightenment ?", art. cit., p. 1395. 1983년 4월 버클리에서 있었던, 허버트 드레퓌스와 폴 레비노우와의 토론에서 푸코는 유사한 방식으로 이렇게 단언한다. "세 영역의 계보학이 가능합니다. 첫 번째로 진실과 맺는 관계 내에서, 즉 우리가 우리 자신을 인식 주체로서 구축하는 그러한 관계 내에서의, 우리 자신의 역사적 존재론이 있습니다. [두 번째로] 권력과 맺는 관계 내에서, 즉 우리가 우리 자신을 타자들에게 영향을 미치는[작용을 가하는] 주체로서 구축하는 그러한 관계 내에서의 역사적 존재론이 있습니다. 세 번째로 윤리와 맺는 관계, 즉 우리가 우리 자신을 우리에게 고유한 윤리적 행위의 주체로서 구축하는 관계 내에서의 존재론이 있습니다." Cf. M. Foucault, *Discussion with Michel Foucault*, IMEC/Fonds Michel Foucault, D 250(9), p. 1.

가?"라는 물음에 답하는 것입니다. 요컨대 "우리 사유의 역사를 통해 우리 자신이 형성된 방식을 어떻게 분석할 것인가?"라는 물음에 답하는 것입니다. 그리고 '사유'라는 말을 통해 저는 철학, 이론적 사유, 과학적 인식만을 의미하고자 하는 것이 아닙니다. 저는 사람들의 행위와 대조되는 사람들의 사유를 분석하려는 것이 아니라, 사람들이 스스로 행위할 때 무엇을 사유하는지를 분석하려는 것입니다.[11] 제가 분석하려는 것은 사람들이 자신들의 품행에 부여하는 의미, 사람들이 자신들의 품행을 일반적인 전략들 내에 통합하는 방식, 사람들이 그들의 다양한 실천, 제도, 모델, 품행들 내에서 인정하는 합리성의 유형입니다.[*] 제가 과거에 광기와 정신의학, 범죄와 처벌에 관해 연구했을 때 저는 우선 우리가 진리〔진실〕와 맺는 관계를 강조했고, 다음으로는 우리가 의무와 맺는 관계를 강조했습니다. 지금은 우리가 경험하는 성현상이 어떻게 구축되었는가를 연구하면서 점차적으로 자기와 자기가 맺는 관계들 그리고 이 관계들을 만들어내는 기술들에 주목하게 되었습니다.[12]

이 자기 기술들을 분석하기 위해 고대 그리스 로마 문화에서 대단히 중요하다고 제가 생각하는 하나의 개념을 출발점으로

---

11   Cf. M. Foucault, "Préface à l'‘Histoire de la sexualité'", art. cit., p. 1398-1400. '관념사'와 대비되는 푸코의 '사유의 (비판적) 역사'에 대한 푸코의 기획에 대해 알아보려면 다음을 참조하라. M. Foucault, "Polémique, politique et problématisations", entretien cit., p. 1416-1417; "Foucault", dans DE II, n°345, p. 1450-1451; "Le souci de la vérité" (entretien avec F. Ewald), dans DE II, n°350, p. 1487-1488.

*   원고: 내 문제는 사회적 실천, 제도, 품행의 유형을 통해 진실과의 관계, 법 및 의무와의 관계 그리고 자기와의 관계가 어떤 것이었는지를 분석하는 데 있다.

12   Cf. OHS, p. 37-39. 또한 다음을 참조하라. M. Foucault, "Sexualité et solitude", dans DE II, n° 295, p. 989-990; "Les techniques de soir", dans DE II, n°363, p. 1604 ; "La technologie politique des individus", conférence cit., p. 1633.

취하고 싶습니다. 오늘 저녁 이 개념과 연관된 문제들의 아주 간략한 스케치를 해보고자 합니다. 아마도 다음 몇 주에 걸쳐 우리가 함께 할 회합과 세미나 동안에 그 개념의 일차적인 정리를 할 수도 있을 것 같습니다.[13] 제가 출발점으로 선택한 개념은 고대 그리스인들이 epimeleia heautou라 불렀고 로마 사람들이 cura sui라 부른 개념입니다.[14] 이 말을 번역하기는 별로 쉽지 않지만 시도해보겠습니다. epimeleia heautou는 '자기 배려〔돌봄〕'과 같은 것입니다. 동사의 형태 epimeleisthai heautou는 그리스인들과 로마인들에게 중대한 윤리적 원리들 가운데 하나, 그들의 삶의 기술의 중대한 규칙 가운데 하나였습니다. 그리고 이것은 거의 천 년 동안 지속되었습니다.

아주 긴 시대 속에서 특징적이라 할 수 있는 몇몇 순간들을 일별해보도록 합시다. 플라톤이 쓴 《소크라테스의 변론》에서 우리는 소크라테스가 자기 배려〔돌봄〕의 스승으로서 판사들 앞에 서는 것을 볼 수 있습니다. 소크라테스는 행인들을 붙잡고 그들에게 "당신들은 자신의 재산, 평판, 명예는 배려하면서도〔돌보면서도〕 자신의 덕이나 영혼은 배려하지〔돌보지〕 않습니다"라고 말합니다. 그리고 소크라테스는 자신의 동료 시민들에게, 자기 자신을 배려하는〔돌보는〕 데 전력을 다하라고 권고합니다. 소크라테스는 **이** 임무를 신이 주신 임무로 여기며 또 죽는 날까지 이 과업을 포기하지 않습니다.[15]

---

13 푸코는 특히 이 강연 이후에 예정된 캘리포니아대학교 버클리캠퍼스 철학과와 사학과 그리고 불문과에서의 세 토론을 암시하고 있다. 이 세 개의 토론은 본서에서 이어진다.

14 '자기 돌봄〔돌봄〕(epimeleia heautou)' 개념은 푸코에 의해 명백히, 콜레주드프랑스 강의 《주체의 해석학》(cf. HS, p. 4 sq)의 첫 강의에서부터 시작되는 세 개의 역사-철학적 연구의 중심에 놓인다. 그리고 이 개념은 1984년 6월에 출간되는 《성의 역사-제3권 자기 배려》에 이르기까지 푸코 만년의 작업 대부분을 가로지른다.

15 Platon, Apologie de Socrate, 30a-c, trad. Fr. M. Croiset, Paris, Les Belles Lettres, 2004, p. 157-

그 후 8세기가 지나 이 동일한 자기 배려(돌봄) 개념, epimeleia heautou가 그리스도교 저자 니사의 그레고리우스에게 대단히 중요한 역할을 하면서 다시 등장합니다. 하지만 니사의 그레고리우스에게 이 개념은 완전히 다른 의미를 갖습니다. 그에게 이 말은 그것을 통해 사람들이 결혼을 포기하고 육욕에서 벗어나며 또 그것을 통해 마음과 정신에 내재된 순결성의 도움을 받아 잃어버렸던 불멸성을 되찾는 활동입니다.[16] 니사의 그레고리우스는《순결론》의 다른 구절에서 잃어버린 드라크마의 우화를 자기 배려(돌봄)의 모델로 삼습니다. 잃어버린 드라크마를 찾기 위해서는 램프를 켜고 쇠붙이가 반짝이는 것을 발견할 때까지 온 집안을 구석구석 샅샅이 찾아 헤매야 한다는 것입니다. 이와 마찬가지로 신이 우리의 영혼에 새겨 놓았으나 육체가 퇴색시켜버린 초상을 되찾기 위해서 우리는 우리 자신을 배려해야(돌봐야) 하고 이성의 등불을 켜고 영혼의 구석구석을 뒤져야 한다는 것입니다.[17]

이 두 극단적인 준거점, 요컨대 소크라테스와 니사의 그레고리우스 사이에서 우리는 이 자기 배려(돌봄)가 항상적인 원리일 뿐만 아니라 중대한 실천의 전형이라는 사실을 확인할 수 있습니다. 삶의 조언자이자 실존의 안내자임을 주장했던 철학자들

---

158. 자기 배려라는 관점에서 《소크라테스의 변론》에서의 세 구절을 분석한 것을 보려면 다음을 참조하라. 《주체의 해석학》, 44-49쪽(HS, p. 7-10). 푸코는 1983년과 1984년 콜레주드프랑스 강연에서도 《변론》을 다시 다루지만, 그때부터의 플라톤 텍스트 분석에서는 소크라테스의 파레시아가 그 핵심에 놓이도록 구성된다. Cf. GSA, p. 286-300 et CV, p. 68-84.

16 Cf. Grégoire de Nysse, *Traité de la virginité*(순결에 관한 논설), XIII, trad. fr. M. Aubineau, "Sources chrétiennes(그리스도교적 기원)", Paris, Éditions du Cerf, 1966, p. 423-431. Voir HS, p. 12 ; M. Foucault, "L'éthique du souci de soi comme pratique de la liberté", entretien cit., p. 1535; "Les techniques de soi", conférences cit., p. 1606.

17 Cf. Grégoire de Nysse, *Traité de la virginité*, XII, 3, op. cit., p. 411-417. Voir M. Foucault, "L'herméneutique du sujet", résumé cit., p. 1173 et "Les techniques de soi", conférences cit., p. 1606. 푸코는 니사의 그레고리우스의 이 *Traité de la virginité*의 7장을 콜레주드프랑스 《진실의 용기》의 마지막 강의에서 다시 다룬다. 거기서 푸코는 '신과 마주한 파레시아'라는 개념을 강조한다. Cf. CV, p. 303.

에게 자기 자신을 배려하는(돌보는) 원리는 거의 보편적으로 수용
되었습니다. 자신들의 스승을 본받아 에피쿠로스주의자들은 자
기 자신의 영혼을 배려하는(돌보는) 데는 너무 늦거나 너무 이르거
나 하는 일은 결코 있을 수 없다고 반복해 말합니다. 스토아주의
자들 가운데 무소니우스 루푸스는 다음과 같이 피력합니다. "인
간은 자기 자신에 항상적으로 주의를 기울임으로써 자신의 안녕
을 확보할 수 있다"[18]고 말입니다. 또 세네카는 "시간을 낭비 말고
네 영혼을, 네 자신을 돌봐야 하고, 네 자신 안으로 후퇴하여 거
기에 머물러야 한다"[19]고 말합니다. 푸루사의 디온은 자기 자신
안의 은거eis heauton anachôrêsis[20]에 관한 연설을 합니다. 또 갈리아노스
는 의사나 연사 혹은 문법가를 양성하기 위해 필요한 시간보다도
더 많은 시간이 완결된 인간이 되기 위해 필요하다고 생각합니다.
"자기 자신을 돌보는 데는 수많은 시간이 할애되어야 한다"[21]고
그는 말합니다. 에픽테토스는 자신의 《어록》에서 인간 존재를 다
음과 같이 정의합니다. "인간은 자기 자신을 배려해야(돌봐야) 하
는 지구상의 유일한 종이다.[22] "자연은 동물들에게 그들이 필요
로 하는 모든 것을 제공했지만 인간들은 동일한 자연의 장비를
갖추고 있지 않다는 것입니다. 하지만 우리가 우리 자신을 배려
해야(돌봐야) 하는 필연성은 자연이 우리에게 부여한 추가적인 증

18　　Plutarque, *Du contrôle de la colère*, 453D, dans *Œuvres morales*, t. VII-2, trad. fr. J. Dumortier et J. Defradas, Paris, Les Belles Lettres, 1975, p. 59: "우리가 기억하는 무소니우스의 가장 아름다운 격언들 중에 이런 것이 있습니다. 술라, 건강하게 살고자 한다면 끊임없이 돌봐야 한다!"

19　　Cf. 《자기 배려》, 62-63쪽(SS, p. 60-61).

20　　Dion de Pruse, *Discours 20. On Retirement (Peri anachôrêseôs)*, in *Dion Chrysostome, Discourses*, t. II, trad. Angl. J. W. Cohoon, London, Loeb Classical Library, 1959, p. 246-269.

21　　Galien, *Traité des passions de l'âme et de ses erreurs*, IV, 15-16, trad. fr. R. Van Der Elst, Paris, Delagrave, 1914, p. 41: "왜냐하면 훌륭한 의사가 되기 위해, 훌륭한 문법학자가 되기 위해, 훌륭한 수학자가 되기 위해서는 몇 년 씩이나 공부하면서도 훌륭한 인간이 되기 위해서는 충분한 시간을 들여 공부하기를 결코 받아들이지 않는다는 것은 수치이기 때문이다."

22　　Epictète, *Entretiens*, I, 16, 1-3, trad. Fr. J. Souilhé, Paris, Les Belles Lettres, 1948, p. 61.

여물임을 알아야 한다는 것입니다. 신이 우리 자신을 우리 자신에게 맡겼고 이러한 위임을 통해 자유로울 수 있는 가능성과 자유로워야 하는 의무를 부여했다는 것입니다. 에픽테토스에게 존재론적으로 인간의 유한성과 결부되어 있는 이 자기 배려(돌봄)는 실천적 형태의 자유인 것입니다. 자기 자신을 배려함으로써(돌봄으로써) 인간은 신과 유사한 존재가 되는 것입니다. 자기 자신을 배려하는(돌보는) 것 외에 다른 할 일이 없는 신 말입니다.

　오늘날 우리에게 자기 배려(돌봄) 개념은 약화되고 모호해졌습니다. 자기 배려(돌봄)는 소크라테스의 자기 인식gnôthi seauton이나 자기 포기를 내포하는 그리스도교 금욕주의에 의해 가려지고 말았습니다. 그래서 만약 어떤 사람이 우리에게 고대 그리스 철학에서 가장 중요하고 가장 특징적인 도덕의 원리가 무엇이었느냐고 묻는다면 즉각적으로 뇌리를 스치는 것은 "자기를 배려하기(돌보기)epimele seauton"가 아니라 아시다시피 "너 자신을 알라gnôthi seauton"일 것입니다. 아마도 우리의 철학적이고 역사적인 전통은 '너 자신을 알라gnôthi seauton'를 좀 과대평가한 것 같습니다. '자기 자신을 알아야 한다'는 계율은 사실 고대 문화에서 항상 자기 배려(돌봄)의 계율과 연관되어 있었고 또 더 나아가 자기 자신을 인식하는 것은 자기 자신을 배려하는(돌보는) 하나의 수단으로 간주되었습니다.[23] 그리고 그리스도교 금욕주의를 생각할 때 우리는 자기 포기의 계율을 강조하는 습관이 있고 또 초기 그리스도교인들 가운데 니사의 그레고리우스와 같은 사람들의 영적 경험에서 자기 자신을 포기하는 것이 자신을 배려하는(돌보는) 방법,[24] 혹은 적어도 고대

23　　Cf. 《주체의 해석학》, 41-43쪽(HS, p. 5-6) et M. Foucault, "Les techniques de soi", conférences cit., p. 1605-1606.

24　　1980년 가을 《자기 해석학의 기원》(cf. OHS, p. 38)에 도입된 이후로, '자기 테크닉'이라는 개

의 철학적 자기 배려〔돌봄〕epimeleia heautou의 새로운 형태였다는 것을 망각하곤 합니다. 그리고 서양의 자기 경험의 두 주요 형상들인 자기 인식과 금욕주의는 이 수백 년의 자기 배려〔돌봄〕전통에 뿌리를 두고 있습니다. 자기 배려〔돌봄〕는 그리스 로마 문화에서 정언이자 태도이고 또 동시에 기술이었습니다. 대다수의 고대 철학사가들은 파르메니데스로부터 시작해 아리스토텔레스에 이르는 존재론과 형이상학의 발전에 관심을 갖습니다. 대부분의 그리스 과학사가들은 수학과 우주론을 통한 합리적 사유의 발달에 관심을 갖습니다. 저는 그리스 로마의 자기 수양 내에서 일정 유형의 주체성, 자기와 자기가 맺는 일정 유형의 관계를 연구하는 것도 충분한 가치가 있다고 생각합니다. 그리스의 형이상학은 우리가 존재와 맺는 철학적 관계에 결정적 역할을 했고 또 그리스의 과학은 우리가 세계와 맺는 합리적 관계에 결정적인 역할을 했습니다. 그리스 로마 문화는 우리가 우리 자신과 맺는 윤리적 관계에 결정적 역할을 했다고 저는 생각합니다. 그리고 만약 이 동일한 주제들에 관심 갖는 사람들을 만나게 된다면, 그리스 문명이 시작된 이래로 서구 사회에 〔존재해왔던〕 자기 기술들을 함께 역사적으로 분석해보는 것[25]이 제 꿈입니다.

념과 고대에서의 이 테크닉들에 관한 역사적 분석은 80년대에 푸코가 수행했던 연구들의 중심축들 중 하나를 규정한다. 이 개념은 푸코로 하여금 "외부의 통치성에 의해 단순히 횡단되고 형상이 부여되기만 하는 것이 아니라, 꾸준한 실천을 통해 명확한 자기와의 관계를 구축하는 주체를 문제화"할 수 있게 해 준다. Cf. F. Gros, "Situation du cours", dans SV, p. 308. 1982년 10월 버몬트대학교에서 있었던 강연에서 푸코는 자기 기술들을 배우는 '일반적 틀'은 칸트가 계몽에 관한 그의 텍스트에서 정식화한 문제에 의해 정의되었다고 주장한다. "우리가 살고 있는 이 시대의 우리는 무엇인가?" Cf. M. Foucault, "La technologie politique des individus", conférence cit., p. 1632.

25 고대 그리스 이후 서구 사회의 자기 기술의 역사에 관한 이 공동 연구 기획은, 버몬트대학교에서 1982년 가을에 푸코가 행했던 세미나에서 그 구체적인 형태를 갖게 된다. Cf. L. H. Martin, H. Gutman et P. H. Hutton (dir.), *Technologies of the Self. A Seminar with Michel Foucault*, Amherst, University of Massachusetts Press, 1988.

오늘 저녁 저는 그리스, 그리스 로마 문명 내에서 이 자기 수양이 가졌던 몇 가지 양태들에 대한 연구를 아주 간략하게 소개하고자 합니다. 그리고 저는 자기 수양의 두 가지 양태, 요컨대 한편으로는 기원전 4세기와 다른 한편으로는 기원후 1~2세기의 자기 수양의 양태만을 검토해보고자 합니다.

그리스 로마 사회에서 자기 수양은 정치적이고 사회적인 낡은 구조들의 붕괴와 연관이 있다고 종종 이야기됩니다. 요컨대 도시 국가의 쇠퇴, 전통적인 귀족정의 쇠퇴, 전제주의의 발전은 소위 개인주의의 발전에 기여했을 수 있습니다. 하지만 제 가설은 이러한 역사적 과정들이 실제로 일어났다면 자기 배려(돌봄)에 일정한 변화를 발생시켰을 수도 있지만, 그 자체가 자기 배려(돌봄)에 부여된 중대한 가치를 (설명해줄 수 있는) 이유는 아니라는 것입니다.[26] 이 자기 배려(돌봄)는 적어도 기원전 4세기부터 널리 알려져 있었고 또 높은 가치를 부여받고 있었습니다. 예를 들어 적어도 플루타르코스에 따르면 스파르타의 왕에게 한 사람이 왜 스파르타인들은 자기 땅을 스스로 경작하지 않고 그 일을 노예들에게

---

26 Cf. 《자기 배려》, 57-59쪽(SS, p. 55-57)에서 푸코는 자칭 '개인주의' 내부에서 세 개의 서로 다른 현상들을 구분한다. 그것들은 각각 '개인주의적 태도'와 '사생활 중시' 그리고 '자기와 맺는 관계들의 강도'다. 그리고 푸코는 제정기의 '자기 수양'이 '증대되는 개인주의의 표명'이 아니라, 자기가 자기와 맺는 관계를 강화하고 중시하는 것과 관련된, 오랜 기간에 걸친 현상의 '전성기'라고 주장한다. 1983년 봄 버클리에서의 토론에서 푸코는 이렇게 단언한다. "소위 (기원전) 4세기 동안에 일어났던 일, 소크라테스, 그리고 에픽테토스가 주장했던 바는, 우리가 흔히 개인주의의 탄생이라고 부르는 그런 것이 아니었습니다.—우리는 일반적으로 초기 스토아주의에서 후기 스토아주의로의 이행으로 이어지는 스토아주의의 발전을, 개인주의의 발전과 연결시킵니다—그런데 제 생각에 그것은 개인주의가 아닙니다. 왜냐하면 현자 에픽테토스는, 아니 그렇게 급진적으로 갈 것도 없이, 스토아학파의 현자는 인류에 대한 모든 의무와 연결된 사람, 즉 선교사 이외의 그 누구도 아니기 때문입니다. 그러니까 에픽테토스가 그의 세 번째 책 《대담집》에 나오는 견유주의의 초상은 견유주의를 타인들에게 전적으로 헌신하는 선교사로 묘사합니다. 개인주의와 가장 동떨어진 것입니다. 반면에 타자들과 맺는 관계의 조건으로서의 자기와 맺는 관계, 그리고 자기 자신과 특정한 관계를 확립하려고 할 때(이를테면 우리가 자기 자신에 대해 전적인 주권을 행사한다고 칩시다), 제 생각에 그것은 아주 중요한 요소이고 그것은 이 고대 철학의 발전은 개인주의로 보이지 않는 것, 하지만 자기 자신과 맺는 관계의 중요성을 발전시키고 강화시키는 것입니다." Cf. M. Foucault, *Discussion with Michel Foucault*, D 250(8), discussion cit., p. 11-12.

맡기느냐고 묻자 왕은 "우리가 우리 땅을 경작하지 않는 이유는 우리가 우리 자신을 배려하기(돌보기)를 선호하기 때문이다"[27]라고 대답했습니다. 크세노폰의 《키로파에디아》에서 우리는 수차례의 큰 승리와 정복 이후에 자신의 왕궁으로 돌아오는 키루스 대왕 (크세노폰에 따른 대왕과 완성된 인간의 모델)을 볼 수 있습니다. 그는 자신의 오랜 친구들, 동료들과 재회해 그들에게 이렇게 묻습니다. "자, 그럼 이제 뭘 해볼까?" 그리고 나서 키루스 대왕은 대답합니다. 그는 "나는, 아니 우리는 새로운 제국을 배려하려(돌보려) 한다"라고 대답하지 않습니다. 그는 "우리는 승리를 쟁취했다. 이제는 우리 자신을 배려해야(돌봐야) 한다"[28]라고 말합니다. 자기 수양은 고전기 도시 국가의 쇠퇴 후 뒤늦은 시기에 발생한 현상이 아닙니다. 그것은 고대의 이른 시기에 출현해 여러 형태를 취했던 현상이었습니다. '너 자신을 돌봐야 한다'라는 원리의 최초의 철학적 구상은 플라톤이 쓴 대화편 《알키비아데스》[29]에 등장합니다. 신플라톤주의자들은 플라톤 작품들의 분류상에서 이 대화편이 선

27   Plutarque, *Apophtegmes laconiens*, 271A, dans *Œuvres morales*, t. III, trad. fr. F. Fuhrmann, Paris, Les Belles Lettres, 2003, p. 171-172. Cf.《주체의 해석학》, 70-71쪽(HS, p. 32-33).

28   Xénophon, *Cyropédie*, livre VII, chap. V, dans *Œuvres*, t. I, trad. fr. P. Cahmbry, Paris, Garnier-Flammarion, 1967, p. 258: 〔키로파에디아〕, 이은종 옮김, 주영사, 2012, 363쪽): "친구들이 왔을 때 키루스는 그들을 향해 다음과 같이 말했다. '친구들이여, 동맹군이여, 우리는 우리가 원했던 것을 지금까지도 성취하지 못했다고 신들에게 불평할 근거를 찾을 수 없소이다. 그러나 크게 성공했다 할지라도 그 결과로 본인이 그것을 즐기거나 친구들과 함께 즐길 여유조차 없다면, 나는 그런 종류의 행복과는 결별하고 싶소이다.'"

29   Platon, *Alcibiade*, dans *Œuvres complètes*, t. I, trad. fr. M. Croiset, Paris, Les Belles Lettres, 2002, p. 47-114. 푸코는 콜레주드프랑스 강의 《주체의 해석학》에서, 자기 배려라는 관점으로 플라톤의 대화편 《알키비아데스》의 세부 사항을 분석한다. Cf.《주체의 해석학》, 71-83, 90-99, 103-115쪽 〔HS, p. 33-46, 50-58, 65-76〕와 여러 곳. 또한 다음을 참조하라. M. Foucault, "Les techniques de soi", conférences cit., p. 1608-1611. 콜레주드프랑스 강의 《진실의 용기》에서 푸코는 《알키비아데스》와 《라케스》를 자기 돌봄의 서로 다른 두 전통의 분기점, 보다 일반적으로는 서구 철학의 서로 다른 두 전통의 분기점으로 간주한다. "삶의 점검으로서의 철학, 실존의 점검으로서의, 또 삶의 특정한 형식과 양식을 고안해 내는 것으로서의 철학" 그러므로 영혼의 인식을 "자기의 존재론"(형이상학적 담론)으로 만들어버리는 철학이 있는 한편, 다른 한편으로는 "윤리의 소재이자 자기 자신의 예술의 대상인 삶(bios)의 시련으로서의 철학"(실존의 미학)이 있다. Cf. CV, p. 117-119, 147-149, 227.

두에 와야 한다고 생각했습니다. 2세기 신플라톤주의자 알비누스는 "재능을 타고난 젊은이"가 철학을 탐구하고 덕을 실천할 나이에 이르면 《알키비아데스》부터 공부해야 한다고 말합니다. 그리고 프로클로스는 이 대화편을 archê apasês philosophias, 즉 모든 철학의 원리이자 출발점이라고 생각했는데, 그 이유는 이 대화편이 사람들에게 자기 자신을 배려하는(돌보는) 법을 가르치기 때문입니다.[30] 사실, 그리고 후에 이 대화편의 부제로 Peri anthrôpnês phuseôs, 즉 "인간의 본성에 관하여"가 붙여졌음에도 불구하고 이 대화편 전체의 테마와 주제는 자기 배려(돌봄)입니다.

첫 번째 문제는 알키비아데스가 자기 자신을 배려해야(돌봐야) 하는 이유입니다. 소크라테스는 알키비아데스가 인생의 과도기에 있기 때문이라고 말합니다. 알키비아데스는 자신의 출신, 재산, 지위가 자신에게 주는 특권들에 만족하지 않습니다. 그는 이 모든 것을 이용하며 자신의 인생katabiônai을 허비하고 싶지는 않다고 분명히 말합니다. 알키비아데스는 도시 국가 아테네의 다른 모든 타자들을 제압하고 또한 이를 넘어서서 스파르타의 왕, 페르시아의 군주를 제압하기를 원합니다. 하지만 알키비아데스는 아주 일찍이 자신에게 그럴 능력이 없다는 것을 보여줍니다. 그는 스파르타의 젊은이들이 누리고 있는 훌륭한 교육을 받지 못했습니다. 그는 완전히 무지한 늙은 노예에게 맡겨졌고 게다가 그는 '정의'와 '화합'이라는 말이 무엇을 의미하는지도 모릅니다. 자

---

30 알비누스, 프로클로스와 플라톤 저작들의 분류와 관련해 푸코는 A.-J. Festugière의 연구, "L'ordre de lecture des dialogues de Platon aux Vᵉ/VIᵉ siècles" in *Etudes de philosophie grecque*, Paris, Vrin, 1971, p. 535-550을 참조한다. 《알키비아데스》에 대한 신플라톤주의적 해석과 관련해서는 《주체의 해석학》201-206쪽(HS, p. 163-167) 참조.

기가 얼마나 무지한지를 발견하고 알키비아데스는 최악의 곤경에 처합니다. 그는 절망합니다. 하지만 소크라테스가 개입해 중요한 말을 합니다. "네가 쉰 살이라면 상황이 심각하겠지. 그때는 너무 늦을지도 몰라. 하지만 너는 아주 젊다. 그러니 바로 지금이 네가 너 너 자신을 배려할〔돌볼〕epimeleisthai heautou 때다." 보시다시피 이렇게 자기 자신을 돌볼 의무가 우선 젊은이의 나이, 도시 국가를 통치하려는 그의 계획, 그가 받았던 부실한 교육과 처음으로 직접 결부됩니다.

그런데 알키비아데스는 어떻게 자기 자신을 배려할〔돌볼〕 수 있을까요? 적어도 알키비아데스가 아직 아주 젊었을 때는 그를 찬미하던 수많은 사람들 중 그 누구도 그를 도울 준비가 되어 있지 않았습니다. 대화가 시작되려 하는 그때, 알키비아데스는 16세 내지는 17세의 나이로 성장해 얼굴에 구레나룻 수염이 나고 이제 더 이상 〔다른 남성들의〕 욕망의 대상이 아니게 되었습니다. 바로 이것이 소크라테스가 개입하는 이유입니다. 소크라테스는 알키비아데스에게 철학적 사랑을 느끼고 있었고 또 그는 알키비아데스가 자기 자신을 돌보도록 도울 수 있는 능력이 있었습니다. 보시다시피 이렇게 자기 배려〔돌봄〕는 말하자면 제자에 대한 스승의 개인적인 관계, 개인적이고 철학적인 사랑과 직접적으로 결부되어 있습니다. 하지만 소크라테스와 알키비아데스는 '자기 배려〔돌봄〕'가 정확히 무엇인지, 이 자기 배려〔돌봄〕가 무엇으로 이루어져 있는지를 분명히 해야 합니다. 소크라테스는 자기가 영혼에 다름 아니며 이 영혼을 배려하는〔돌보는〕 것은 영혼이 실제로 무엇인지를 깨닫는 것을 전제로 한다고 설명합니다. 결과적으로 우리는 우리 자신의 영혼을 명상해야 하고 더 나아가 영혼의 현실에 해당하는 신성한 요소를 명상해야 한다는 것입니다.

요약해보면 《알키비아데스》에서 자기 배려[돌봄]는 [첫째로] 귀족 청년의 정치적 야심과 명백히 결부되어 있습니다. 요컨대 그가 타자들을 통치하고자 한다면 우선 자기 자신을 배려해야[돌봐야] 한다는 것입니다. 둘째로 자기 배려[돌봄]는 불완전한 교육과 연관되어 있습니다. 알키비아데스는 자기 자신을 배려해야[돌봐야] 하는데 왜냐하면 교육을 통해서는 그가 알아야 할 것을 배울 수 없었기 때문입니다. 셋째로 자기 배려[돌봄]는 젊은이와 그의 스승 간 애정 및 철학적 관계와 결부되어 있고 그것은 주로 영혼 자체에 의한 영혼의 명상이라는 형태를 취합니다.

기원후 1~2세기에 그리스 로마 문화 내에서 출현한 자기 수양은 알키비아데스, 소크라테스, 플라톤과 더불어 우리가 마주쳤던 자기 수양과는 심층적으로 다르다고 생각합니다. 소크라테스의 "네 자신의 영혼을 배려해라[돌봐라]epimeleia tês psuchês"와 비교해볼 때, 세네카, 푸르사의 디온, 에픽테토스, 플루타르코스, 마르쿠스 아우렐리우스, 갈리아노스 등이 실천한 자기 수양은 제가 앞서 열거했던 구체적인 특징들과 다르다고 생각됩니다. 이렇게 해서 우리는 이들의 자기 수양을 그리스도교의 자기 테크놀로지로 간주될 수 있는 것으로 향하는 중요한 단계로 볼 수 있을 것입니다. 기원후 1~2세기에 우리가 확인할 수 있는 이 새로운 자기 수양, 혹은 부분적으로 새로운 자기 수양은 다음과 같은 것을 포함합니다. 첫째로 이 새로운 자기 수양은 단지 도시 국가의 훌륭한 통치자가 되기 위해서만이 아닌 자기 자신과의 항상적 관계를 내포하고 있습니다. 둘째로 그것은 불완전한 교육을 보충할 뿐만 아니라 자기와의 비판적 관계를 내포하고 있습니다. 셋째로 그것은 스승과의 (연애 관계가 아닌) 권위적 관계를 내포하고 있습니다. 마지막 넷째로 그것은 영혼에 대한 순수한 명상과는 극명하게 다른 일련의 고행적 수련들을 내포하고 있습니다. 제 생각에 자기와의 항상적 관계, 자기와의 비판적 관계, 지기를 배려하기〔돌보기〕위한 타자와의 권위적 관계라는 관념들, 그리고 자기 자신을 배려하는 〔돌보는〕것이 단순히 순수한 명상이 아니라 일련의 실천들이라는 관념, 이 모든 것은 기원후 1~2세기의 자기 수양의 특징일 뿐만 아니라 그리스도교의 자기 배려〔돌봄〕와 어떤 측면에서 우리의 자기 수양이기도 합니다.[31]

첫째로 자기 돌봄은 항상적인 자기와의 관계여야 합니다. 아시다시피 소크라테스는 알키비아데스에게 자신을 돌보는 데 젊음을 활용하라고 권고합니다. 쉰 살이 되면 너무 늦을지도 모른다는 것입니다. 반대로 소크라테스 이후 얼마 되지 않은 〔기원전〕 3세기에 에피쿠로스는 이런 글을 썼습니다. "젊어서는 철학하기를 주저하지 말아야 하고 늙었다 해도 자기를 돌보는 데 너무 늦은 것이 아니다"[32]라고 말입니다. 이처럼 인생 전반에 걸친 자기 자신에 대한 항상적 주의가 분명히 우세해집니다. 예를 들어 루프스는 "유익한 삶을 영위하고자 한다면 항상 자기 자신을 돌봐야 한다"[33]고 말합니다. 갈리아노스는 "완성된 인간이 되기 위해

---

31 제정 시대 '자기 수양'의 두드러진 특징들과 관련해서는 《주체의 해석학》116쪽 이하〔HS, p.79 sq〕와 《자기 배려》, 59-90쪽 참조〔SS, p. 57-85〕. 푸코가 몇몇 유사성에도 불구하고 포착하는 그리스-로마의 자기 수양과 근현대의 자기 수양 간의 근본적인 차이 또 그의 관점에서 그리스도교 내에서 발생한 진정한 '전복'과 관련해서는 이 책 183-225쪽 참조. 이 토론의 일부는 "On the Genealogy of Ethics. An overview of Work in Progress", DE II, no°326 혹은 no° 326, p. 1221-1222와 "A propos de la généalogie de l'éthique : un aperçu du travail en cours", DE II, no°344 혹은 no° 344, p. 1443에서 재론되었다.

32 Epicure, *Lettre à Ménécée*, dans *Les Épicuriens*, éd. D. Delattre et J. Pigeaud, "Bibliothèque de la Pléiade", Paris, Gallimard, 2010, p. 45: "젊다는 이유로 철학의 실천을 나중으로 미루지 말고, 늙었을 때 철학자를 싫증내지 말며, 자기 영혼의 건강에 신경을 써야 한다면, 사실 그 누구든 너무 이르거나 너무 늦지 않았다. 게다가 철학자의 순간이 아직 오지 않았다거나 이미 지나갔다고 말하는 자는 마치 행복의 순간이 아직 오지 않았거나 더 이상 오지 않을 것이라고 말하는 자와 비슷하다."

33 이 책 104쪽 각주 18.

서는 각자가 말하자면 전 생애에 걸쳐 자기 자신을 수련해야 한다"[34]고 말합니다. 물론 아주 어린 시절부터 자기 영혼에 주의를 기울이는 편이 훨씬 바람직하기야 하겠지만 말입니다. 소크라테스는 젊고 야심차며 욕망의 대상인 젊은이에게 말을 걸었지만[35] 사실 세네카나 플로타르코스가 조언을 건네는 친구들은 이제 더 이상 그런 젊은이가 아닙니다. 그 친구들은 때로 셀레누스처럼 젊기도 하지만 (세네카가 긴 영적인 서신을 그와 교환하던 시절에 시칠리아 지사라는 중요한 임무를 역임하고 있던 루킬리우스처럼) 장년의 사람들이기도 합니다. 에픽테토스는 젊은이들을 위한 학원을 운영했지만 때로는 성인들에게 심지어는 집정관들에게 말을 걸어 자기 배려[돌봄]의 과업을 환기시키곤 했습니다. 그리고 아우렐리우스는 자신이 메모한 것을 모았습니다. 그 작업을 할 때 그는 황제의 임무를 수행하고 있었고 [메모를 통해] 그에게 중요한 것은 스스로 자기 자신을 돕는 일이었습니다. 따라서 자기 자신을 배려하는[돌보는] 것은 삶에 대한 단순하고 일시적인 준비가 아니라 삶의 한 형태였습니다. 알키비아데스는 자신이 장차 타자들을 배려하고자[돌보고자] 하기 때문에 자신을 배려해야[돌봐야] 한다는 것을 납득합니다. 이제는 자기 자신을 위해 자기가 자기를 배려하는[돌보는] 것이 문제인 것입니다.

자기 자신에 대한 자신의 태도를 변화시키기, *ad se convertere* 라는 지극히 중요한 관념, 요컨대 그 자체가 궁극적 목적인 것으

34　　Galien, *Traité des passions de l'âme et de ses erreurs*(영혼의 정념과 오류에 관한 시론), IV, 11, *op. cit.*, p. 38: "원숙한 사람이 되기 위해 우리 모두는 말하자면 생애 내내 훈련해야 한다. 더 나아지기를 결코 포기하지 말아야 하며, 쉰 살에 우리가 우리 영혼에 결함이 있다고 느낄 때조차도, 그 결함은 치유될 수 없는 것이 아니며, 적어도 치료받지 않은 채로 방치되고 있지는 않은 것이다."

35　　콜레주드프랑스《주체의 해석학》첫 강의에서 이미 푸코는 《소크라테스의 변론》과 《알키비아데스》의 차이점을 지적한다. 《알키비아데스》에서 자기 배려[돌봄]는 "실존 전반의 기능"으로 나타난다. Cf. HS, p. 38-39(《주체의 해석학》, 77-78쪽).

로서의 자기로 되돌아가는 생활 속에서의 활동이라는 관념이 바로 여기에 기인하는 것입니다. 여러분들 중에는 이 전향epistrophê이 전형적인 플라톤의 테마라고 말씀하시는 분들이 있을 겁니다. 하지만 우리가 《알키비아데스》에서 이미 살펴보았듯이 영혼이 자기 자신으로 향하는 활동은 또한 자신의 시선이 빛, 현실, 신성한 요소, 본질과 본질을 볼 수 있는 천상계로 향하는 활동이기도 합니다. 하지만 세네카, 플루타르코스, 에픽테토스가 권유하는 전향은 이와는 매우 다릅니다.[36] 그것은 말하자면 즉각적인 유턴입니다. 이 유턴은 자기 자신 안에 거처를 정하고 거기에 머무르는 것 외의 다른 목표가 없습니다. 자기로의 전향의 궁극적인 목표는 자기 자신과 몇 가지 관계를 정립하는 데 있습니다. 이 관계는 때때로 사법적이고 정치적인 모델에 입각해 이해됩니다. 요컨대 이 전향이 목표로 하는 것은 자기 자신의 왕이 되는 것, 자기 자신을 완벽히 제어하는 것, 전적으로 독립적이 되는 것, 충만하게 자기 자신이 되는 것(세네카가 종종 말하는 fieri suum)입니다. 또한 그래서 이 관계들은 종종 재산 향유 모델로 표현됩니다. 이를테면 자기 자신을 향유하기, 자기 자신에게서 기쁨을 얻기, 자기 자신 안에서 자기 욕망의 충족을 발견하기처럼 말입니다. 이러한 사유 형식 속에서, 이러한 자기 수양의 형식 속에서, 자기와의 관계는 어떤 의미로는 내적인 최종 목표로 향합니다.

두 번째 중요한 차이는 교육과 관련됩니다. 《알키비아데스》에서 자기 배려(돌봄)는 교육의 결함 때문에 교육을 보충하고 교

---

[36] 콜레주드프랑스 1982년 2월 10일 《주체의 해석학》 강의에서 푸코는, '전향'의 세 형식을 구분한다. 요컨대 플라톤적인 에피스트로페(epistrophê), 헬레니즘-로마적인 전향 그리고 그리스도교적 메타노이아(metanoia)이다. Cf. 《주체의 해석학》, 241-248쪽(HS, p. 201-209). 제정기 자기 실천의 보편적 대상으로서의 Epistrophê eis heauton에 대해서는 또한 다음을 참조하라. 《자기 배려》, 85-88쪽(SS, p. 81-84).

육을 대체하는 것으로서 반드시 필요한 것이었습니다. 아무튼 교육은 중요했습니다. 자기 돌봄이 성인의 실천이 되고 평생에 걸쳐 수련해야 하게 된 순간 자기 돌봄의 교육적 역할은 소거되고 다른 기능이 출현한다는 것입니다.

첫째로 비판의 기능이 출현합니다. 자기 수양은 새로운 인식들을 습득해야 할 뿐만 아니라 더 나아가 모든 악습들, 군중과 나쁜 스승 그리고 부모와 주변 사람들로부터 온 모든 그릇된 의견들로부터 해방되어야 합니다. 배운 것을 버리는 것de-discere은 자기의 발전에 중요한 과업입니다.

하지만 [자기 수양]은 투쟁의 기능도 가지고 있습니다. 자기 실천은 이제 항상적인 투쟁으로 이해됩니다. 단순히 미래를 위한 가치 있는 인간 양성이 중요한 것이 아닙니다. 개인에게 평생 동안 싸울 수 있는 무기와 용기를 제공해야 합니다. 격투기의 은유(인생에서 우리는 격투기 선수처럼 계속 적들을 물리쳐야 하고 싸움이 없을 때도 계속 훈련을 해야 한다)와 전쟁의 은유(자기는 언제나 적으로부터 기습을 받을 수 있는 군대처럼 조직되어야 한다)가 얼마나 빈번했는지를 아마 아실 수 있을 겁니다. 영혼의 영적 싸움, 영혼의 영적 투쟁이라는 그리스도교의 주요 테마는 고대 이교도 시대에 이미 문화의 근본 원리가 되었습니다.

하지만 무엇보다도 이 자기 수양은 치료의 기능을 갖습니다.[37] 그것은 교육의 모델보다는 의학의 모델에 더 가깝습니다. 당연히 그리스 문화와 관련한 아주 오래된 몇 가지 사실을 상기할

---

37 제정기 자기 배려[돌봄]의 세 가지 기능(비판적 기능, 투쟁의 기능, 치료적 기능)에 대해서는 다음을 참조하라. 《주체의 해석학》, 131-140, 263-264, 349-350쪽(HS, p. 90-96, 222, 307-308) et M. Foucault, "L'herméneutique du sujet", résumé cit., p. 1176. 자기 돌봄[돌봄]과 의학적 사유 및 실천 간의 밀접한 상관관계에 대해서는 또한 다음을 참조하라. 《자기 배려》, 72-78쪽(SS, p. 69-74).

필요가 있습니다. 요컨대 파토스라는 개념이 있는데 이 개념은 영혼의 정념이라는 의미와 신체의 병이라는 의미도 가지고 있습니다. 비유의 장의 폭이 대단히 넓어서 '치유하다', '치료하다', '절단 수술을 하다', '걸러내다', '정화하다' 등과 같은 표현들을 신체와 영혼 [모두에] 적용할 수 있습니다. 에피쿠로스주의자, 견유주의자, 스토아주의자 들에게 친숙한 원리도 상기할 필요가 있습니다. 이 원리에 따르면 철학의 역할은 영혼의 병을 치료하는 것입니다. 플루타르코스는 어느 날 철학과 의학은 mia khôra라고, 즉 하나의 단일한 지역, 단일한 영역이라고 말할 수 있었습니다.[38] 에픽테토스는 자신의 학원이 그저 단순한 학원이나 양성소로 간주되기를 바라지 않았으며, 그보다는 자신이 iatreion이라 명명한 진료소로 간주되기를 원했습니다. 그는 자신의 학원이 영혼의 진료소이길 바랐고 또 자신의 제자들이 그들 자신이 병들었음을 의식하기를 바랐습니다. 한 제자는 어깨가 탈구되었고 두 번째 제자는 종기가 있었으며 세 번째 제자는 상처로 인해 몸에 구멍이 나 있었고 네 번째 제자는 두통이 있었다고 에픽테토스는 말합니다. 그리고 그들 모두는 삼단논법을 배우려 했다는 것입니다. 그들이 필요로 하는 일차적인 치료는 의학적 치료입니다. 그들은 자신들의 상처를 치료하고 체액의 유출을 막고 정신을 안정시켜야 합니다.[39] 이와는 반대로 갈리아노스와 같은 의사는 정념에 휩

---

38   Plutarque, *Préceptes de santé*, 122E, dans *Œuvres morales*, t. II, trad. fr. J. Defradas, J. Hani et R. Klaerr, Paris, Les Belles Letttres, 1985, p. 101.

39   푸코는 에픽테토스의 《어록》 두 구절을 참조한다. 먼저 제3권, 23, 30-31, trad. Fr. J. Souilhé et A. Jagu, Paris, Les Belles Lettres, 1963, p. 92를 참조한다. "인간들이여, 철학 학원은 진료소(iatreion)다. 진료소를 나설 때 즐거웠어야 하는 것이 아니라 고통스러웠어야 한다. 왜냐하면 여러분은 건강해서 진료소에 가는 것이 아니기 때문이다. 요컨대 어떤 사람은 어깨를 삐서, 어떤 사람은 종기가 나서, 어떤 사람은 치질이 있어서, 또 어떤 사람은 두통이 있어서 진료소에 온다. 그런데 내가 가만히 앉아서 어깨를 삔 사람의 어깨를 그가 진료소를 찾았을 때의 상태 그대로 내버려두고, 두통이 있는 사람을 두통이 있는 그 상태로 내버려주며, 치질이 있는 사람도 그 상태로 내버려두고 종기가 있는 사람도 그 상태 그

싸인 영혼, 다시 말해서 이성에 반역하는 무질서한 에너지와 그 릇된 선택으로부터 비롯된 오류들을 치료하는 것이 자기 일이라 고 생각했습니다. 《영혼의 정념론》에서 갈리아노스는 자신이 시 도해 성공한 치료들에 대한 자부심을 표현합니다. 그는 성질을 잘 내는 동료를 치료했고 또 사소한 사건들로 인해 영혼이 동요되곤 하던 젊은이를 치료했습니다.[40] 이 모든 관념들은 오늘날 너무나 친숙한 것들로 보일 수 있고 또 실제로 그렇습니다. 하지만 서구 의 주체성의 역사에서 자기 자신의 경험과 의학적 실천 간의 일 차적 관계를 포착하는 것은 대단히 중요하다고 생각합니다. 어떤 시기에, 어떤 조건하에서 의학적 실천과 자기 자신에 대한 내밀 한 경험이 서로 결부되게 되었는지를 포착하는 것은 대단히 중요 하다고 생각합니다.

그리고 이제 저는 제가 언급했던 세 번째 요점을 환기하고 자 합니다. 저는 《알키비아데스》에서의 자기 배려〔자기 돌봄〕와 제 정 시대 문화에서 자기 실천 간의 세 번째 차이를 일별해 지적하 고자 합니다. 기억하시겠지만 플라톤의 대화편 《알키비아데스》에 서 스승과의 연애적이고 철학적인 관계는 본질적이었습니다. 이 관계는 소크라테스와 알키비아데스가 함께 젊은 알키비아데스의

대로 내버려두고 여러분들의 찬사를 받기 위해 훌륭한 사유와 경구를 여러분에게 선사해야 하는가?" 그리고 다음으로 제2권, 21, 21-22, trad. fr. J. Souilhé, Paris, Les Belles Lettres, 1949, p. 95를 참조한다. "지금 네가 나에게 삼단논법이 유용하냐고 묻는다면 나는 너에게 그것이 유용하다고 답할 것이고 네가 원한다면 어떻게 유용한지 증명해 보이겠다—하지만 나에게 삼단논법이 어떤 유용성이 있었는가?—인 간이여, 너는 사실 삼단논법이 너에게 유용한지, 아니면 일반적으로 유용한지 묻지 않았는가? 이 질에 걸린 병자가 식초가 유용한지 내게 묻는다면 나는 그렇다고 그에게 대답할 것이다—하지만 그것 이 자신에게 유용하냐고 묻는다면 나는 아니라고 대답할 것이다. 우선 너의 체액의 유출을 멈추게 하 고 종기를 아물게 하라. 여러분은 우선 상처를 치유하고 체액의 유출을 막고 여러분의 정신을 안정시 켜 그것을 모든 주의산만으로부터 해방시키고 학원에 데려오라. 그러면 여러분은 이성이 어떤 힘을 갖 고 있는지를 알게 될 것이다."

40　　Galien, *Traité des passions de l'âme et de ses erreurs*, IV, 13-15 et VII, 28-29, *op. cit.*, p. 40-41 et 50-51.

영혼을 담당하게 되는 틀을 구축했습니다. 기원후 1~2세기에 자기와 자기가 맺는 관계는 스승, 지도자 혹은 아무튼 타자와 맺는 관계에 의거하지만 애정 관계로부터는 점차 독립적이 되어가는 관계로 항상 간주되어왔습니다.[41] 타인의 도움 없이 자기 자신을 배려할(돌볼) 수 없다는 것이 사람들에게 지극히 보편적으로 수용되고 있습니다. 자신이 처한 우둔한 상태로부터 스스로 해방될 정도로 강한 사람은 아무도 없다고 세네카는 말했습니다.[42] 그러나 제자와 스승 간의 필연적 관계는 말하자면 기술적이거나 행정적이거나 제도적인 관계이지 애정 관계와는 하등의 연관이 없습니다. 엄격하게 학교 교육적인 조직들이 있습니다. 에픽테토스의 학원은 그 예로 쓰일 수 있습니다. 에픽테토스의 학원에는 일련의 위계적 관계와 일련의 차별화된 교육이 존재합니다. 이 학원은 훨씬 더 오래 지속되는 강의를 위해 머무는 장기 수강생들을 받았는가 하면 단기 수강생들도 받았습니다. 철학자와 영혼의 지도자가 되기를 원하는 자들에게도 또한 교육이 주어졌습니다.[*] 아리아누스가 모아 놓은 일정한 어록들은 미래에 자기 수양을 실천하는 자들을 위한 기술적인 교훈들입니다. 로마에서 특히 위인들 주변에 정착한 사적인 고문들이 발견됩니다. 이 위인들은 이 고문들의 단체에 속하거나 그들의 고객이었습니다. 보시다시피 이러한 관계는 연애 관계와 무관합니다.

---

41 그리스 로마 세계의 역사를 거치면서 자기 배려와 연애가 점차로 '단절'되게 된 이유에 대해서는 다음을 참조하라. 《주체의 해석학》, 99-100, 375-377쪽,《자기 배려》, 215-159쪽(HS, p. 58-59, 330-331 et SS, p. 219-261). 로마에서 소년들을 향한 사랑의 명예가 실추되고 남색 관계의 눈에 띄는 특징들이 결혼 내부로 이동한 것에 대해서는 다음을 참조하라. SV, p. 185-200. 마지막으로 고전기 그리스에서 이미 교육과 연애 간의 관계가 문제시되고 있었다는 데 대해서는 다음을 참조하라. SV, p. 93-97.

42 Sénèque, *Lettre 52*, 1-3, dans *Lettres à Lucilius*, t. II, trad. fr. H. Noblot, Paris, Les Belles Lettres, 1947, p. 41-42. 이 텍스트 및 세네카의 *De tranquillitate animi*에서의 스툴티아라는 주제에 관한 더 상세한 분석을 보고자 한다면 다음을 참조하라. 《주체의 해석학》, 164-169쪽(HS, p. 126-129).

* 텍스트가 난해하여, 원고를 따라 이 문장을 수정했다.

그리고 마지막 요점이 있습니다. 자기 수양을 몇몇 철학자들과 영혼의 전문가들이 소수의 제자들에게 행한 추상적 조언들로 이루어져 있다고 생각해서는 안 됩니다. 자기 수양이 단지 도덕적인 태도였다고 생각해서는 안 됩니다. 그것은 일련의 활동들, 기술들, 지극히 다양한 도구들을 수반하는 광범위하게 확산된 실천이었습니다. 불행하게도 제게는 이 주제를 상세히 설명할 시간이 없습니다. 예를 하나 들기 위해 자기 수양에서 글쓰기가 중요했다는[43] 점을 강조하는 것으로 그치고자 합니다. 사람들은 종종 개인적인 글쓰기가 근대의 발명(아마도 16세기 혹은 종교개혁의 혁신)이라고 추정합니다. 하지만 실은 글쓰기를 통한 자기와 자기가 맺는 관계는 서구에서 유구한 전통을 가지고 있습니다. 소크라테스의 태도에서 여전히 지배적인 기억의 수양에서 글쓰기의 실천, 그리스 로마의 수양에서의 메모 쪽으로 이동이 행해지는 것을 발견할 수 있다고 생각합니다. 이 시기의 자기 수양은 당시에 사람들이 hupomnêmata라 부르던 사적인 일지(수첩) 활용을 포함하고 있었습니다. 이 사적인 일지(수첩)에 그들은 그들이 독서한 바, 대화를 나눈 바, 미래의 명상 주제들을 메모해야 했습니다. 그들은 또한 그들이 꾼 꿈과 매일매일의 일과를 기록해야 했습니다.

편지 쓰기 또한 이러한 자기 수양의 중요한 부분이었습니다. 왜냐하면 편지에서 그들은 그들 자신과 관계를 맺음과 동시에, 타자와도 관계를 맺을 수 있기 때문입니다. 그 타자는 지도자일 수도 있고 친구일 수도 있으며 조언을 하는 사람이나 받는 사람 모두에게 유효한 조언들을 당신이 해줄 수 있는 누군가일 수

---

43 자기 수양에서 글쓰기의 역할에 대해서, 특히 후포므네마타와 서신 교환에 대해서는 다음을 참조하라. 《주체의 해석학》, 384-389쪽(HS, p. 341-345) et M. Foucault, "L'écriture de soi", dans DE II, n°329, p. 1234-1249.

도 있습니다. 이러한 편지 쓰기의 실천이 확산됨과 동시에 자기에 대한 경험은 바로 이 사실로 인해 강화되고 확대됩니다. 자기는 관찰의 장이 됩니다. 세네카와 플리누스 간의 서신, 또 아우렐리우스와 프론토 간의 서신은 자기 자신에게 기울여야 하는 주의와 관련된 이러한 용의주도함과 세심함을 잘 보여줍니다. 자기 자신에 기울이는 이러한 주의는 일상생활의 세세한 내용, 건강과 기분의 미세한 변화, 사람들이 체험하는 신체의 불편함, 정신의 활동, 수행한 독서, 기억나는 인용구, 이러저러한 사건들에 대한 성찰 등에 관계됩니다. 자기와 관계를 맺는 일정한 방식과 일련의 경험의 장이 가시화됩니다. 반면에 이전의 사료들에는 이런 것들이 부재합니다.

그리고 이러한 관점에서 아엘리우스 아리스티데스의 《성스러운 담론》[44]은 놀랄 만한 증거를 구축하고 있습니다. 아리스티데스가 쓴 이 텍스트는 아스클레피오스, 즉 건강의 신에 대한 감사의 표현들입니다. 아리스티데스는 사실 10년 이상 아팠습니다. 하지만 흥미로운 점은 자신을 구해준 신에 대한 감사의 표현인 이 텍스트에서 아리스티데스는 아팠던 10년여 동안 자신이 꾼 수많은 꿈들을 옮겨적은 것들을 소개한다는 사실입니다. 300여 개가 넘는 운문을 포함한 독특한 형식의 이 텍스트는 아리스티데스의 질병뿐 아니라 그의 일상생활에 관한 일기입니다. 신에 대한 감사의 표현 범주 내에서 자기 자신의 병, 불편함, 고통, 다양한 감정, 전조가 되는 꿈, 조언을 주는 꿈, 시도해야 할 치료 등을 상세히 설명하고 있습니다. 이 경우 그가 심기증에 걸렸다고 말할 수

44   Ælius aristide, *Discours sacrés*, trad. fr. A.-J. Festugière, Paris, Macula, 1986. Cf. M. Foucault, "Les techniques de soi", conférences cit., p. 1623.

있을까요? 아마도 그럴 수 있습니다. 하지만 여기서 문제는 아리스티데스가 어느 정도의 병에 걸려 있는지를 아는 것이 아닙니다. 중요한 것은 아리스티데스가 자신의 병에 대한 자신의 체험을 표현한다는 데 있고, 당대의 수양이 그에게 부여한 수단을 아는 데 있습니다.

　너무 간략히 검토하는 것을 이해해주세요. 제가 말씀 드리고 싶은 것은 이 시대의 자기 배려, 즉 고대 제정 시대의 자기 배려(돌봄)는 어떤 특수한 철학적 교의 내에서 발견되지 않는다는 것입니다. 그것은 보편적 계율인 동시에 진정한 실천입니다. 수많은 개인들이 이 계율을 적용했습니다. 이 시대의 자기 배려(돌봄)는 그 체제, 규칙, 방법, 기술, 수련을 갖춘 실천입니다. 그것은 또한 경험의 양식, 개인적인 경험의 양식, 그 표현 수단과 형식을 갖춘 개인의 경험이자 집단적 경험이기도 했습니다. 바로 이런 이유로 이 시기의 '자기 수양'에 대해 논할 수 있다고 생각합니다.

　결론으로서 우리는 다음과 같은 하나의 문제에 답해야 합니다. 즉 제가 말씀 드렸듯이 자기 배려(돌봄)와 거기에 결부된 모든 기술들이 고대 문화에서 그처럼 중요했는데 왜 이 테마가 사라져버렸을까요? 아니면 사라져버린 것처럼 보이는 것일까요? 아주 간략하게 말해서 왜 자기 인식gnôthi seauton이 고대 사유의 가장 고상한 표현들 가운데 하나로 제시되었던 반면 "너 자신을 배려하라(돌보라)epimele seautou"라는 또 하나의 다른 원리에 오랫동안 부여했던 중요성은 잊히게 된 것일까요? 거기에는 여러 가지 이유가 있을 수 있습니다.[45] 첫 번째 이유는 그리스도교 금욕주의의

　이 문제에 관해서는 또한 다음을 참조하라. 《주체의 해석학》, 54-69쪽(HS, p. 13-32). 그렇지만

윤리적 역설입니다. 그리스도교 유형의 금욕주의에서 자기 배려〔돌봄〕는 어떤 희생의 형태를 취합니다. 요컨대 자기 포기는 자기가 자기 자신에게 가해야 하는 작업의 주된 목표입니다. 두 번째 이유는, 자기 기술들 대부분이 오늘날 우리〔서구〕 세계에서는 교육과 교습의 테크닉, 의료와 심리학적 테크닉에 통합되어버렸기 때문입니다. 자기 기술들은 권위와 규율 체제에 통합되었거나 여론, 대중매체, 여론조사 기술—이것들은 오늘날 우리의 타자에 대한 태도와 우리 자신에 대한 태도를 형성하는 역할을 담당합니다—에 통합되어버렸습니다. 그 결과 오늘날 자기 수양은 타자들에 의해 우리에게 강요되어 그 독자성을 상실하고 말았습니다. 세 번째 이유는 인간과학들이 자기와 자기가 맺는 가장 중요하고 주요한 관계가 본질적으로 인식의 관계이고 또 인식의 관계여야 한다고 전제하기 때문이라고 저는 생각합니다. 그리고 마지막으로 네 번째 이유는, 대체적으로 사람들은 자신들이 해야 할 바가 자기 자신의 숨겨진 현실의 베일을 벗기고 해방시키고 발굴해야 한다고 생각하기 때문입니다. 저는 자기가 우리의 역사를 통

여기서 '도덕의 역사의 파라독스'를 이야기한 후 동일한 종류의 질문들에 답하기 위해 푸코는, 자기 인식에 철학적으로 새로이 자격을 부여하고 반대로 자기 배려〔돌봄〕로부터는 그 자격을 박탈한 책임을 '데카르트적 계기'에 돌린다.

46　《자기 해석학의 기원》, p. 90-91 참조. "아마도 자기의 문제는 실증적으로 그것이 무엇인지를 발견하는 것이 아니라고 생각합니다. 아마도 자기의 문제는 실증적인 자기 혹은 자기의 실증적 토대를 발견하는 것이 아니라고 생각됩니다. 아마도 오늘날 우리의 문제는, 자기가 우리의 역사를 통해 구축된 테크놀로지의 역사적 상관물에 다름 아님을 깨닫는 것이 아닐까요? 아마도 문제는 이 테크놀로지들을 변화시키는 것이 아닐까요? 그리고 이 경우 오늘날 정치적으로 가장 중요한 문제들 가운데 하나는 엄밀한 의미에서 우리 자신들에 관한 정치가 아닐까요?" 1982년 〈주체와 권력〉에서 칸트의 계몽에 대한 논고와 칸트가 기초한 "거대한 철학적 임무", 요컨대 "우리가 살고 있는 세계에 대한 비판적 분석"을 환기한 후 다음과 같이 구체적으로 쓰고 있다.

"아마도 오늘날 가장 중요한 목표는 현재의 우리를 발견하는 것이 아니라 거부하는 것이 아닌가 생각합니다 〔…〕 결론적으로 오늘날 우리에게 제기되는 정치이고 동시에 윤리적이고 또 동시에 사회적이고 철학적인 문제는 개인을 국가와 그 제도들로부터 해방시키려는 시도가 아니라, 우리가 우리 자신을 국가 및 국가와 결부된 개인화의 유형으로부터 해방시키는 것일 겁니다. 수 세기 동안 우리에게 강제되었던 개인화의 유형을 거부함으로써 새로운 형태의 주체성을 추진할 필요가 있습니다.

해 발전되어온 자기 테크놀로지들의 상관물로서 간주되어야 한다고 생각합니다. 그러므로 문제는 자기를 석방하거나 '해방하는 것'이 아니라 어떻게 하면 새로운 유형의, 새로운 종류의 자기 관계를 만들어낼 수 있을지 궁리하는 것입니다.[46]

캘리포니아대학교
버클리캠퍼스
철학과에서의 토론

보시다시피[*] 저는 명확한 답변을 드릴 수가 없습니다. 왜냐하면 그 분야, 그 주제에 대해서는 지금 연구하는 중이거든요. 하지만 제가 놀란 것은, 이를테면 몇몇 문학사가들, 그들 중 거의 대부분이 자기에 대한 이야기, 자기에 대한 묘사, 혹은 자기 고백에 관심을 갖고 있다는 사실입니다. 그러니까 문학사가들 대부분이 자기에 대한 이야기의 수사학적 구조의 문제에 관심을 갖고 있더란 말입니다. 요컨대 자기에 대한 서술이라는 양식을 포함하는 수사학적 구조가 무엇이냐는 문제 말입니다. 하지만 제 흥미를 끌었던 것은 문학과 기술技術들 간의 관계입니다. 제 생각에 그것은 문학 영역에서의 진지한 연구에 상당히 흥미로울 수 있을 것 같습니다. 이러한 유형의 문학들과, 영적인 삶이나 혹은 철학적 영역이나 종교적 영역 등에서 발견할 수 있는 기술들 간의 관계 말입니다. 16세기의 문학과 영적 기술들 간의 관계들에 관한 이 구체적 문제에 대해서 여러 연구들이 수행되었다고 생각합니다. 이를테면 개신교 공동체들의 교회에서 이루어진 자기 시험의 기술들을 연구한 적도 있고 말이죠. 〔그런데〕 고대에 관해서는 그런 연구들이 수행되지 않았다고 생각합니다. 이를테면 성 아우구스티누스의 《고백록》처럼 매우 잘 알려진 텍스트들에서 발견하실 수 있는 영적 경험 같은 모든 것들이, 자기 자신에 관한 글쓰기의 훈련들을 통해 여러 세기 동안 준비되었다는 것은 아주 명백합니다. 4세기 말에, 이 시대의 그리스도교 문화와 이교도 문화 간의 관계〔를 보여주는〕 아주 전형적인 인물이었던 그리스도교도 저자 시네시우스는 꿈 해석에 관한 정말 흥미로운 책을 썼습니다.[1] 그것

---

[*] 　질문의 내용이 녹음되지 않았다.

[1] 　Synésios de Cyrène(키레네의 시네시오스), *Traité sur les songes*, dans *Opuscules*(《소품집》 중 〈꿈에 관한 논설〉), I, trad. fr. N. Aujoulat, Paris, Les Belles Lettres, 2004, p. 187-311. Cf. M. Foucault,

은 꿈 해석 개론서 같은 것입니다. 그리고 이 텍스트의 시작 부분 몇 페이지가 아주아주 흥미로운데, 여기서 시네시우스가 이렇게 말합니다. 황제들은 마술을 사용하는 것과, 신탁을 의뢰하는 것, 그리고 그런 종류의 실천들을 금지했지만, 시네시우스가 말하길, 그것은 중요하지 않습니다. 왜냐하면 당신은 당신 자신 안에 〔이미〕 모든 신탁을 가지고 있기 때문이라는 것입니다. 그리고 그 신탁이 바로 꿈입니다. 그러므로 당신이 해야 할 것은 매일 아침 지난밤 꾼 꿈들을 쓰는 것입니다. 그것들을 보존하고 끊임없이 다시 읽어보면서 당신은 〔…〕* 당신 안에서 일어나고 있는 일들에 대해 지속적인 해석을 할 수 있게 될 것입니다. 그것은 꿈 해석 개론서일 뿐만 아니라 꿈 쓰기 개론서이기도 합니다. 다른 예들도 얼마든지 발견할 수 있습니다. 제가 말씀드리고 싶은 것은, 이 자기 수양이라는 것이 단순히 철학적 개념이기만 하지 않고 진짜로 어떤 실천, 그러니까 사회적 실천이면서 개인적인 실천이라는 것입니다. 그리고 제 생각에 이러한 기술을 통해서 사람들이 자기 자신에 대해 하는 경험은 주체화의 역사 속에서 심층적으로 변화되었습니다. 이러한 종류의 모든 그리스도교 문학은 4세기 초에 발전했다는 것을 볼 수 있는데, 이것들은 자기 자신에 대한 이야기, 자기가 개종한 이야기, 자기와 신의 관계에 대한 이야기 등입니다. 이것들은 〔앞서 말씀드린 것들〕에 의해서 준비되었습니다. 이런 것을 연구하면 재미있을 거라고 생각합니다.

선생님께서는 에피쿠로스의 텍스트를 인용하셨습니다. 거기서 에피

"Rêver de ses plaisirs. Sur l'"Onirocritique" d'artémidore", dans DE II, n° 332, p. 1283; "À propos de la généalogie de l'éthique", conférences cit., p. 1622-1623; 《자기 배려》, 20-21쪽〔SS, p. 18〕.
* 　　알아듣기 힘든 단어가 몇 개 있다.

쿠로스는 자기를 배려하는 데에는 결코 너무 늦은 것도 없고 너무 이른 것도 없다고 말했는데,[2] 저는 라캉이 '현대의 영웅들'에 관해서 이야기할 때[3] 언제나 너무 늦거나 너무 이르다고 말했던 것을 떠올리게 됐습니다. 선생님은 어떻게 생각하십니까? 어떤 의미에서는 시의적절하게 일어나는 일뿐만 아니라 그렇지 않은 것도 언제나 논의해야 하는 것 아닐까요?

'제때'냐 아니냐의 문제는 아시다시피 그리스 윤리의 가장 중요한 문제들 중 하나였어요. 바로 카이로스[4]의 문제죠. 카이로스는 좋은 때, 호기好機입니다. 그리스 초기의 텍스트들에서 볼 수 있는 윤리적 문제는, 어떤 것을 하기에 좋은 때를 선택하는 문제였습니다. 왜 이 카이로스라는 개념이 그리스 윤리에서 그렇게 중요했을까요? 더 명확하게 답변해드릴 능력은 없지만, 그래도 예는 하나 들어드릴 수 있습니다. 성 생활의 윤리에서 문제는 당신이 당신의 성적 파트너와 어떤 종류의 것들을 할 수 있는지를 아는 것이 아닙니다. 그리스 문헌에서는 행위의 종류에 대한 주제나, 당신이 상대방과 더불어 취할 수 있는 성적인 품행의 유형에 대한 주제를 전혀 발견할 수 없습니다. 그런 건 문제가 아니었습니다. 그리고 아시다시피 성적 파트너 역시 문제가 되지 못했습니

---

2   Épicure, *Lettre à Ménécée, op. cit.*, p. 45. 이 책 112쪽 각주 32.
3   《햄릿》에 할애된 자크 라캉의 《세미나 6》에 나오는 구절을 언급한 질문이다. 이 책에서 긴 발췌 부분이 1977년 미국에서 다음과 같은 제목으로 출간된 바 있다. "Desire and Interpretation of Desire in Hamlet", *Yale French Studies*, n° 55/56, p. 11-52, Cf. J. Lacan, *Le Séminaire. Livre VI. Le désir et son interpretation* (1958-1959), Paris, Éditions de La Martinière, 2013, p. 372.377.
4   적절한 순간, 즉 카이로스를 결정하는 것이 그리스인들에게 얼마나 중요했는지, 그리고 이 개념이 고대 윤리의 중심에서, 특히 쾌락을 활용하게 해주는 기술의 중심에서 어떤 역할을 했는지에 대해서는 다음을 참조하라. 《쾌락의 활용》75-77쪽(UP, p. 68-70), 《자기 배려》154-155쪽(SS, p. 154-155). 1982년 3월 10일 콜레주드프랑스 강의 《주체의 해석학》에서 푸코는 이 개념이 파레시아의 실천 속에서 갖는 중요성을 백일하에 드러낸다. 다음을 참조하라. 《주체의 해석학》411-413, 416-418쪽(HS, p. 367-368, 371-372).

다. 하지만 그리스인들에게는 성적 품행과 관련된 엄청난 양의 매우 엄격한 규칙들이 있었는데, 그 규칙들은 성적 파트너와 관련되는 것도 아니고 품행의 종류와 관계되는 것도 아니었습니다. 그 규칙들은 바로 카이로스, 그러니까 좋은 때라는 문제들과 관련된 것들이었습니다. 이를테면 플루타르코스에게서는 하루 중 사랑을 나누기에 가장 좋은 때가 언제인지를 아는 문제에 관한, 여러 페이지에 걸친 논의를 발견할 수 있습니다. 저녁식사 전, 저녁식사 후, 낮, 밤, 밤의 끝, 밤의 시작 등등.[5] 이건 다만 예시에 지나지 않습니다. 제 생각에 일반적으로 그리스인들의 문제는, 아시다시피 필연에 속한 것과 우연에 속한 것, 즉 아낭케anagkê와 튀케tukhê를 어떻게 관리할지를 아는 것이었습니다. 아낭케와 튀케의 관점에서 보자면, 아시다시피 그리스인들은 아주 숙명론적이라고 부를 수 있는 어떤 태도를 지니고 있었습니다. 어쨌든 윤리의 문제는 행동 혹은 품행의 문제이며, 그러므로 또한 정치의 문제이기도 합니다. 윤리의 문제는 어떤 것을, 그것이 무엇이건 간에, 그것을 아낭케 혹은 튀케로 바꾸고자 하는 문제가 전혀 아니라, 이미 있는 어떤 것을 관리하는 문제였고 또 우리가 어떤 것을 할 수 있는 좋은 때를 포착하는 문제였습니다. 카이로스는 어떤 활동이었습니다. 그 카이로스라는 요소 덕분에 인간의 자유는 아낭케, 즉 이 세계의 필연을 관리하고 그것과 화해할 수 있었던 것입니다. 바로 이러한 이유로 저는 카이로스, 즉 좋은 때라는 문제가 그리스 윤리에서 핵심적인 문제 중 하나라고 생각합니다.

그리스인들의 이야기를 들려 드렸구요. 이제는 라캉입니다.

---

5   Plutarque, *Propos de table*, livre III, Question VI, "Sur le moment qui convient à l'amour", dans *Œuvres morales*, t. IX-2, trad. fr. F. Fuhrmann, Paris, Les Belles Lettres, 2003, p. 129-135.

저는 이것이 좋은 문제 제기라고 생각합니다. 왜냐하면 정신분석의 문제는 어떻게 욕망의 필연을 관리할 것인지를 아는 것이니까요. 그리고 저는 라캉이⋯ 이런 말씀도 드려야 하는데, 죄송하지만 다시 〔고대〕 그리스로 돌아가야겠어요. 그러니까 〔고대〕 그리스의 의학이 문제 삼았던 것은 이것도 잘 아시겠지만, 파토스의 본성상에서의 어떤 것, 병의 본성상에서의 어떤 것을 바꾸는 것이 아니었습니다. 그들에게는 고비crise가 전개되는 와중에 행동하기 좋은 때를 선택하는 것, 그러니까 결과나 결말을 받아들이든지 환자를 구조하든지 하기에 좋은 때를 선택하는 것이 중요했습니다.6 그것 역시 〔의사가 관리해야 했던〕 기회 중 하나였습니다. 그리고 라캉에게서 여러분은 이와 유사한 어떤 것을 발견하실 수 있으리라고 저는 생각합니다. 욕망의 절차 속에서 정신분석의가 담당하는 역할은 〔고대〕 그리스의 의사들이 담당했던 역할과 그리 멀리 떨어져 있지 않습니다. 그것은 카이로스, 좋은 때를 선택하는 역할에 다름 아닙니다. 제가 적어도 몇 가지 유사성을 제시한 적은 있었지만, 라캉에게서 좋은 때의 문제에 대해 특별히 말씀드릴 만한 것은 전혀 없었죠. 그럼에도 불구하고 말씀드릴 만한 것들이 있습니다, 왜냐하면 정신분석은 〔과학이라기보다는〕 오히려 윤리의 기술이니까요.*7

자기 발전을 가능하게 하는 제도적 틀이 존재합니까?

---

6   고대 의학실천에서의 '고비'라는 개념에 대해서는 다음을 보라. 《정신의학의 권력》, 349-357쪽 〔PP, p. 242-245〕.

*   들리지 않는 몇몇 단어를 추측했다.

7   Cf. M. Foucault, "Interview de Michel Foucault" (entretien avec J.F. et J. de Wit), dans DE II, n° 349, p. 1484: "정신분석은 그러므로 우선 과학이 아닙니다. 그것은 고백에 기초하여 자기에게 거는 자기의 작업의 테크닉입니다."

분명히 기억하시겠지만 저는 개인이 자기 자신을 발전시켜야 한다고 말씀드린 적이 없습니다. 저는 어떻게 자기가 자기를 구축하는지를 보여드리려고 했습니다. 우리가 우리 자신과 맺는 관계들은 윤리의 성격을 갖는 다양한 실천들과 다양한 기술들 등을 통해 구축됩니다. 윤리는 무엇일까요? 그것은 제 생각에, 주체들이 그들의 활동과 행위 등등 안에서 도덕적 주체로서 자기 자신을 구축하는 방식입니다[8]. 그러므로 자기를 발전시키는 것이 문제가 아니라, 자기 자신과 어떤 유형의 관계를 맺어야 윤리적 주체로서 자신을 구축할 수 있는지를 정의하는 것이 문제인 것입니다. 자기 발전이 아니라 자기 구축이 문제라는 것입니다.

그러니까 제도들에는 별 관심 없으시고 오로지 윤리에만 관심이 있으시다는 거군요?

아닙니다. 이 자기 실천들은 특정 제도들과 결부되어 있습니다. 그리스 문화 혹은 그리스 로마 문화에는 겉으로 보기에 이러한 자기 실천을 담당하게 되어 있는 엄밀한 의미에서의 제도는 없었습니다. 하지만 사실은, 이를테면 에픽테토스 학파에서 에픽테토스가 이아트레이온이라고 표현했던 보건진료소와 같은 실제 기관을 명확하게 발견하실 수 있습니다.[9] 그곳은 사람들이 삼단논법이나 문학, 문법 등을 배울 수 있는 학교가 전혀 아니었습

---

8 윤리의 이러한 정의에 관해서는 푸코의 다음 인터뷰와 책을 참조하라. "À propos de la généalogie de l'éthique", entretien cit., p. 1437, 《쾌락의 활용》. 44-46쪽(UP, p. 35-37, 275). 또 '자기와의 관계'로서의 윤리에 대해서는 푸코의 다음 인터뷰들을 참조하라. "On the Genealogy of Ethics", entretien cit., p. 1216 et "À propos de la généalogie de l'éthique", entretien cit., p. 1440.

9 Épictète, *Entretiens*, III. 23, 30, op. cit., p. 92. 위의 책, p. 107-108, n. 39를 참조하라. Cf. 《주체의 해석학》, 139-140, 363쪽(HS, p. 96, 320); M. Foucault, "L'herméneutique du sujet", résumé cit., p. 1176; 《자기 배려》, 75쪽(SS, p. 71).

니다. 그들은 자기 자신과 일정하게 관계 맺는 법을 배워야 했습니다. 그러한 유형의 관계를 구축하는 방법을 가르쳤던 것입니다. 그러므로 이 기관은 이러한 관계를 형성하고 수립하기 위한 기관이었습니다. 제 생각에 자기 수양의 이러한 제도화는 아주 중대한 차원을 갖게 되고 또 그리스도교에서는 매우 강제적인 어떤 차원을 갖게 됩니다. 이를테면 고해나 회개 등의 실천을 통해서, 또 현대 사회에서도 역시 학교 체계와 교육법 체계, 교육 체계 등과 같은 것들의 배치를 통해서 말입니다. 그런데 형법 체계가 또한 일정한 방식으로 이 동일한 목표에 부응하고 있다는 것을 명백히 아실 수 있을 겁니다. 이러한 양상 중 하나는 물론 자기를 특정한 유형으로 구축하는 것인데, 왜냐하면 형법 체계를 통해서 범죄자는 자신을 범죄자로 인정해야 하기 때문이죠.

제가 궁금한 것은 현대 제도들이, 자기라든지 자기를 발전시키는 기술들에 관심을 가짐으로써 이득을 볼 수 있었는지 여부입니다.

발전의 문제가 아닙니다. 자기 자신을 발전시켜야 하는 것이 아니라, 자신을 윤리적 주체로 구축해야 합니다. 중요한 것은 발전이 아닙니다. 자기라는 것은, 애초부터 주어진 현실도 아니고 특정 도식이나 특정 모델에 맞춰서 발전시켜야 하는 것도 아닙니다. 자기는 심리학적 현실이 아닙니다. 혹은 아마도 자기는 특정한 역사 – 문화적 형식들을 통해서 심리학적 현실이 되거나, 혹은 적어도 경험의 근간이 됩니다.[10]

10　　Cf. OHS, p. 90. 1981년말 인터뷰에서 푸코는 다음과 같이 단언한다. "삶의 기술, 그것은 심리학을 죽이는 것이고, 자기 자신 및 타자들과 더불어 이름 없는 여러 개인성들, 존재들, 관계들, 이름 없는 특성들을 창조하는 것입니다." Cf. M. Foucault, "Conversation avec Werner Schroeter" (entretien

선생님께서는, 현대인들과 달리 고대인들에게 중요했던 것은 자기를 발견하는 것이 아니라 자기 자신의 주인이 되는 것이었다고 말씀하셨습니다. 하지만 스토아주의자들이 자신들이 오류라고 여기는 환상과 정념을 없애버리려고 할 때, 그들의 방법은 자기 발견과 어떻게 구별될 수 있었을까요? 그 차이를 다시 말씀해주실 수 있을까요?

일리 있는 말씀이십니다. 제가 그 차이에 관해 말씀드린 것은 약간 전체론적^{holistique}이었습니다. 사실 스토아주의자들에게는 문제가 하나 있었습니다. 자기 자신과 관련해 가질 수 있는 환상들로부터 해방되는 문제 말입니다. 하지만 이 문제와 관련된 스토아주의자들의 텍스트들을 살펴보면 다음과 같은 사실을 볼 수 있습니다. 요컨대 그들이 자기 자신이 실제로 무엇인지를 명확하게 보여주고자 할 때 그 기준이 되는 것은 세계 내에서 혹은 내 주변에서 무엇이 내 소관이고 무엇이 내 소관이 아닌지를 구분하는 것이었습니다. 내 소관이 아닌 바, 내가 변화시킬 수 없는 바는 그러므로 나 자신이 아닙니다. 내 소관이 아닌 것으로부터 해방되어야 하고 그것에 완전히 무심해야 한다는 것이지요. 질문자께서는 스토아주의자들의 텍스트에는 어딘지 모르게 자기 발견의 시도와 같은 것이 있다고 하셨지만, 이 자기 발견적인 것은 내 소관인 바와 내 소관이 아닌 바를 분별하는 것에 다름 아닙니다. 그리고 여기서의 문제는 내 지고성의 영역을 정확히 한정하는 일입니다.[11] 제 생각에 그리스도교와 더불어 완전히 다른 어떤 것이

avec G. Courant et W. Schroeter), dans DE II, n° 308, p. 1075.

11   이를테면 Épictète, *Entretiens*, III, 3, 14-19, *op. cit.*, p. 18에 나오는 '산책 훈련'을 푸코는 몇 번이나 재론하는데, 이때 푸코는 명확하게 (표상들의) 분별 작업과 선별 작업을 강조한다. 이 세계가 우리 안에 불러일으킨 여러 다른 표상들이 각각 어느 정도로 우리의 소관인지 혹은 소관이 아닌지를 정의하기 위해, 그러므로 '그것들에 대해 취해야 할 태도'를 수립하기 위해 그 표상들에 이러한 분별 작업

출현하는 것을 보실 수 있을 것입니다. 그리스도교인에게서 문제는 이렇게 바뀝니다. 나 자신과 관련해 내가 갖고 있는 환상, 내가 나 자신 안에서 일어나고 있는 일을 알지 못하게 방해하는 환상은 무엇인가? 내가 어떤 욕망을 체험하고 그 욕망을 있는 그대로 확증할 수 없는 경우 나는 이 환상의 희생양이 됩니다. 카시아누스에게서 발견할 수 있는 아주 간단한 예를 하나 들어보겠습니다. 이것은 동방 수도원 수사들의 삶에 적용되었던 규칙들과 관련된 예입니다. 이런 종류의 규칙들에 관한 예를 들기 위해 카시아누스는 대단히 성스러운, 혹은 서둘러 성스럽게 되고자 하는 젊은 수사의 예를 인용합니다. 젊은 수사는 단식하기를 원하고 다른 수사들보다도 더 강도 있게, 더 오랫동안 단식하기를 원하는데, 그것은 다른 수사들로부터 찬사를 받고 싶어 하는 단식이었습니다. 외관상 그것은 그가 생각하기에는 탁월한 계획이고 훌륭한 솔선수범이었으며 또 훌륭한 욕망이었습니다. 하지만 양심지도 수사는 카시아누스가 다른 수사들보다 더 오랫동안 단식하고 싶어하는 이유가 실은 그가 더 빨리 성스러운 경지에 도달하고 싶어서라기보다는 다른 수사들의 찬사를 받고 싶어하기 때문이라는 사실을 증명해보입니다. 그러므로 그것은 성스러움의 상징이 아니라 불순한 욕망의 운동이었습니다. 그것은 신으로부터 온 격려가 아니라 사탄으로부터 온 부추김이었던 것입니다.[12] 사탄으로부터 왔지만 신이 자신을 고무하는 어떤 것의 형태나 외관을 취하는 환상〔착각〕이 자기 안에 존재하기 때문에 자기 자신의 관

과 표상 작업을 적용해야 한다는 것이다.

12　젊은 수사는 카시아누스가 그의 *Conférences* 중 첫 번째에서 언급하는 장드리코(Jean de Lyco) 수사다. Cf. J. Cassien, *Conférences*, I, 21, trad. fr. E. Pichery, "Sources chrétiennes", Paris, Éditions du Cerf, 2008, p. 141-143. 이 일화에 관해서는 《생명존재들의 통치에 관하여》(GV, p. 286, 289, 296)를 참조하라.

넘, 표상, 욕망 등을 해석해야 할 필요가 있는 것입니다. 바로 이것이 자기 해석의 의무입니다.[13] 이러한 그리스도교의 자기 해석은 스토아주의에서 행하는 분별, 즉 자기의 소관인 바와 아닌 바를 분별하는 것과는 아주 다릅니다.[14]

'자기'라는 말을 어떤 의미로 사용하시는지 설명해주시겠습니까?

자기는 자기와 맺는 여러 관계 외의 그 무엇도 아닙니다. 자기는 관계입니다. 자기는 현실이 아닙니다. 그것은 애초부터 주어져 있는 구조화된 어떤 것이 아닙니다. 그것은 자기와의 관계입니다.[15] 자기라는 것에는 이러한 관계와 그 관계들의 총체라는 정의 밖에는 부여할 수 없다고 생각합니다.

자기 '수양culture'이 무슨 뜻인가요? 어떤 사람이 교양 있다cultuvé라고 말할 때의 의미인지, 아니면 보다 넓은 의미인지 궁금합니다.

첫 번째 질문은 자기에 관한 것이었는데 두 번째 질문은 수양에 관한 것이군요! 두 번째 문제에 대한 답변은 제 생각에 첫 번째 문제에 대한 답변보다 좀 더 쉽고 좀 더 길어질 것 같아요.

13　Cf. 《자기 해석학의 기원》 [OHS, p. 81 et 83-84, n.a.]

14　1983년 4월 버클리에서 가졌던 드레퓌스, 레비노우와의 토론에서 푸코는 이렇게 설명한다. "제 생각에 고대 이교도 [문화에서] 당신은 당신 자신에 대한 환상을 발견하지 않습니다. 당신은 당신 고유의 주체에 대해 무지할 수 있고 이는 소크라테스의 아주 오래된 주제입니다. 그리고 찰스 테일러(Charles Taylor)가 아주 명확하게 밝혀냈듯이, [⋯] 스토아주의의 문제는 "나는 누구인가?"였지만 그 답은 내 소관인 것과 내 소관이 아닌 것 간의 구별 속에서 찾게 됩니다. 그리고 제 생각이 내 소관인 것과 내 소관이 아닌 것에 대한 이러한 무지는, 내가 느끼는 욕망이나 내가 갖는 관념이 내 영혼에서 나오는지 아니면 신 혹은 악마에게서 나오는지를 내가 알거나 분별할 수 없을 때 내가 나 자신에 대해서 갖는 환상과는 다른 것입니다. 이것은 그러므로 어떤 변화, 아주 중요한 어떤 변화입니다." Cf. M. Foucault, *Discussion with Michel Foucault*, IMEC/Fonds Michel Foucault, D 250(5), p. 15.

15　Cf. 《자기 해석학의 기원》 [OHS, p. 131] et M. Foucault, "Foucault", art. cit., p. 1452.

제가 '수양culture'이라는 말을 사용했을 때 보여주고자 했던 것은 첫 번째로, 자기 수양이 자기 자신과의 특정한 관계들의 형성을 의미한다는 것입니다. 그리고 그리스 로마 문화의 경우에서 이러한 형성은 제어와 주권의 형식을 취합니다. 이것은 개념적 측면입니다. 두 번째로 그것은 기술들의 총체입니다. 자기는 이러한 관계들을 구축하고, 자기 자신과의 이러한 관계들을 구축하기 위해서 우리는 여러 훈련을 해야 합니다. 명상이라든지, 글쓰기라든지, 독서라든지, 〔…〕* 등등 말입니다. 세 번째로 이러한 수양과 자기와 관계 맺는 기술들은 자기 자신의 구체적인 경험을 내포하거나 생산하거나 끌고 갑니다. 예를 들어 로마 공화정 말기에 키케로가 썼던 편지들과, 〔한 세기〕 후에 세네카가 썼던 편지들, 그리고 물론 아우렐리우스와 프론토가 썼던 편지들을 비교해보신다면, 각각의 관점들이 매우 다르다는 것을 알 수 있을 것입니다. 사람들이 자기 자신에 대해 말하는 방식, 그들이 자신들 고유의 주제에 관심을 갖는 이유, 그들 자신에 대한 그들의 경험에 적절한 것, 이것들은 전혀 다릅니다. 이것이 세 번째입니다. 네 번째로 자기와의 관계들은 단지 사적이고 개인적인 어떤 것이 아닙니다. 저는 이와 관련된 학파들이 있었고 이 주제에 대한 논설들이 있었으며, 이 주제에 대해 글을 썼던 사람들이 있었고, 사람들 사이에 자기 자신에게 고유한 관계들이 있었다고 말씀드렸습니다. 이를테면 세네카와 루킬리우스는 여러 해 동안 그들 고유의 주제에 대한 편지들을 주고받았습니다. 이렇게 이것은 사회적 활동이었습니다. 이 네 가지 양상, 요컨대 개념, 실천, 경험의 유형, 사회적 활동, 그리고 저는 또 거기에 할애된 모든 책들, 그러니까 문학, 철학 등

* 몇몇 단어가 들리지 않는다.

등을 덧붙일 수 있을 텐데요, 이 모든 것들이 자기 수양을 구성합니다. '수양'이라는 말을 사용하는 것이 과하지는[16] 않다고 생각합니다.

문맹률이 매우 높았던 사회에서 자기 수양을 위한 글쓰기의 중요성을 명확히 말씀해주실 수 있으신지요?

첫 번째로, 제가 자기 수양과 관련해서 말씀드렸던 것은 물론 이 교양을 갖춘 사회 계급들에게만 유효한 것이었습니다. 저는 노예들에 대해서는 말씀드리지 않았습니다. 왜냐하면 그들 중 일부가 그리스 로마 시대에 교양 있는 상류 사회에 속했었음에도 불구하고 양적인 관점에서 그리스 로마 세계에 살던 사람들 중 대다수는 이러한 자기 수양과는 아무 상관이 없었기 때문입니다. 그럼에도 불구하고 특권을 누리는 사회 계급 중에는 〔…〕* 문맹자들이 있었다고 말할 수 없습니다. 이를테면 4세기 아테네 시민들은 모두 읽고 쓸 줄 알았습니다. 물론 시민들은 아테네 주민들의 한 부분을 이룰 뿐이지만, 그들의 수는 꽤 많았고, 그들 모두는 읽고 쓸 줄 알았습니다. 이런 관점에서 그들은 훨씬 더, 이를테면 유럽의 17세기에 존재했던 우리의 사회보다도 훨씬 더 교양 있었습니다. 이것이 두 번째입니다.

질문자께서는 글쓰기의 중요성이 무엇이냐고 물으셨습니다. 뭐, 저는 이렇게 말할 수 있다고 생각합니다. 기원전 4세기 이전에 자기 수양의 주된 형식은 기억하는 것이었습니다. 기억은 교훈들,

---

16 푸코는 이 말("과하다")을 프랑스어 exagéré로 표현한다.
* 몇몇 단어가 들리지 않는다.

운문들, 격언들, 그노마이gnômai[17]라고 불리는 것들 중 몇몇 개를 암기하는 것이었습니다. 이것들은 동시에 진실[진리]들이기도 하고 규칙들이기도 하며 간결하고 영원한 진실[진리]들, 시인들과 철학자들, 그리고 현자들에 의해 진술되는 진실들이라는 형태를 취하는 품행의 규칙들이기도 했습니다. 제 생각에 소크라테스의 가르침 중 대부분은 물론 플라톤적 철학의 가르침인데, 우리가 우리 자신과의 관계를 그것을 통해 가질 수 있는 주된 형식인 한에서 기억의 중요성을 향하게 됩니다.[18]

문헌적이지 않은 수단들을 사용해서 자기 자신을 구축할 수도 있을까요? 이를테면 코드화된 이미지들이라든지 아니면 본보기로 제시되는 품행들을 통해서 말입니다.

네, 물론입니다. 그리스와 로마 사회에서는 본보기의 역할이 중요했습니다. 그런데 그 본보기들을 어떻게 알게 되겠습니까? 텍스트들, 이야기들, 책들을 통해서죠. 그래서 저는 문헌적 수양을 대체하는 본보기를 예로 들 수는 없을 것이라고 생각합니다.

하지만 이를 테면 성인 숭배처럼 자기 자신을 구축하는 비문헌적인 다른 방식들이 존재하지 않을까요?

---

17 인식, 가르침, 진실 그리고 규정이라는 뜻을 동시에 갖는 gnômê라는 개념에 대해서는 다음을 참조하라. 《자기 해석학의 기원》(OHS, p. 50 et 51-52, n. a), 《악을 행하고 진실을 고백하다》(MFDV, p. 130). 또한 다음을 참조하라. L. Cremonesi, A.I. Davidson, O. Irrera, D. Lorenzini, M. Tazzioli, dans OHS, p. 62-63, n. 35.

18 고대 세계, 특히 플라톤주의 철학에서 기억이 담당하는 역할에 대해서는 다음을 참조하라. 《주체의 해석학》, 208-109, 354-355, 480-481, 485-486쪽(HS, p. 169-170, 311-312, 437, 441-442).

네, 분명히 그렇습니다. 그걸 부정하진 않습니다. 하지만 질문하신 분께서는 그리스 수양에서 마치 문헌과 본보기라는 것이 서로 배타적인 것처럼 표현하시는 것 같아요. 지배적인 그리스 수양의 경우에 본보기라는 것은 주된 주제들 중 하나였지, 〔문헌을 대체하는 어떤 것은〕* 아니었습니다. 그리고 물론 자기 및 자기 수양의 경우에 우리는 자기 자신을 구축하는 비문헌적인 방식의 이러한 유형을 만나게 됩니다.

지난 몇 십년 동안 일어났던 특정한 움직임들, 이를테면 펑크 음악 같은 것들요, 그것들은 특히 크리스토퍼 래쉬Christopher Lasch[19]같은 사람들에 의해서, 역사와 그 결과들로부터 도피하려는 시도로 여겨졌습니다. 선생님께서는 그것이 그들의 특징이라고 생각하십니까? 그리고 자기 탐구는 우리를 둘러싼 세계로부터 도피하려는 시도를 전제하고 있는 것인가요?

〔우선〕, 아시겠지만 저는 '나르시시즘'이라는 말을 전혀 사용하지 않았습니다. 저는 자기와의 관계들이 나르시시즘과 관련된 어떤 것이라고 생각하지 않습니다. 두 번째로는, 미국에서 매우 두드러지지만 〔…〕** 다른 사회들에도 역시 존재하는 그러한 운동들을 왜 질문자께서는 역사로부터 도피하려는 시도로 간주하시는지 저로서는 잘 이해가 가지 않는데요. 그것은 역사의 한 부분이고, 질문하신 분의 역사의 한 부분입니다. 그리고 제 생각에, 우

---

*　들리지 않는 몇몇 단어를 추측했다.

19　Ch. Lasch, *La culture du narcissisme. La vie américaine à un âge de déclin des espérances*(원제: The Culture of Narcissism: American Life in an Age of Diminishing Expectations)(나르시시즘의 문화: 기대가 줄어드는 시대의 미국에서의 삶)(1979), trad. fr. M. Landa, Paris, Flammarion, 2006.

**　몇몇 단어가 들리지 않는다.

리가 우리 자신과 맺는 관계를 조직하고 구축하며 정의하고자 할 때에, 학교 체계나 정치 체계, 혹은 모든 제도들이 우리에게 제안하는 것은 만족스럽지 못하기 때문에, 자기와의 새로운 관계들을 구축하기 위해 현재 다양한 형태로 행해지는 이러한 노력은 매우 독특한 것 같습니다. 이렇게 우리는 뭔가 다른 것을 추구하고 있죠. 정당들 혹은 교육 체계가 제안하는 이러한 자기와의 관계 유형과 〔사람들이 자기 자신과 맺고자 하는 관계〕* 사이의 이러한 불일치는, 제 생각에는 우리 역사의 일부에 속한다고 생각합니다. 그리고 질문하신 분께서는 그런 것들을 행할 때 자신의 역사로부터 도피하는 것이 아닙니다. 질문자께서는 자기 자신과 맺는 특정한 관계의 본보기로부터, 가장 좋은 것이라고 제시되는 그런 본보기로부터 벗어나고 또 벗어나고자 하는 것이죠.

선생님께서는 그리스 문화에서 스승과 제자 사이의 에로틱한 관계들을 말씀하셨습니다. 자기 수양에서 에로티즘이 수행하는 역할이 어떤 것이었는지 말씀해 주시겠습니까?

보시다시피 제가 앞서 말씀드린 것은, 제가 성현상의 역사를 연구하기 시작했을 때, 혹은 연구하겠다고 하기 시작했을 때는, 사실 성현상의 역사에서 진짜 중요한 문제는 욕망의 문제나 욕망의 억압 등이 아니라는 걸 잘 몰랐고, 의식하고 있지 않았던 것 같습니다. 〔하지만〕 저는 적어도 우리 사회들에서 그리고 아마도 다른 〔…〕** 사회들에서도 자기 구축은 아주 많은 부분, 사람들

---

* 들리지 않는 몇몇 단어를 추측했다.
** 몇몇 단어가 들리지 않는다.

이 그들 자신의 성현상과 맺는 관계 방식에 따라 확정된다는 것을 발견했습니다. 자기와의 관계가 구성되는 영역은 상당 부분 성적 경험입니다. 이건 답변이 아니지만, 저는 자기 구축의 문제와 성현상의 역사 문제는 거의 떼어놓을 수 없다고 생각합니다.[20] 우리는 성적 존재들이고 우리들의 자기는 우리의 성현상의 경험을 통해 구축됩니다. 이 성적 경험은 아마도 (…)* 정신분석이 말하는 것과 가까운 것 같습니다. 하지만 제가 말해야 하는 것은, 설령 정신분석이 성현상을 통해서 자기를 정의할 수 있다 할지라도, 그 이유는, 우리 사회에서 사실 자기와 맺는 관계는 이러한 성현상의 경험을 통해 구축되었거나 구축되기 때문입니다.

오늘날 우리 사회의 스승과 제자 관계는 그리스 사회의 스승과 제자 관계와 비교했을 때 어떤 점이 바뀌었나요?

저는 그리스 사회에서 스승 혹은 선생과 제자 간의 관계가 성적인 특징을 가지고 있었다고 말씀드리지는 않았습니다. 사실 아시다시피 철저한 성적 절제의 철학적이고 윤리적인 첫 번째 정의를 그리스 문화에서 발견하실 수 있는데 그것은 소년들, 소년

---

20   Cf. M. Foucault, "Sexualité et pouvoir", conférence cit., p. 570 et "Préface à l'"Histoire de la sexualité"", art. cit., p. 1402-1043. 《성의 역사-제1권 앎의 의지》에서 푸코는 서양에서 성의 '문제'와 관련해 전개된 상반되는 두 절차를 기술한다. 요컨대 "성에게 진실을 말하도록 요구하는 절차"와 "우리의 진실을 말하도록 성에게 요구하거나 혹은 우리가 즉각적인 의식 속에 소유하고 있다고 믿는, 우리 자신에 대한 이 진실의 깊이 숨겨진 진실을 말하도록 성에게 요구"하는 절차이다. 바로 이런 식으로, 푸코가 보기에 "몇 세기 전부터 서서히, 주체에 대한 지식이 구성되어 왔다." Cf. 《성의 역사-제1권 앎의 의지》, 91-93쪽(VS, p. 93). 하지만 시간을 거슬러 올라가면서 푸코는, 성적 경험을 통해 자기와의 관계를 구축하는, 다른 형식들, 근대적 형식과는 근본적으로 다른 이 형식들을 발견한다. 이러한 부분들을 푸코는 특히 그의 콜레주드프랑스 강의 《주체성과 진실》, 그리고 《성의 역사》 제2권과 제3권에서 탐구한다. 더 나아가 그가 1980년 강의 《자기 해석학의 기원》에서 설명하는 바와 같이, 푸코가 모든 사회 속에서 '자기 테크닉'의 실존을 발견하게 된 것은 특히 성현상의 경험을 연구하면서이다. Cf. 《자기 해석학의 기원》(OHS, p. 38).

*   이 구절의 일부분이 들리지 않는다.

애, 소년들에 대한 스승들의 사랑과 관련되어 있었습니다.²¹ 이른바 그리스도교의 금욕주의, 소위 육욕과 신체, 성, 성적 쾌락 등등의 포기, 그것들은 이미 그리스의 주제였습니다. 하지만 그리스에서 그것들은 여성들과 관련되어 있지도 않았고, 보편적인 성과 관련되어 있지도 않았습니다. 그것은 소년들과 관련된 것이었습니다. 대부분의 역사학자들이 익히 잘 알려진 그리스의 동성애와 관련해 다음과 같은 사실을 보려고 하지 않는 것은 참 역설적입니다. 요컨대 남성들 간의 관계 아니면 적어도 소년들과 〔성인〕남성들 간의 관계가 자유로웠던 바로 **이** 사회 속에서 완전한 성적 포기에 관한 서구 최초의 정식이 발견된다는 사실 말입니다.

선생님께서는 《감시와 처벌》에서 규범들에 대해 말씀하신 적이 있지요. 그리고 우리 사회에서 규범을 특징짓는 것은, 규범이 합리성과 결부되어 있다는 점이라고 하셨습니다. 그 말씀인즉슨, 만약 우리가 뭔가를 한다면 그것은 그것이 우리에게 좋다는 것을 우리가 알기 때문이라는 것입니다. 그 규범들은 생명관리권력이라고 하는 그런 형태의 권력과 연결되어 있는 겁니까? 규범과 합리성은 어떤 관계가 있는 건가요?

계몽에 대한 질문을 하신 것 같군요, 아닌가요? 규범들은 각 사회에 존재한다고 말씀드려야 할 것입니다. 법만 존재하는 사회는 없습니다. 〔사법 체계와〕* 규범들이 있죠. 하지만 저는, 질문하

---

21 성인 남성과 소년이 맺는 성적 관계를 문제 삼는 그리스적인 방식에 대해, 그리고 교육적 에로티시즘이 "성적 특질을 상실해가는 것(désexualisation)"에 대해서는 다음을 참조하라. 《주체성과 진실》(SV, p. 93-97). 또한 다음도 참조하라. M. Foucault, "Le souci de la vérité", dans DE II, n° 350, p. 1490 et 《쾌락의 활용》, 36쪽(UP, p. 27).
* 알아듣기 힘든 구절을 추측했다.

신 분께서 언급하신 책에서도 강조되어 있지만, 전통적으로 사법 체계였고 지금까지도 여전히 사법 체계인 바 내에서 규범적 체계의 개입을 보실 수 있다고 생각합니다. 우리의 사법 체계, 적어도 형법 체계와 민법 체계는, 규범들에 대한 명확하고 항구적인 준거가 없다면 우리 사회 내에서 기능할 수 없습니다. 아주 단순한 예를 들자면, 광기라는 것, 규범적인 품행이라는 것, 정신병이라는 것 등등에 준거하지 않으면서 형법 체계[22]를 작동시킬 수는 없습니다.[23] 사법 체계와 규범 체계 사이의 이러한 개입, 이러한 상호 간섭은, 우리가 현재로서는 모순적이지 않거나 동질적인 체계로 조직해낼 수 없는 어떤 것입니다. 규범 체계와 법률 체계의 이러한 이질성은 제 생각에 우리의 특정한 실천들에 산재하는 수많은 어려움들의 원천입니다.

사법 체계에 결부된 이 규범들은 우리에게 좋은 것에 관한 구체적 이론의 대상이 되어야 하지 않을까요?

아닙니다. 제 생각에 규범들$_{normes}$은 다른 어떤 것입니다. 우리가 품행을 분석할 때 동원한다고 상정되는 규정들$_{règles}$, 규범은 그런 것이 아닙니다.

---

22   푸코는 이 말('형법 체계')을 프랑스어 système pénal로 표현한다.

23   이 주제에 대해서는 특히 다음을 참조하라. 《감시와 처벌》, 280-302, 450-465쪽(SP, p. 180-196, 303-315); M. Foucault, "L'évolution de la notion d'"individu dangereux" dans la psychiatrie légale du XIXe siècle", dans DE II, n° 220, p. 443-464; MFDV, p. 211-228.

캘리포니아대학교
버클리캠퍼스
사학과에서의 토론

제가 드리고 싶은 질문은 선생님이 취하시는 연구 방법론의 축의 변화에 관한 것입니다. 선생님께서는 애초에 취하셨던 고고학적 접근법으로부터, 니체에 관한 텍스트에서 묘사하셨던[1] 계보학적 접근법으로 이행하셨습니다. 급진적인 단절인가요? 아니면 계보학은 담론의 바깥에 있는 권력 및 장치들에 관심을 가진다는 점에서만 고고학과 다른 것인가요? 역사적 방법론이라는 관점에서 고고학과 계보학 간에 존재하는 차이를 어떻게 묘사하시겠습니까?

좋은 질문이십니다. 어려운 질문이기도 하구요. 제 생각에 저는 매우 다른 의미에서 두 다른 일련의 문제들을 지시하기 위해 두 용어를 이용했던 것 같습니다. 제가 '고고학적 탐구'라는 표현을 사용했을 때 저는 제가 한 작업을 사회의 역사와 구별하고 싶었습니다. 왜냐하면 저는 사회를 분석하기보다는 담론 현상들과 담론들을 연구하고 싶었기 때문입니다. 그리고 또 저는 마찬가지로 담론들의 이러한 분석을, 철학적 해석학이라고 할 수 있는 것과 구분하고, 요컨대 말해지지 않았던 것 같은 어떤 것의 해독을 통해서, 말한 것과 해석하는 것을 구분하고 싶었습니다. 그리고 제가 고고학적 탐구라는 표현을 사용하면서 말하고 싶었던 것은, 제 관심을 끄는 것이 사건 혹은 일련의 사건들로서 분석되어야 하는 일련의 담론이라는 점이었습니다. 어떤 것이 말해졌고 이러저러한 것이 말해졌습니다. 그리고 특정한 방식으로 이런 종류의 담론적 사건들은 다른 모든 것들과 마찬가지로 사건들이지만, 그것들은 독특한 지위와 독특한 효과들을 수반합니다. 그로인해 담론적 사건들은 예를 들어 경제적 사건과 같은 것 – 전투와

---

1   M. Foucault, "Nietzsche, la généalogie, l'histoire", art. cit.

같은 것 혹은 인구통계학적 변동… 같은 것과는 다른 것이 됩니다. 이상이 바로 제가 고고학이라는 말로 의미하고자 한 것이구요, 이것은 제 연구의 방법론적 틀입니다.

제가 계보학이라는 말을 통해 의미하고자 하는 바는 이 담론을 사건으로서 분석하는 이유와 그 목적입니다. 그리고 제가 보여드리려는 것은, 이 담론적 사건들이 어떻게 우리의 현재를 이루고 있는 바를 결정하는지, 또 우리 자신, 우리의 인식, 우리의 실천, 우리 식의 합리성, 우리가 우리 자신과 맺는 관계와 우리가 타자와 맺는 관계들을 구성하는 바를 어떻게 결정하는가입니다. 바로 이것이 계보학입니다. 그러므로 저는 계보학이 분석의 목표라는 것, 그리고 고고학은 그것의 물질적이며 방법론적인 틀이라는 것을 말씀드리고자 합니다[2].

이렇게 말씀드리는 게 옳을지 모르겠습니다만, 고고학이 여러 담론과 에피스테메들의 불연속성에 방점을 두고 있는 반면에, 계보학은 연속성과 일정한 방식으로 현재가 과거 속에서 예견될 수 있는 방식에 더 관심을 갖는 건가요?

아시게 되겠지만, 제가 말씀 드리려는 것은 꼭 그렇지는 않습니다. 제 연구의 일반적인 주제는 사유의 역사입니다.[3] 우리는 어떻게 사유의 역사를 연구할 수 있을까요? 제 생각에 사유는

---

2   이 책 67쪽 각주 29, 71쪽 각주 31 참조. 1984년 미국에서 출간된, 칸트와 계몽에 관한 논고에서 푸코는, 비판이 "그 목적의 측면에서는 계보학이고 그 방법의 측면에서는 고고학"이라고 단언한다 (Cf. M. Foucault, "What is Enlightenment ?", art. cit., p. 1393). 푸코는 이 방법론적 고고학-방법론/계보학-목적론이라는 도식을 1980년에 이미 버클리의 howison Lectures에서 소개한 바 있다. 거기서 그는 "(그의) 기획의 목적은 주체의 계보학을 구축하는 것"이며 "그 방법론은 지식의 고고학"이라고 설명한다. Cf. 《자기 해석학의 기원》(OHS, p. 36, n.b.) 또한 다음을 참조하라. 이 책 154쪽을 참조하라.
3   이 책 101쪽 각주 11.

당연히 담론들과 분리될 수 없습니다. 그리고 어쨌든 우리는 담론들을 통해서가 아니라면 우리가 현재 하고 있는 사유, 우리 자신의 사유, 동시대의 사유, 혹은 우리보다 앞선 시대 사람들의 사유에도 물론 접근할 수 없습니다. 그렇기 때문에 고고학적 연구가 필요합니다. 그리고 이것은 연속성이나 불연속성과는 아무 관계가 없습니다. 이 담론들 속에서는 불연속성뿐만 아니라 연속성도 발견할 수 있습니다. 예를 들어 지금 제가 성 윤리의 역사를 고찰할 경우 저는 기원전 4세기부터 오늘날까지 정확히 동일한 성 윤리와 관련된 정식들이 발견된다는 것을 인정할 수밖에 없습니다. 결혼, 정절 등과 관련된 이론은 동일하고, 적어도 기원후 1세기부터 오늘날에 이르기까지 동일합니다.[4] 그러므로 연속성이 존재합니다. 하지만 다른 담론 체계, 예를 들어 과학적 담론 체계 내에서는 불연속성이 발견됩니다. 이것은 대단히 충격적인 사실인데 우리의 문화 체계와 또 이 고고학적 탐구 내에서 윤리의 영역 내에서 수 천년에 걸쳐 이러한 연속성이 발견되지만 과학의 영역 내에서는 대단히 급격한 변화들이 발견됩니다. 너무나 변화들이 급진적이어서 예를 들어 18세기 초의 의학 서적을 읽어보시면 도대체 사람들이 무슨 말을 하는지, 어떤 종류의 병이 문제가 되는지조차 파악할 수 없는 경우가 많습니다. 그것은 대단히 난해해서 그 책들에서 무엇이 논의되는지, 어떤 종류의 병들이 논의되는지를 알기 위해서는 온갖 종류의 번역이 필요합니다. 하지만 19세기초 비샤나 라에넥 이후에 쓰여진 책을 읽어보시면 책에서 무엇이 논의되고 있는지를 쉽게 파악할 수 있고 그것이 참인지 거짓인지를

---

4 제정기부터 오늘날에 이르기까지 그리스도교를 거치면서 성 윤리를 "체계화하는 골조"의 연속성에 대해서는 다음을 참조하라. 《주체성과 진실》(SV, p. 229-234, 257-259).

확인할 수 있습니다. 반면에 18세기 중엽에 쓰여진 대부분의 책들을 읽어보시면 그것이 참인지 거짓인지를 정확히 말할 수조차 없습니다. 왜냐하면 그것들이 의학적 관점에서는 실제적으로 우리에게 의미를 갖지 않기 때문입니다.[5] 그래서 이 경우 대단히 급진적인 변화와 실제적인 불연속이 있다고 말할 수 있습니다. 하지만 이것은 하나의 보편적인 원리가 결코 아닙니다.

선생님께서는 미국에서 종종 고고학적 방법론에서의 변화를 설명하지 않는다고 비난을 받으시는데요. 현재 사용하시는 계보학적 방법론을 통해 그 변화의 이유들에 더 세심한 주의를 기울이시는 겁니까, 아니면 괄호에 넣고 관심의 중심에 놓고 있지 않으신 겁니까?

제가 이 불연속의 문제에 관해 충분히 명확히 하지 않았다는 걸 알고 있습니다. 그건 제게 별로 중요하지 않습니다. 그리고 제 기억에, 저에 관한 소개글 한 줄이 이랬습니다. 제 이름〔이 나오고 그 옆에〕불연속의 철학자〔라고 쓰여 있었습니다〕. 충격을 받았죠. 그리고 정말 아무도 그날에는 저에게 제가 그 점과 관련해 잘못 알고 있다고 지적하지 않았습니다. 16세기 말부터 19세기 초까지의 어떤 역사를 보면, 적어도 과학의 역사를 보면, 의학이나 자연사 혹은 경제 등등에서 매우 중요한 이 변화들을 확인할 수 있을 겁니다. 그리고 저는 물리학, 혹은 이를테면 화학의 문제는 한 켠에 내버려둡니다. 거기서는 제 생각에 너무나 극적인 변화들을 발견할

---

5 Cf. 《담론의 질서》, 28쪽〔M. Foucault, *L'ordre du discours*, paris, Gallimard, 1971, p. 35-36〕. "각 과목들은, 그 한계들 내에서 참되거나 그릇된 명제들을 식별해 낸다. 그러나 그들은, 그 여백들의 다른 측면에서, 지식의 모든 시원성을 거부하는 것이다. 〔…〕 하나의 명제가 한 과목에 속할 수 있으려면 그것은 복잡하고 무거운 조건들을 만족시켜야 하는 것이다. 틀리다 또는 맞다고 말하기 이전에, 그것은 캉길렘이 말했듯이 '맞는 것' 안에 있어야 하는 것이다."

수 있으니까요. 이것들은 사실이고, 물론 그 사실들을 사회의 변화 등으로 환원시키거나 혹은 사회의 변화 등을 통해 이러한 사실들을 설명하려고 할 수도 있습니다. 저는 그렇게 생각하지 않습니다. 그리고 저는 이 극적인 과학의 변화들은 그것과 상관적이고 평행하며 유사한 변화를 통해 적절히 설명하는 것은 어디서도 읽어본 적이 전혀 없습니다. 그리고 아무도 저를, 16세기에서 19세기 초까지의 자본주의 사회의 변화들이 16세기의 자연사를 19세기의 생물학으로 인도하는 변화를 만족스러운 방식으로 설명한다고 납득시키지 못했습니다. 왜냐하면 제 생각에 과학적 사유는 어떤 역사성—이 단어historicité가 영어에서 어떤 의미를 갖는지는 모르겠는데—의 유형, 어떤 변화의 유형, 변화하는 방식을 갖고 있기 때문입니다. 이 변화의 방식은 대단히 특수하고 어떤 의미로는 같은 순간에 거의 모든 것을 변화시킬 수 있는 가능성을 내포하고 있습니다. 가능성일 뿐만 아니라 저는 그것을 필연성이라고 말해야 할 것 같습니다. 이것은 과학적 사유의 본질적인 몇몇 특징들과 관계가 있고 또 과학적 사유가 수미일관된 사유라는 사실과 관계가 있습니다. 따라서 어떤 것이 특정 지점에서 변화할 때에는 나머지 것들도 변화시켜야만 합니다. 그리고 물론 변화의 여러 수준이 있습니다. 가끔은 개념만을 바꿀 수 있지만 또 가끔은 이론을, 또 가끔은 쿤[6]이 말했던 의미에서의 모델을 바꿀 수도 있습니다. 가끔은 그 모델 이상을 바꿔야 할 때도 있고, 또 가끔은 거의 모든 것, 즉 대상들과 영역, 합리성의 유형, 모델, 이론, 개념들을 죄다 바꿔야 할 때도 있습니다. 그리고 이러한 극적인 변

6   Cf. 《과학 혁명의 구조》, 김명자·홍성욱 옮김, 까치, 2013〔Th.S. Kuhn, *La structure des révolutions scientifiques* (1962), trad. fr. L. Meyer, Paris, Flammarion, 1983〕.

화들 내에서 거의 모든 것들, 즉 영역, 대상, 합리성의 유형이 〔변화했고〕, 이것은 과학사 내에서 종종 발견할 수 있는 바입니다. 예를 들어 19세기 중반부터의 유전학의 역사를 한번 보세요. 그리고 근대 과학의 토대 중 하나인 다윈의 유전학을 생각해보세요. 다윈의 유전학은 우리 시대의 유전학과는 완전히 다르고 이질적입니다. 하지만 멘델과 드브리스 이후 19세기 말과 20세기 초에, 거의 모델의 변화뿐만 아니라 새로운 연구의 영역이 출현했고, 멘델과 드브리스 사이의 그 30년 사이에 아주 극적인 변화를 발견하실 수 있으실 겁니다. 이것은 혁명의 전개도 아니고 산업의 전개도 아닙니다. 나쁜 의미에서 유전학 도약의 원흉으로 지목받거나 혹은 좋은 의미에서 그 원인으로 인정받는 제국주의도 아닙니다. 그것은 이러한 역사성의 유형과는 아무 관계도 없는 어떤 것이었습니다.

제가 이러한 유형의 변화에 흥미를 가졌던 것은 제 책 중 하나인 《말과 사물》[7]에서였는데, 거기서 저는 경험과학들이 어떻게 17세기와 18세기에 극적으로 변화하며 전개되었는지를 보여드리려고 시도했습니다. 이 극적인 변화들에는 그 어떤 외적 원인도 없었고, 적어도 그 누구도 저에게 그 원인을 제시하지 못했습니다. 하지만 저는 이런 종류의 원인들을 모두 거부하자는 원칙을 가졌던 것은 아닙니다. 그리고 예를 들어, 제 이야기를 해서 죄송하지만 질문을 하셨으니까요, 광기에 대한 제 책[8]에서 저는 어떻게 특정한 상황이, 광기와의 특정한 관계, 혹은 적어도 광인들

7   《말과 사물》(M. Foucault, *Les mots et les choses. Une archéologie des sciences humaines*, Paris, Gallimard, 1966).
8   《광기의 역사》(M. Foucault, *Histoire de la folie à l'âge classique*, Paris, Gallimard, 1972 (première édition: *Folie et Déraison, Histoire de la folie à l'âge classique*, Paris, Plon, 1961)).

과의 특정한 관계가 16세기와 18세기 초 사이에 변화했는지를 보여드리고자 했습니다. 이러한 변화들은 산업 사회의 발전이나 실업 위기처럼, 사회적 절차들에 의해 야기되었고, 17세기 무직자들의 문제는 거대한 구빈원들이 구성되는 등의 원인이기도 했습니다. 이 모든 것들은 사회적 맥락이며, 이 사회적 맥락으로 이해할 수 있게 되는 것은, 광기에 대한 이러저러한 과학적 이론이 왜 전개되었는지가 아니라, 왜 광기가 특정한 순간에 문제로 여겨지게 되었는지입니다. 그리고 제 생각에는 바로 이것을 강조해야 합니다. 이것은 어떤 과학적 모델이나 과학적 합리성 등등 내에서 변화를 설명하는 것과는 차이가 있습니다. 그리고 저는 과학적 합리성 내에서의 변화가 사회적 절차들에 의해서 설명될 수 있다고 생각하지 않고, 오히려 반대로 어떤 것이 과학적 문제가 되고 사회가 관심 가져야 할 문제로서 불쑥 나타난다는 사실이 사회적 절차들에 의해 설명될 수 있다고 생각합니다. 그리고 광기의 사례에서 이러한 것을 발견할 수 있다고 저는 생각합니다. 왜 질환, 신체 질환은, 18세기 말에 진정한 사회적 문제가 되었고, 왜 우리는 그 거대한 병원 등을 조직할 수밖에 없었을까요? 확실히 사회적 이유, 경제적 이유, 인구통계학적 이유들이 있었고, 또 도시 계획이나 도시 등등의 발전, 전염병 등등 이 모든 것들이 왜 신체 질환이 사회적이고 정치적인 거대 문제가 되었는지를 설명합니다.[9] 그리고 이 문제의 등장으로 인한 효과들을 볼 수 있는 아주 중요한 작품들이, 프랑스 책인데, 이름이 뭐였죠? 《의학…》 뭐였는데, 아니면 보건 정책에 관한 여덟 권짜리 독일 책이 있는데, 죄송합

---

9   Cf. M. Foucault, "La politique de la santé au XVIIIᵉ siècle", dans DE II, n° 168, p. 13-27; "La naissance de la médecine sociale", dans DE II, n° 196, p. 207-228; "La politique de la santé au XVIIIᵉ siècle", dans DE II, n° 257, p. 725-742.

니다 제목이 생각 안 나네요.[10] 어쨌든 이 책들은 사회 전체와 관련된 사회적이고 정치적인 문제로서의 질환, 신체 질환의 출현을 알리는 중요한 징후들 중 하나였습니다. 하지만 몇 년이 흐르고, 비샤는 이러한 종류의 특정한 증상들을 분석하기 위해 특정 유형의 합리성을 사용하게 됩니다. 이 합리성의 유형은 사회적 절차 분석을 통해 발견하실 수 있습니다.

그렇다면 선생님께서는 고고학을 그만둔 적이 전혀 없으신 겁니까?

그렇습니다. 저는 고고학을 그만둔 적이 없고, 계보학을 그만둔 적이 없습니다. 계보학은 작업의 목표와 목적을 정의하고, 고고학은 계보학을 하기 위해 다루는 영역을 지시합니다.

전문 분야로서의 역사는 왜 프랑스에서 중요해졌을까요?

제 학생 중 하나가 그 분야에서 일합니다. 저는 프랑스에서의 역사 연구들이 17세기 말과 18세기 초에 대단히 중요한 발전을 했다고 생각했습니다. 각자의 권리의 토대와 관련해서 귀족정과 군주정이 갈등 상태에 들어간 시기였지요. 군주정은 귀족적 사회구조의 표현에 불과한 것일까요, 아니면 국민, 제3신분,[11] 부르주아지가 그 뿌리인 걸까요? 이것은 매우 중요한 문제였습니

---

10   "La politique de la santé au XVIIIᵉ siècle"의 두 번째 버전(art. cit., p. 740-742)에서 푸코는 프랑스어나 독일어로 쓰여진 몇몇 책들을 인용하는데, 여기서 푸코가 암시하는 두 작품도 그에 속한다. 특히 다음을 참조하라. J. P. Frank, *System einer vollständigen medicinischen Polizey*, Mannheim, C.F. Schwan, 1779-1790. 또한 "La politique de la santé au XVIIIᵉ siècle"의 첫 번째 버전(art. cit., p. 17-18) 과 "La naissance de la médecine sociale", coférence cit., p. 212, 그리고 "La technologie politique des individus", conférence cit., p. 1633-1634를 참조하라.
11   푸코는 이 말(제3신분)을 프랑스어 tiers état로 표현한다.

다. 그리고 17세기 말과 18세기 초 사이, 루이 14세[12]의 방대한 행정 군주제가 쇠락하기 시작했을 때, 이 역사에 대한 학술 연구들이 급증하는 것을 목격할 수 있습니다. 이 연구들의 성격은 사법적인 동시에 역사적이고, 사법적 연구와 역사적 연구들 간의 연결고리는 매우 명백합니다.[13] 그러므로 이건 제 가설이었지만 그 학생에게 이렇게 말했습니다. 하지만 그 학생은 지금은 다른 것을 발견했습니다. 그것은 모두 17세기 초의 수사들과 베네딕트회 수사들에 의해 이루어진 연구들이었던 것입니다. 이 연구들은 〔역사 연구〕의 가장 중요한 뿌리가 되었던 것 같습니다. 물론 반종교개혁의 분위기 속에서 이것은 매우 눈여겨볼 만합니다. 이것은 도식일 뿐이고 아주 단순화시킨 것이지만, 우리는 이렇게 말할 수 있을 것입니다. 종교개혁에서의 문제는 최초의 텍스트, 즉 성서로 돌아가자는 것이었고, 물론 〔종교개혁자들〕에게도 성서에 관한 역사 연구는 매우 중요했지만, 역시 역사 연구들보다는 해석학의 문제가 훨씬 더 중요했다고 말입니다. 성서를 어떻게 해석할 것인가? 왜냐하면 우리는 성서 속에서 현재의 의미를 발견해야 하기 때문이죠. 이것은 해석학의 문제입니다. 반종교개혁과 가톨릭 신도들에게서 문제는 매우 달랐습니다. 초기 그리스도교 시대로부터 당시에 이르기까지의 연속성을 발견하고 정당화하고, **이러한** 연속성의 토대, 즉 그것의 역사적 토대, 역사적 정당화를 설정하는 것이 관건이었습니다. 이렇게 어떤 의미에서는, 종교개혁을 특징짓는 해석학적 방향과 가톨릭을 특징짓는 역사적 정당화 사이에서

12　푸코는 이 말(루이 14세)을 프랑스어 Louis XIV로 표현한다.

13　역사-정치적 담론의 탄생에 관해서는 다음을 참조하라. 《사회를 보호해야 한다》, 79-100쪽〔M. Foucault, *Il faut défendre la société. Cours au Collège de France. 1975-1976*, éd. M. Bertani et A. Fontana, Paris, Seuil-Gallimard, 1997, p. 42-53〕.

이러한 도식과 차이를 볼 수 있습니다. 이것은 하나의 가설이 될 수 있을 것입니다.

선생님께서 말씀하신 변화들을 이해하기 위해서, 역사를 기술하는 테크닉들에 관심을 갖는 것이 중요하다고 생각하십니까? 저는 이를테면 16세기에 시간 단위로서의 '세기'라는 개념이 출현한 것을 생각해보는데요, 그것은 역사를 기술하는 방식을 아주 크게 바꿔 놓았습니다.

확실히 그렇습니다. 그리고 물론 이를테면 사료 수집의 문제는 매우 중요했고 또 연속성 구축의 문제와 직접적으로 연결되어 있었지요. 이를테면 종교개혁의 갈등이 있었기 때문에 가톨릭 신도들과 반종교개혁은 연속성을 정당화할 수 있는 모든 사료들을 수집하게 되었습니다. 그리고 이 거대한 교부 문학의 총서는 17세기 초에 시작되었습니다. 정확히 말해 이것은 글쓰기의 테크닉이 아니라, 엄청나게 중요한 수집의 테크닉입니다. 물론 글쓰기 자체의 문제, 연대기들의 문제, 행정 기록문서들의 문제도 역시 마찬가지로 중요합니다. 방대한 행정 기록보관학이 시작된 것은 17세기부터였습니다. 이 모든 것은 매우 중요합니다. 여기에는 제가 시간의 테크닉이라고 부르고자 하는 것이 있습니다. 그것들은 발전되었고 역사인식 발전의 기술적·물질적 조건들이었습니다.

《감시와 처벌》에서 선생님은 형법과 감옥 체계를 통해서 규율 사회에 접근하시는데요, 하지만 다른 주제들에 대해서도 말씀하시지 않습니까? 사회 복지assistance sociale나 교육 같은 것 말입니다. 형법과 감옥 체계가 규율 체계의 역사적 발전 내에서 결정적인 역할을 한다고 말하는 것이 옳을까요? 그리고 계속해서 그런 역할을 하게 될까요?

우선, 제가 그 책에서 감옥에 대해 말씀 드리고자 했던 것은, 규율 사회가 감옥들의 발전과 더불어 시작되었다고 하는 것이 아니었습니다. 저는 완전히 반대라고 말씀드리겠습니다. 왜냐하면 제가 그 영역을 연구했을 때 저를 사로잡았던 문제는 다음과 같은 것이었기 때문입니다. 18세기 사회개혁가들이 쓴 책들을 읽을 때, 거기서 이를테면 수감과 같은 모든 체계에 대한 매우 강한 적대성을 발견하실 수 있을 겁니다. 그 이유는 매우 단순합니다. 적어도 프랑스, 이탈리아, 그리고 독일의 체계들 내에서—영국의 경우는 조금 달랐는데—감옥은 처벌이 전혀 아니었습니다. 그것은 개인들에 대해, 법 바깥에서, 사법 체계 바깥에서 사법 제도들 바깥에서 행해지는 행정적 조치였습니다. 그것은 다만 행정 당국, 군주권이 어떤 사람을 제거하고 싶을 때 그 사람을 감옥에 집어넣는 식으로 행해졌습니다. 그러므로 감옥은 사람들이 새롭고 적합한 형사 사법을 구축하거나 상상하려고 하면서 연구했던 것과는 정확히 반대되는 것이었습니다. 18세기 중반에 감옥 비판은 보편적입니다. 그리고 18세기 말에 프랑스와 독일 등지에서 새로운 형법전과 더불어 발생해 조직되고 제도화된 바가 무엇인지를 살펴보시게 되면 도처에서 감옥〔이 탄생하는 것〕을 발견하실 수 있습니다. 그것은 처벌의 원칙이고 가장 중요한 수단이었습니다. 왜 그렇게 바뀌었을까요? 바로 이것이 제가 문제 삼았던 바, 이 책의 주제입니다.[14] 제 생각에 그 이유는 물론 감옥이 군주가 전횡하는 상징이었음에도 불구하고 감옥과 감금이 처벌을 위해서뿐만 아니라 죄수들 및 수감자들을 교화하는 데 아주 좋은 수단, 아주 좋은 도구가 될 수 있다는 사실이 발견되었기 때문입니

14   Cf.《감시와 처벌》, 184-209쪽〔SP, p. 116-134〕.

다. 그리고 그들의 영혼, 그들의 태도, 그들의 품행 등등에서의 이러한 교정, 이러한 변화는 어떻게 획득될 수 있다고 가정되었을까요? 규율 테크닉들을 통해서입니다. 그리고 이 규율 테크닉들은 어디서 발견될까요? 학교, 군대에서는 17세기 중반부터 규율들이 이용됩니다. 예전의 감옥이 아니라, 이 모델, 즉 학교의 모델이나 군대의 모델 등에 따른 형벌제도 구축이 시도되었습니다. 그러므로 다른 제도들 내에서 발전되었던 규율 체계의 (최종적인) 표현 혹은 결과, 최종적 결과들 가운데 하나로서 형벌 체계를 보실 수 있습니다.¹⁵ 그리고 이런 일들이 자주 있었기 때문에, 규율 체계의 이러한 최종적 사용은 다른 영역들에서도 규율 테크닉들의 새로운 발전을 위한 모델이 되었습니다. 벤담의 판옵티콘은 이런 관점에서 매우 흥미롭습니다. 왜냐하면 벤담은 규율기관 내에서처럼 사람들을 가공하고 만들어 내며 교정하는데 적합한 감옥을 조직하기 위해 판옵티콘을 창안해 냈는데, 그러고 난 연후에 그는 이 판옵티콘이 공장이나 학교 등지에서도 마찬가지로 사용될 수 있으리라고 생각했던 것입니다.¹⁶ (그러므로) 그 발전을 보실 수 있습니다.

그러므로 감옥은 이 규율 체계의 일부일 뿐입니다. 제가 규율 체계라고 말할 때, 저는 이 모델에 따라 사회가 조직되었다고 말하고 싶지는 않습니다. 제가 규율 체계라고 부르는 것은 어떤 '제도 전체'라기보다는 오히려 어떤 합리성의 유형입니다. 이것이 고프먼¹⁷이 기술했던 것과의 차이, 다시 말해 어떤 특정한 조직,

15   Cf. 《감시와 처벌》, 213-302, 346-347, 457-459쪽(SP, p. 137-196, 228-229, 309-310). 다음도 참조하라. M. Foucault, *La société punitive. Cours au Collège de France. 1972-1973*(처벌사회-콜레주드프랑스 강의 1972-1973), éd. B. E. Harcourt, Paris, Seuil-Gallimard, 2013, p. 240-244.

16   Cf. 《감시와 처벌》, 309-323쪽(SP, p. 201-210). 다음도 참조하라. 《정신의학의 권력》, 73-74, 117-126쪽(PP, p. 43, 75-81).

내적인 조직을 갖춘 구체적인 제도들과의 차이입니다. 제가 규율 체계라는 것으로 의미하고자 하는 바는 오히려 일정 유형의 합리성입니다. 요컨대 우리는 어떻게 다른 사람들을 통치할 수 있고, 다른 사람들을 가르칠 수 있으며, 사람들이 특정한 방식으로 처신하도록 할 수 있을까, 라는 것 말입니다. 가장 좋은 수단은 무엇이고, 가장 경제적인 수단은 무엇이며, 거기에 다다르기에 가장 효과적인 수단은 무엇일까요? 제 생각에는 바로 이것이 규율입니다. 일정한 시간이 지난 이후에, 이 규율 체계를 시도한 지 한 세기가 지나고, 우리는 그것이 가장 경제적인 수단이라기보다는 오히려 비용이 아주 많이 드는 수단이라는 것, 이 규율 테크닉들보다 사람들을 형성시키고 관리하는 훨씬 더 효율적이고 은밀하며 함축적인 수단들이 있었다는 것을 확인하게 되었습니다. 예를 하나만 들겠습니다. 18세기 초에 적어도 프랑스에서 큰 공장들이 어떻게 조직되었는지를 살펴보면, 규율 합리성의 모델을 취하고 있다는 것을 아주 잘 아실 수 있습니다. 전체적인 조망 그리고 매우 엄격한 규칙들 등과 더불어서 말이죠. 어느 정도였냐 하면, 18세기 후반 프랑스에서 거대한 광산들을 개발할 때 정부는 군인들을 광부로 사용하거나 광부들을 군인들로 변형시키려는 생각을 품고 있었습니다. 왜냐하면 정부는 군대라는 적절한 규율 조직이 있다고 생각했고, 또 노동자 계급은 효율적이고 온순한 존재이기 위해 군대처럼 조직되어야 한다고 생각했기 때문입니다. 하지만 19세기 중반 혹은 1820~30년대 이미, 규율 테크닉들은 온순한 노동자들을 배치하기 위한 좋은 수단이 결코 아니라는 것을, 그

17　Erving Goffman (1922-1982). "총체적 제도total institutions" 개념에 대해서는 다음을 참조하라. E. Goffman, *Asiles. Études sur la condition sociale des maladies mentaux et autres reclus* (1961), trad. fr. L. et C. Laîné, Paris, Éditions de Minuit, 1968.

리고 보험이나 저축은행과 같은 시스템이 이러한 군대 규율보다 훨씬 더 효율적이라는 것을 깨닫게 되었습니다. 이렇게 해서 관리하고 조직하는 새로운 유형이 이 시기부터 발전하게 됩니다. 우리는 그것을 보험 관리 체계le système de contrôle assurantiel라고 부를 수 있습니다. 〔그리고〕이것은 규율 체계와는 전혀 다르고, 그것보다 훨씬 더 효율적이며 훨씬 더 수용 가능한 체계입니다.

그러니까 만약 우리 시대의 규율 테크닉들을 연구하고자 한다면, 연구의 시작점으로써 감옥 체계를 취하지는 말아야겠군요.

그렇습니다. 제 생각에 질문자께서는 한 시기에 매우 특징적인 일정 유형의 〔체계〕, 테크닉, 테크놀로지인 규율 체계보다는, 오늘날 사람들을 이러저러한 방식으로 처신하게 하기 위한 훨씬 더 섬세한 다른 수단들을 발견하실 수 있을 것 같습니다. 그리고 규율 체계는 효율적인 수단이 아닙니다. 예를 하나 들겠습니다. 언제나 규율 테크닉의 온상이고 요람이었던 군대 내에서조차도 요즘 시대에는 규율 테크닉들이 대단히 많이 변화했습니다. 그리고 저는 세계에서 가장 효율적인 군대 중 하나인 이스라엘 군대를 말씀드리고 싶은데요, 거기서 몇몇 규율 테크닉들을 발견할 수 있으시겠지만 그것은 제1차 세계대전 당시 군대들 내의 규율 테크닉들과 비교해보더라도 매우 제한적입니다.

강연하실 때 두 가지 자기 모델을 비교하셨습니다. 하나는 플라톤적인 것으로 기원에 관한 문제, 발견해야 할 깊은 내면, 기억과 연결되어 있는 것으로, 해석학과 프로이트적 자기의 전조가 되는 것이었습니다. 그리고 스토아주의적 모델은 더 이상 기억으로 향하지 않고 미래, 죽음을 향했습니다. 이 두 번째 모델은 단지 첫 번째 모델에서 내적이었던 것을 외재화시킨 것인가요, 아니면 첫 번째 모델과 완전히 다른 어떤 것인가요?

답하기 쉽지 않군요. 제가 플라톤에게서의 자기 관계의 유형, 혹은 《알키비아데스》라는 매우 기묘한 대화편에 묘사된 자기 관계를 스토아주의의 자기 관계와 비교했을 때, 저는 그것들을 내적인 것과 외적인 것으로서 비교한 것이 아니었습니다. 저는 오히려 반대로 말씀드려야 할 텐데, 왜냐하면 전형적인 플라톤 철학이 아닌 《알키비아데스》에서, 물론 신플라톤주의자들은 이 텍스트를 플라톤 교의에 접근하기 전에 공부해야 하는 첫 번째 텍스트로 간주했지만, 실은 이 텍스트는 아주 기이한데, 어쨌든 이 텍스트에서 적어도 그가 자기 배려[돌봄]라는 개념을 분석할 때 [플라톤은] 알키비아데스가 자기 자신을 배려해야[돌봐야] 한다고 말합니다. 왜냐하면 그는 타자들을 통치해야 하고 혹은 그가 정치 지도자로서 통치하기를 원하기 때문입니다. 이것이 첫 번째 점입니다. 그리고 [플라톤이 말하는 두 번째 점은] 자기 자신을 배려하기[돌보기] 위해서 [알키비아데스는] 자기 자신인 바를 알아야 합니다. 그리고 자기 자신인 바는 자신의 영혼입니다. 그런데 자기 자신의 본질적인 요소, 자신의 신성한 요소를 응시하지 않고서 어떻게 우리가 우리의 영혼을 인식할 수 있겠느냐 말입니다? 그것은 정확히 내적인 관계는 아닙니다. 왜냐하면 자기 자신을 알기 위해서 당신은 신성이나 신성한 요소를 바라봐야 하고, 당신의 눈을 빛을 향해, 하늘 위의 빛을 향해 돌려야 하기 때문입니다. 그러므로 당신은 이 세상의 저편으로 가기 위해 당신과 가장 가까운 것, 즉 당신의 육체, 당신의 일상생활, 당신의 감각 등등으로부터 당신을 떼어 놓아야 합니다. 이때 당신은 당신인 바를 발견합니다. 이렇게 보시다시피 이것은 내적인 관계가 아닙니다. 기억이 매우 큰 중요성을 가짐에도 불구하고 말이죠. 하지만 당신의 직접적인 세계와는 다른 어떤 것으로 인도하는 것은 기억입니다.[18]

그리고 스토아주의의 경우에, 그것은 외적인 관계가 아닙니다. 물론 스토아주의자들에게 죽음은 중요합니다. 그리고 당신은 당신 삶 속에서, 정확히 말하면 죽음을 서둘러야 하는 것이 아니라 죽음에 대한 준비를 서둘러야 하는 것입니다. 그리고 스토아주의의 이상은 아주 잘 아시겠지만 삶의 하루하루를 삶의 마지막 날인 것처럼 사는 것입니다.[19] 세네카의 편지에는 아주 흥미로운 부분이 있습니다. 거기서 세네카는 하루가 한 해의 축소된 이미지라고 말합니다. 아침은 봄, 낮은 여름 등등… 그리고 한 해는 삶의 축소된 이미지라는 것입니다. 봄은 어린 시절이고 여름은 젊은 시절이라는 식이죠. 이것은 피타고라스주의적 관념입니다. 어쨌든 이러한 대응이 중요합니다. 그리고 세네카는 이렇게 말합니다. 당신은 하루하루를 일 년처럼 살아야 합니다. 그리고 또 당신은 하루하루를 당신 자신의 인생처럼 살아야 합니다. 매일 아침 당신은 자기 자신을 어린아이처럼 여겨야 하고 저녁이 당신의 노년이라는 것을 알아야 합니다. 그리고 하루가 끝날 무렵에는 죽음에 대한 준비가 되어 있어야 합니다.[20] 이것은 정확히 말하면

18　바로 이러한 이유로, 버클리의 Howison Lectures에 이어지는 토론에서 푸코는 다음과 같이 명확하게 단언한다. "플라톤에게서 자기 해석학을 발견하는 것은 불가능합니다". 플라톤의 문제는 사실, "진실을 향한 영혼의 상승이며, 영혼 깊은 곳에서 진실을 발견하는 것이 아니"다. 다음을 참조하라. M. Foucault, "Débat sur "Vérité et subjectivité"", dans OHS, p. 126. 플라톤에게서, 이러한 종류의 "영혼으로서의 자기의 존재론적 인식"에 관해서는 또한 다음을 참조하라. 이 책 200쪽과 《진실의 용기》(CV, p. 117-118).

19　스토아주의자들에게서의 죽음의 '명상'이나 '실천'에 대해서는 다음을 참조하라. 《주체의 해석학》, 502-506쪽(HS, p. 457-460) et M. Foucault, "L'herméneutique du sujet", résumé cit., p. 1184.

20　Cf. Sénèque, *Lettre 12*, 6-9, dans *Lettres à Lucilius*, t. I, trad. fr. H. Noblot, Paris, Les Belles Lettres, 1945, p. 41-43.

죽음을 예견하는 것도 아니고, 기억을 통해 과거를 바라보던 고개를 돌려서 죽음을 통해 미래를 바라보는 태도도 아닙니다. 이것은 당신의 삶을, 완전하게 완결된 것으로서 바라보는 방식입니다. 이것은 당신의 삶을 당신의 눈 아래 두는 것이고, 그것을 어떤 종류의 회상souvenir으로 지각하는 것입니다. 그러므로 제 생각에 스토아주의의 경우에 죽음을 상상하는 것은 당신을 당신의 삶에 이르게 할 수 있는 사건들의 기억을 통한 내면화와 같습니다. 보시다시피 이렇게, 정확히 말하면 여기서의 관건은 내면적인 것과 외면적인 것의 대립이 아닙니다. 이것은 매우 중요한 변화이지만, 정확히 그런 건 아닙니다.

방금 말씀하신 자기의 이 다른 모델을, 자기에 대한 현대적 정의들 중 어떤 것과 연결시킬 수 있을까요?

보시다시피 제가 보여드리려고 한 것은, 물론 강의가 짧아서 상당히 어려웠습니다만, 스토아주의자들은 사람들이 자기 자신에게, 자기가 하는 일에 대해, 자기가 해야 했던 것과 실제로 한 일의 일치에 대해, 어떤 종류의 관심을 갖기를 바랐다는 것입니다. 이 모든 것은 자기 자신과의 새로운 유형의 관계의 출발점이었고 어떤 종류의 항구적인 관심이었습니다. 하지만 스토아주의자들에게, 진정하게 자기 자신인 바를 발견하거나 판독하는 것은 전혀 문제가 아니었습니다. 자기 자신이 무엇이냐라는 문제는 아무런 중요성을 갖지 않았습니다. 문제는 하루 동안 내가 한 일이 규칙과 일치하느냐 아니냐 입니다. 하지만 이것은 제 생각에, 그리스도교에서 매우 중요해지는, 어떤 새로운 유형의 관계를 향한 첫 단추인 것 같습니다. 그리스도교에서 사람들은 자기가 한 일을 알기 위해 매일 밤낮으로 자신을 관찰하고 검토합니다. 그들은 다음과 같이 질문합니다. 내가 행한 일들을 통해, 하루 동안 내가 품었던 생각들을 통해, 나는 나 자신의 진실인 바, 진정한 욕망들, 내 영혼의 순수성의 진정한 정도를 판별할 수 있을까? 왜냐하면 그리스도교도들에게 문제는, 구원받을 수 있을 만큼 순수한 정도에 이르는 것이기 때문입니다. 순수성, 자기의 구원과 해석, 자기의 판독, 이들 간의 〔관계들의〕 문제는 제 생각에, 스토아주의자들에게서는 찾을 수 없는 중요한 어떤 것입니다. 왜냐하면 스토아주의자들에게 순수성이 아닌 일치가 문제였으며, 다른 세계로의 구원의 문제가 아니라 현세에서의 완벽이라는 과제가 있을 뿐이기 때문입니다. 그러므로 스토아주의적인 자기와의 관계 내에서, 그리스도교의 준비와도 같은 것을 보실 수 있습니다. 그것은 그리스도교 수도원들에서 이용됐던 자기 점검의 테크닉들을 이룹니다. 세네카의《분노에 대하여》의 세 번째 권에서는 자기 점검, 그러니까 저녁에 하는 자기 점검에 대한 묘사를 발견하실 수 있습니다.[21] 겉으로 보기에는 오늘날까지 그리스도교에서 이용되어 온 양식과 완전히 동일합니다. 하지만 제 생각에 세네카가 자기 자신에게 제기하는 문제들은 사실 매우 다릅니다. 어쨌든 이것들이 4세기부터 5세기 초의 수도원 제도들 내에서 발견할 수 있는 테크닉입니다. 성 베네딕투스에게서는 이 테크닉을 다른 목표, 아니 그보다는 위치가 이동한 목표와 더불어 발견할 수 있

---

21 Cf. Sénèque, *De ira*, III, 36, 2-4, dans *Dialogues*, t. I, trad. fr. A. Bourgery, Paris, Les Belles Lettres, 2003, p. 103. 이 텍스트에 대한 푸코의 주석을 보려면 다음을 참조하라. 《생명존재들에 대한 통치》(GV, p. 235-241); 《자기 해석학의 기원》(OHS, p. 43-45); 《악을 행하고 진실을 고백하다》(MFDV, p. 94-97); 《주체의 해석학》, 199, 508-512쪽(HS, p. 157, 461-464); M. Foucault, "Les techniques de soi", conférences cit., p. 1616-1618; *Fearless Speech*, éd. J. Pearson, Los Angeles, Semiotext(e), 2001, p. 145-150; 《자기 배려》, 81-83쪽(SS, p. 77-79).

다고 생각하는데, 그것은 더 이상 완전히 동일하지 않습니다. 문제는 하루 동안의 행위들을 회상함으로써 영혼의 순수성의 정도를 판별하고자 하는 것입니다.

강연에서 선생님께서는, 우선 [고대] 그리스와 그리스도교에서의 자기 수양을 말씀하셨고, 그리고 마지막에는 자기 수양의 새로운 양식들이 있을 수 있다고 암시하셨습니다. 선생님께서는 자기 수양이 절대로 끊어진 적이 없고, 또 우리는 단지 우리 자신을 배려하는[돌보는] 새로운 방식을 발명할 뿐이라는 말씀을 하고 싶으신 건가요? 아니면 우리는 우리 자신을 보살필 수 있는 이 능력을 상실했다고 말씀하시고 싶으신 건가요? 그것도 아니라면 이곳 캘리포니아에서 종종 이야기되는 것처럼, 우리가 우리 자신을 너무 과도하게 보살핀다고 말씀하시고 싶으신 건가요?

제 생각에 그리스 로마 문화에서 가장 눈길을 끄는 것은 사람들이 진정한 자율적 자기 수양으로 생각되는 그런 것을 갖고 있다는 사실입니다. 제가 '자율적'이라고 말씀드릴 때 저는 자기 수양이 다른 것들과 사회적 관계나 정치적 관계, 문화적 관계 등을 맺고 있지 않다고 말씀드리는 것이 아닙니다. 그게 아니라 사람들이, 적어도 그들 중 상당수의 사람들이, 아 물론 그들은 상류 계급에 속하는 사람들이었는데요, 그 사람들은 자발적으로 자기 자신을 돌보기로 결정했습니다. 이를테면 우리 시대에 어떤 사람들이 교양을 쌓기로 결정하고 회화 전시회 등등을 보러 가는 것처럼 말이죠. 그것은 권위에 기초한 의무의 문제가 전혀 아니었습니다. 그들은 자기 수양의 의무가 있었던 것이 아니라 자기 수양은 그들에게 중요한 어떤 것으로서, 큰 가치를 지닌 어떤 것으로서, 그리고 그들에게 좀 더 나은 삶, 더 아름다운 삶, 새로운 유형의 실존 등등에 이를 수 있는 가능성을 제공할 수 있는 것으로 제안되었던 것입니다. 그러므로 이것은 사적인 선택의 문제였다는 것을 아시겠지요. 이것이 첫 번째 점입니다. 두 번째 점은 이 자기 수양이 종교와 결코 연관되어 있지 않았다는 사실입니다. 제가 '결코'라고 말씀드리는 것은 너무나 도식적인데요, 물론 어떤 관계들이 있긴 했습니다. 피타고라스주의자들, 피타고라스주의의 역할은 이 모든 영역에서 매우 중요합니다. 아시겠지만 피타고라스주의는 말하자면 종교이면서 동시에 철학이기도 했습니다. 혹은 종교와 철학이 뒤섞인 것이었지요. 하지만 이를 테면 세네카 같은 사람은, 젊은 시절에 피타고라스주의자들과 친분이 있었음에도 불구하고, 그가 했던 행동들에 종교적인 이유들이 있었던 것은 전혀 아닙니다. 혹은 플루타르코스(는), 몇몇 전통 예식들을 수행했다는 의미에서 매우 종교적인데, 플루타르코스가 자기 자신을 배려하는(돌보는) 것은 사적인 이유들 때문이었습니다. 자기 테크닉들은 종교 제도들이나 정치 제도들, 심지어는 교육 제도들 내에 통합되지 않았습니다. 바로 이것이 제가 '자율적'이라는 말로 의미하고자 하는 바입니다. 이것이 두 번째 점입니다. 이 자기 실천들은 그러므로 교육적·종교적·사회적 제도들과 관련해 독립적이었습니다. 세 번째 점은, 이렇게 말해도 괜찮다면, 이 자기 수양이 그 고유의 문헌들, 그 고유의 개념들, 그 고유의 테크닉들, 그 고유의 비결들이 있다는 것입니다. 그리고 이를테면 사람들은 서로에게 편지를 썼고, 좋은 비결들, 자기 자신을 돌보는 데 좋은 테크닉들을 주고받았습니다. 그들은 논설들을 썼습니다. 이를테면 플루타르코스가 《영혼의 평정에 관하여》라는 논설을 쓴 것은 친구 폰다누스[22]에게 부치기 위해서였습니다. 폰다누스는 로마의 상원 의원으로, 상당한 권위를 가진 정치인이었습니다. 플루타르

코스는 폰다누스에게 이렇게 이야기합니다. "나는 이 논설의 이
순간에, 자네가 영혼의 평정에 관해 성찰할 필요가 있음을 알고
있다네." 폰다누스가 왜 이러한 조언들을 필요로 하는지, 그 사적
인 이유에 대해서는 아무도 모릅니다. 적어도 저는 모르겠어요.
하지만 플루타르코스는 이렇게 말합니다. "나는 자네가 다급하고
매우 절박하다는 것을 알고 있다네. 그리고 자네가 영혼의 평정
에 대한 성찰을 필요로 한다는 것을 알고 있다네. 하지만 자네를
위해 특별한 논설을 쓸 시간이 없다네. 그래서 나는 자네에게 영
혼의 평정에 관해 내가 사적으로 적어놓은 것들을 보내네."[23] 그
는 영혼의 평정에 관한 여러 조언과 성찰, 인용, 예들을 사적으로
적어놓았던 수첩을 갖고 있었기 때문에, 그 사적인 수첩을 폰다
누스에게 보냈던 것 같습니다. 그러므로 보시다시피 이것은 테크
닉, 개념, 실천 등등의 작은 세계이고, 그것들은 여기저기로 순환
되었습니다. 그리고 바로 이것이 제가 자기 수양의 자율적 실존이
라는 말로 의미하고자 하는 바입니다.

   선생님께서는 "테크놀로지"라는 말을 사용하셨는데요. 많은 사람들은
   테크놀로지가 긍정적인 효과들을 갖는다고 하지만 또 다른 사람들은 이
   렇게 말하기도 합니다. "그래, 하지만 아이들이 죄다 텔레비전 앞에 가
   서 앉아 있으니 아무도 독자적으로 생각하거나 글을 쓸 줄을 모르지…."

---

22   사실 《영혼의 평정에 관하여》라는 논설은 파키우스라는 사람에게 보내진 것이고, 여기서 푸
코가 언급하는 것은 《분노에 대하여》라는 제목이 붙은 플루타르코스의 또 다른 논고에 들어가 있는 폰
다누스의 논고 첫 부분이다. 1982년 3월 3일 콜레주드프랑스에서의 《주체의 해석학》 강의에서 푸코는
《영혼의 평정에 대하여》에 의거하여, 플루타르코스가 "편지를 주고받는 사람들 중 파키우스라는 사람
에게" 답장하고 있음을 명확히 한다. Cf. 《주체의 해석학》, 389쪽(HS, p. 344).

23   Cf. 플루타르코스, 《영혼의 평정에 관하여》(Plutarque, *De la tranquillité de l'âme*, 464E-F, dans
Œuvres morales, t. VII-1, trad. fr. J. Dumortier, avec la collaboration de J. Defradas, Paris, Les Belles
Bettres, 1975, p. 98).

강연 끝부분에 말씀드린 것이 너무 간략했던 모양입니다. 이 자율성, 이 자율적 자기 수양에는, 그리스도교의 발전 이후에는 사라져버린 여러 방법들이 있었습니다. 왜냐하면 자기의 형성과 자기 자신을 돌보는 방식은 종교적·사회적·교육적 제도들 내로 통합되었으니까요. 이를테면 그리스도교의 고백[24]은 이런 관점에서 매우 흥미롭습니다. 왜냐하면 당신은 특정한 방식으로 고백하는데, 그것은 당신이 당신 자신을 점검하고 당신의 행위들과 죄들을 회상하며 그것들을 신부에게 말하고 고해하는 것을 의미합니다. 이 모든 것들도 물론 자기와 관계 맺는 방식입니다. 하지만 아시다시피, 첫 번째로 이러한 테크닉은 모든 사람들이 적어도 일 년에 한 번씩, 한 달에 한 번씩, 한 주에 한 번씩 해야 하는, 그리고 만약 당신이 수사라면 하루에 한 번씩 해야 하는 필수적인 것, 의무적인 것이 되었습니다. 이것이 첫 번째 점입니다. 두 번째로 당신은 당신에게 인도자로 강제된 어떤 사람과 더불어 이를 실행해야 합니다. 당신에게는 선택의 여지가 없습니다. 1215년의 교회법령[25]에 따라 그리스도교에서 고해는 의무가 되었고, 당신은 당신 마을의 신부, 본당paroisse의 신부에게, 그리고 다른 사람에게 자신을 고백해야 합니다. 세 번째로 언제나 동일한 일련의 질문들에 답해야 합니다. 그리고 대개는 신부가 질문합니다. "이런 일을 했나요? 이런 일을 했나요? 이런 일을 했나요?" 그리고 그는 당신에게 고해를 강제합니다 그러므로 이것이 당신이 당신 자신을 돌보는 한 방법이라는 것을, 누군가 다른 사람이 당신을 돌보

24　13세기부터 그리스도교 고해의 변화와 성격들에 대해서, 그리고 특히 고해성사를 제정한 제4차 라테란 공의회(1215)의 제21조에 대해서는 다음을 참조하라. 《비정상인들》, 277-300쪽〔AN, p. 161-179〕 et 《악을 행하고 진실을 고백하다》〔MFDV, p. 182-189〕.

25　푸코는 이 말(교회법령)을 프랑스어 décret로 표현한다.

도록 내맡기는 한 방법이라는 것을 알 수 있으실 겁니다. 교육 체계에서도 동일하다고 말할 수 있을 겁니다. 교육 체계에서는 이를 통해 자기를 조직하는 것이 매우 중요합니다. 그러므로 (그리스도교 내에서도) 어떤 자기 배려(돌봄)가 있지만, 그리스 로마 사회에서 발견하실 수 있는 자율적 수양은 존재하지 않습니다.

　　고대의 자기 수양은 현대의 자기 수양과는 매우 달랐다고 강연에서 말씀하셨습니다. 그럼에도 불구하고 이 둘 사이에서 어떤 연속성을 볼 수는 없을까요? 아니면 고대의 자기 수양은 그냥 사라져버린 걸까요?

　　늘 같은 질문이로군요! 죄송합니다, 왜냐면 오늘 아침에 폴*과 아주 재미난 대화를 나눴는데, 그가 제게 그런 종류의 질문을 했거든요. 그리고 보시다시피 제가 인상적이라고 느끼는 것은, 여기 오기 전까지는 제가 이 질문에 대해 아무런 생각도 해보지 않았다는 것입니다. 제 책을 거의 다 끝냈는데도 지금껏 이 어려움 혹은 이 문제를 전혀 감지하지 못했습니다. 폴은 저로 하여금 제 발표나 제 책에서 전혀 명확하지 않았던 것을 깨닫게 해주었습니다. 그리스도교나 부르주아지 사회, 산업의 중압감, 힘든 환경 등과는 아주 거리가 먼 모든 것이 제대로 돌아가고 사람들이 자기 자신을 돌볼 짬이 있었던 어떤 황금기를 소개해드리려던 것이 아닙니다. 아뇨, 그런 것이 전혀 아닙니다. 어떤 점에서는 고대의 성윤리가 매우 가혹했다는 것, 힘들기도 하고 아마 끔찍하기까지 했다는 것을 예로 들 수 있을 것 같군요. 그리스 사회를 어떤 황금기로, 그러니까 삶의 아름다운 총체가 스스로를 자각하는 황

*　　폴 레비노우(Paul Rabinow).

금기로 만드는 것, 그것은 그저 꿈, 아마도 헤겔의 꿈이거나 계몽
주의자의 꿈에 불과합니다. 삶의 아름다운 총체라는 것은 없습니
다. 하지만 어떤 중요한 것이 있기는 한 것 같습니다. 아시다시피,
오늘날 우리의 사회에서 우리는 우리의 윤리, 우리의 도덕이, 수
세기에 걸쳐서 종교와 결부되어왔다는 것을 아주 잘 기억합니다.
그것은 또한 시민법과도 결부되어 왔고 일정한 방식으로 사법 조
직과도 결부되어왔습니다. 그리고 도덕은 한때 말하자면, 어떤 사
법 구조의 형태를 취했습니다. 칸트를 생각해보세요. 또 윤리는
과학 다시 말해 의학, 심리학, 심지어는 사회학과 정신분석학 등
과도 결부되어왔다는 것을 아주 잘 아실 것입니다. 제 생각에 우
리의 윤리가 의거하는 거대한 세 준거점 즉 종교, 법, 과학은 오늘
날, 이렇게 말해도 괜찮다면, 닳아서 약화되었습니다. 그리고 우
리는 우리에게 윤리가 필요하다는 사실을 아주 잘 알고 있습니
다. 그리고 종교, 법, 과학이 우리에게 이 윤리를 가져다주기를 기
대할 수 없다는 것도 잘 알고 있습니다. 그리고 우리는 이러한 세
가지 준거점에 의거하지 않고도 큰 중요성을 갖는 윤리가 존재했
던 어떤 사회, 즉 그리스 로마 사회의 예시를 갖고 있습니다. 그
윤리는 우리 그리스도교의 윤리 혹은 소위 그리스도교적 윤리의
일부가 그것으로부터 비롯되었을 정도로 너무나 현저했습니다.
우리 윤리의 일부가 그리스 로마의 윤리로부터 기원한다고 해서,
그리스 로마의 윤리로 돌아가는 것이 문제는 아닙니다. 하지만 우
리는, 종교, 법, 과학에 의거하지 않고도 윤리에 관한 탐구와 새로
운 윤리의 구축이 가능하다는 것, 그리고 제가 윤리적 상상력이
라고 부르는 것에 자리는 마련해줄 수 있다는 것을 알고 있습니
다. 바로 이러한 이유로 저는, 그리스 로마 윤리를 실존의 **미학**으
로서 연구하는 것이 흥미로울 수 있다고 생각합니다.[26]

현재 우리의 자기 배려(돌봄)와 자기 인식은 규율과 착종되어 있나요?

완전히 직접적으로 답해드릴 수는 없습니다. 왜냐하면 저도 확신하지 못하니까요. 하지만 이렇게는 말씀드릴 수 있을 것 같습니다. 자기 배려(돌봄)는, 처음에는 규율과는 매우 다른 어떤 것이었습니다. 또 이를테면 적어도 18세기의 프로이센 군대들에서 발견할 수 있는 것보다 훨씬 더 엄격한 규율을 발견할 수 있는 프랑스, 영국 등의 군대들에서 규율은 자기 배려(돌봄)와 전혀 관련이 없었다고 말씀드려야 하겠습니다. 규율은 품행, 신체, 태도 등을 배려하는(돌보는) 어떤 것으로, (자기 배려(돌봄)와는) 매우 다릅니다. 하지만 사실 어떤 시기에는 자기 배려(돌봄)의 테크닉들과 규율 테크닉들 사이에 모종의 관계들이 있기도 했습니다. 이를테면 수도원, 중세의 수도원 제도에서, 특히 베네딕트회 제도들에서 자기 배려(돌봄)와 규율 간의 아주 흥미로운 관계들을 발견하실 수 있습니다. 아시겠지만 베네딕트회의 수도원 제도들은 로마 군단, 로마 군대에서 직접적으로 유래되었습니다. 수도원 조직은 십인대장 등 로마 군단의 모델을 취했고, 수도원 조직, 베네딕트회 조직도 마찬가지입니다. 그리고 또 군대와는 아무 관계 없는 영성이 존재했던 에바그리오스의 동양적 금욕주의에서 이 규율 모델과 자기의 테크닉들의 동시적 사용이 시도되기도 했습니다. 하지만 19세기에서도 보실 수 있고… 혹은 17~18세기에 예수회가 운영했던 교육 제도들에서는 자기 배려(돌봄)와 규율 테크닉들 사이

26　'실존의 미학'이라는 주제에 대해서는 특히 다음을 참조하라. M. Foucault, "On the Genealogy of Ethics", entretien cit., p. 1203-1205, 1209; "Rêver de ses plaisirs. Sur l'"Onirocritique" d'Artémidore", art. cit., p. 1307; *À propos de la généalogie de l'éthique*, entretien cit., p. 1429-1430, 1434; "Une esthétique de l'existence"(entretien avec A. Fontana), dans DE II, n° 357, p. 1550-1551;《진실의 용기》(CV, p. 149-151);《쾌락의 활용》, 113-117쪽(UP, p. 103-107).

의 아주 흥미로운 어떤 관계와 어떤 연결 고리를 보실 수 있습니다. 프랑스어로 collège라는 말은 청소년을 위한 공공 기관이라는 뜻인데, 18세기에는 이 큰 중학교collège들〔에서〕 이 둘 〔두 테크닉들〕 간의 관계를 살펴보는 것은 매우 흥미롭습니다.

《감시와 처벌》, 그리고 《앎의 의지》에서 선생님은 권력의 작동 방식을 기술記述하셨고, 권력 혹은 여러 권력관계들이라고 하는 편이 낫겠는데요, 이것들이 모든 곳에 있다고 하셨지요. 권력관계들에 대한 저항, 아마도 해방의 주된 원동력은 육체적 쾌락의 추구에 있지 않을까요?

이 질문에 답할 수 있을지 확신이 서질 않네요. 제가 몇 년 전에 성현상 혹은 정신분석에 관한 책들을 읽을 때 인상적이었던 것이 하나 있습니다. 쾌락에 대해 말해야 할 때 사람들이 너무나 불편해 하고 또 불편해 하는 것처럼 보인다는 것이었습니다. 욕망에 관한 방대한 양의 문헌들이 있습니다. 그것들은 욕망, 욕망에 관한 이론, 욕망의 억압 등등에 할애되어 있습니다. 하지만 쾌락에 대해 이야기해야 할 때 사람들은 꿀 먹은 벙어리가 되는 듯합니다.[27] 그리고 그것들〔욕망에 관한 문헌들〕과 성, 윤리 등 동일한 문제들에 할애된 그리스 로마의 문헌들을 비교해보시면 epithumia〔욕망〕와 hêdonê〔쾌락〕를 전혀 구별할 수 없거나 거의 구별할 수 없

---

27   쾌락을 말하는 것뿐만 아니라 새로운 쾌락의 가능성들을 **창조하는** 것의 전략적 중요성에 관해서는 다음을 참조하라. M. Foucault, "Une interview de Michel Foucault par Stephen Riggins", dans DE II, n° 336, p. 1355 et "Michel Foucault, une interview : sexe, pouvoir et la politique de l'identité" (entretien avec B. Gallagher et A. Wilson), dans DE II, n° 358, p. 1556-1557: "쾌락 또한 우리 문화의 한 부분을 이루고 있음에 분명합니다. 다음과 같은 사실에 주목하는 것은 매우 흥미로울 텐데요, 이를 테면 여러 세기 전부터 일반인들은 물론이고 의사들과 정신과의들까지도, 그리고 심지어는 해방운동들까지도 언제나 욕망에 대해 말했지 쾌락에 대해서는 전혀 말하지 않았습니다. "우리는 우리 욕망을 해방해야 한다"라고 그들은 말합니다. 아니요! 우리는 우리의 새로운 쾌락들을 창조해야 합니다. 그러면 아마도 욕망이 뒤따르겠죠." 다음도 참조하라. M. Foucault, Sexualité et politique, entretien cit., p. 527.

다는 것을 보실 수 있습니다. 그리고 이 텍스트들에서 늘 다시 나타나는 동일한 양식을 보실 수 있는데, 그것은 바로 "epithumiôn kai hêdonôn〔욕망들과 쾌락들〕의 노예인 상태"와 "epithumiôn kai hêdonôn〔욕망들과 쾌락들〕로부터 해방된 상태"입니다. 욕망과 쾌락은 마치 서로 분리될 수 없는 하나의 실체와 같습니다. 그리고 잘 아시겠지만, 정신분석학적인 문헌들에서 쾌락에 대해 말하는 것은 상당히 저속한 것이고, 정말로 세련된 정신분석학자가 되기를 원한다면 욕망에 대해 말해야 합니다. 이런 종류의 문헌에서는 쾌락에 대한 아주 눈에 띄는 평가절하가 있습니다. 어쨌든 이 자기의 테크닉들을 연구하면서 저의 목표 중 하나는 어떻게 그리고 왜 욕망의 문제가 이렇게 큰 중요성을 갖게 됐는지를 이해하는 것이었고, 이때 그것은 고대 그리스 로마에서 중요했던 욕망과 쾌락의 문제였습니다.[28] 고대 그리스 로마의 문제는 다음과 같은 것들이었습니다. 우리의 쾌락을 가지고 무엇을 할 것인가? 어떻게, 어느 지점까지, 어떤 한도 내에서 등등 쾌락을 향유할 것인가? 그것은 정말로 쾌락의 문제였고 쾌락을 활용하는 문제였습니다. 저는 성애술에 관한 중국의 책들을 전혀 읽어보지는 않았지만 반 굴릭Van Gulik[29]이 쓴 아주 재미난 책은 읽은 적이 있습니다. 여러분께서도 그걸 읽으셨는지는 모르겠지만, 아주아주 재밌습니다. 그리고 문제는 욕망이 전혀 아니었다는 것을 보실 수 있습니다. 중

---

28   1981년 콜레주드프랑스에서의 《주체성과 진실》 3월 1일 강의에서 푸코는 "욕망에 대한 서양의 거대한 문제계는" 로마 세계의 기원후 첫 세기에 "부부로 이루어진 가족에 관한, 그리고 남성과 여성 간의 정의된 그대로의 관계에 관한 이상적인 이미지 내부에서 탄생했다"고 주장한다. Cf. SV, p. 219-220. "욕망의 주체" 구축에 관해서는 다음을 참조하라. 《주체성과 진실》〔SV, p. 290-293〕 et 《쾌락의 활용》, 19-20, 27쪽〔UP, p. 11-12, 18〕.

29   R. Van Gulik, *La vie sexuelle dans la Chine ancienne* (1961), trad. fr. L. Evrard, Paris, Gallimard, 1971. Cf. M. Foucault, "À propos de la généalogie de l'éthique", entretien cit., p. 1441 et 《쾌락의 활용》, 163-165쪽〔UP, p. 154-155〕.

국 성애술의 문제는 쾌락의 문제였던 것입니다. 어떻게, 어떤 강도로 등등 쾌락을 취할 것인가?[30] 제 생각에 우리의 문명에서는 쾌락보다는 욕망의 문제가 훨씬 중요한 것 같습니다. 왜 그럴까요? 왜 우리는 우리 스스로를 쾌락의 주체로서가 아니라 욕망의 주체로서 인식하는 것일까요? 왜 성, 성현상, 실존에 관한 우리의 이론은, 인간 존재, 인류학, 철학적 인류학 등등에 관한 우리의 이론은 욕망의 문제, 남성적 욕망과 여성적 욕망의 성질 등등을 다루는 반면에, 쾌락의 문제는 우리의 이론과 성찰과 윤리에서 아주 작은 부분만을 차지하게 된 것일까요? 이것이 제가 연구하고자 하는 문제입니다. 그리고 제 생각에 [기원전] 4세기 윤리의 주된 문제로서 발견하실 수 있는 [자기의] 주인이라는 개념으로부터, 초기 그리스도교에서의 자기 해석에 이르는 이 완만한 변화를 통해 욕망의 문제가 우세해졌습니다. 왜냐하면 자기 해석에서 문제는 다음과 같기 때문입니다. 내 욕망은 무엇인가? 나는 욕망하는가? 내 욕망은 무엇을 향하는가? 등등 자기 해석학, 자기 해석학의 대두, 인간의 특징, 그러니까 성적인 인간의 특징일 뿐만 아니라 인간 존재의 주된 특징으로서의 욕망의 우세. 제 생각에 이것은 정말 중요합니다. 그런데 4세기 그리스인들에게 문제는 자기 제어, 즉 쾌락을 제한하는 것이었습니다. 쾌락의 제한과 욕망의 해석은 제 생각에 윤리 이론의 두 유형일 뿐만 아니라 두 유형의

---

30 "실천으로 간주되고 경험으로 얻어지는 쾌락 자체"의 진실을 이끌어내는, 중국, 일본, 인도, 로마, 아랍-무슬림 사회들에서의 "성애의 기술(ars erotica)"은, 푸코가 "성과학(scientia sexualis)"이라 부르는 것과 직접적으로 대립된다. 다음을 참조하라. 《앎의 의지》, 78-84쪽[VS, p. 76-84]; M. Foucault, "L'Occident et la vérité du sexe", dans DE II, n° 181, p. 104; "Sexualité et pouvoir", conférence cit., p. 556-557. 하지만 1983년의 인터뷰에서 푸코는 이렇게 명확히 말한다. "그리스인들과 로마인들이, [⋯] 중국인들의 성애의 기술과 비교될 수 있을 만큼의 성애의 기술은 전혀 갖고 있지 않았습니다. 그리스인들과 로마인들은 쾌락의 경제가 매우 큰 역할을 담당하는 삶의 기술을 갖고 있었습니다." Cf. M. Foucault, "On the Genealogy of Ethics", entretien cit., p. 1209 et "À propos de la généalogie de l'éthique", entretien cit., p. 1434.

자기 관계입니다.

우리는 우리 자신을 인식하려 하고, 우리에게 좋은 것을 알려고 하며, 우리는 어떤 사람들에게 어떤 것들을 고백합니다. 이를테면 정신분석학자들 같은 사람들에게요. 이런 것들은 심리학이나 사회학과 같은 과학들에, 사람들을 더 잘 통치하고, 그들에게서 특정한 품행을 이끌어내는데 이용될 수 있는 재료를 공급합니다. 자기 해석학을 통한 자기 수양이, 이 사회 내에서 규율적 메커니즘들의 확산을 조장한다고 말할 수 있겠습니까?

네, 물론입니다. 하지만 당신이 자기 해석을 실행하는 방식에 따라 다를 수 있을 것입니다. 이를테면 자기 해석이 그리스도교적인 고해의 형식을 취할 때, 가톨릭적 고해의 형식을 취할 때, 규율적 효과들은 물론 아주 명백하고 강력합니다. 정신분석학적 테크닉들에서, 정신분석학적 실천들에 이를 테면 저는 규율적 효과들이 ─신중해지고 싶은데요─ 이처럼 확실하다고는 생각지 않습니다. 저는 규율적 효과들이 존재하지 않는다고 말씀드리는 것이 아니라, 그것들이 〔가톨릭의 고해〕에서만큼 확실하지는 않다고 말씀드리는 것입니다.

성현상에 관한 선생님의 작업이 혹시 과거의 여성들, 이를테면 그리스 시대의 여성들을 연구하는 데 활용될 수도 있을까요? 저는 선생님께서 황금기에 대해 연구하신 것이 아니라는 것을 알고 있고 또 그 시기가 아마도 오늘날보다 훨씬 더 슬픈 시대라는 것을 알고 있습니다. 이런 종류의 연구를 해 보실 생각은 없습니까?

그 문제는 아주 중요합니다. 우선 아주 일리 있는 말씀 하셨습니다. 그리스 시대는 성적인 삶의 황금기가 전혀 아니었습니다. 게이들에게조차 말입니다 — 우리가 이런 범주를 그리스 사회에서 사용할 수 있다면요. 하지만 어쨌든 이 시기는 모두에게 힘든 시기였습니다. 제가 강조하고 싶은 두 번째 점은, 성현상의 역사에 관한 이 연구 내에서 제가 연구하고자 하는 것은, 품행 혹은 품행의 모범들, 아니면 품행의 규범들의 역사가 아니라는 것입니다. 제가 연구하고자 하는 것은 성적 품행의 사회적 역사가 아닙니다. 제가 연구하고자 하는 것은 우리 문명이 성의 문제를 진실의 문제에 통합한 방식, 혹은 진실의 문제와 성의 문제가 서로 결부되는 방식입니다.[31] 이는 물론 정신분석으로 이어지지만, 그리스도교의 문제로도 이어집니다. 이를테면 우리가 육욕의 죄를, 우리가 저지를 수 있는 가장 중요한 죄로 간주할 때, 영혼의 진정한 순수성이 막연한 성적 욕망, 그러니까 **색욕**[32]과 연결되어 있다고 간주할 때 말입니다. 그러므로 이렇게 보시다시피 제 문제는 사회사의 문제가 아니라 사유의 문제입니다. 진실, 개인적인 진실과 맺는 관계 내에서의 사유로서의 성 말입니다. 그리고 이러한 역사 내에서, 사실은 남자들, 오직 남자들만이 주된 역할을 했습니다. 왜냐하면 성의 이론, 자기의 테크닉들에 관한 규칙들, 성적 품행의 규칙들은 남자들에 의해 부과되었으며, 남성적 사회, 남성

31　1983년 4월 버클리에서 드레퓌스, 레비노우와 함께 토론할 때 푸코는 자신의 문제에 대해 이렇게 단언한다. 요컨대 "왜 우리는 우리 자신의 주체에 대한 진실을 인식하고 해독하고 발견하며 드러내지 않고서는 성 윤리를 갖는 것이 불가능하다고 생각할까요? 저의 계보학적 문제는 성 윤리와 자기의 진실을 연결하는 끈입니다." Cf. M. Foucault, *Discussion with Michel Foucault*, D 250(5), discussion cit., p. 14.

32　푸코는 이 단어(육욕)를 프랑스어 concupiscence로 말한다. 그리스도교에서의 육욕 개념에 대해서는 다음을 참조하라. 《비정상인들》, 289-302, 320-362쪽(AN, p. 171-180, 187-212) et M. Foucault, "Le combat de la chasteté", dans DE II, n° 312, p. 1114-1127.

적 문명에 의해 부과되었기 때문입니다. 이렇게 진실과 성 사이의 관계의 역사는 제 생각에 남성의 관점에서 이루어진 것 같습니다. 하지만 물론 여성들의 성적 경험과, 쾌락의 경험 그리고 자기 경험에 끼친 영향들에 대해서도 연구할 수 있고 또 연구해야 한다고 생각합니다. 하지만 그것은 또 다른 문제일 것이고, 보시다시피 물론 아주 다릅니다.

선생님께서는 이론들을 지지하지도 않고 반박하지도 않으십니다. 진실들의 가치를 검토하지도 않으십니다. 선생님께서는 자신이 구조주의자가 아니라고 말씀하셨고, 해석학을 하는 것도 아니라고 하셨으며, 총체성을 요구하지도 않는다고 하셨습니다. 그런데 왜 우리가 선생님을 믿어야 합니까?

그러실 이유가 전혀 없죠.

캘리포니아대학교
버클리캠퍼스
불문과에서의 토론

자, 여러분의 질문에 답하도록 노력해보겠습니다. 원래 예정된 언어는 프랑스어지만 프랑스어로 대화하는 게 좀 곤란한 분이 계시거나, 또 제 서투른 영어를 여러분들이 들을 용의가 있으시다면, 제 영어는 제 프랑스어보다 훨씬 형편 없지만, 영어로 답변해보도록 노력하겠습니다.[1]

선생님의 자기 수양 개념과 캘리포니아의 쾌락주의적 사고방식 간의 차이와 관련해 여러 차례 질문을 받으셨다고 들었습니다. 하지만 아무도 선생님이 어떻게 답하셨는지에 대해 설명하지 못합니다.

그렇다면 질문은 적절했지만 답변이 형편없었다는 것을 증명하는 것 아니겠습니까? 좀 더 잘 답해보도록 노력하겠습니다.

그리스 로마 문화에서, 즉 〔기원전〕 3세기부터 시작되어 기원후 2~3세기까지 지속되었던 헬레니즘 문화에서 저의 관심을 끄는 바는, 그리스인들이 아주 명시적인 용어를 부여했던 현상, 또 그리스 로마의 텍스트들에서 빈번히 발견되고 epimeleia heautou라고 하는 말로 지칭된 현상, 요컨대 자기 자신을 배려하기〔돌보기〕입니다. 여기서 epimeleia라는 것은 단순히 자기 자신에 대해 관심을 갖는 것도 아니고 단지 일정한 애착의 성향을 갖는 것도 아닙니다. Epimeleia는 '작업을 가하다', '돌보다'를 의미하는 매우 강도 높은 그리스어 단어입니다. 예를 들면 농지의 관리를 크세노폰은 epimeleia라고 불렀습니다. 군주 혹은 수장이 동료 시민들에 대

---

1   이 토론의 틀 내에서 푸코가 원래 했던 몇몇 답변들은 드레퓌스와 레비노우에 의해, 종종 잘리고 다시 붙고 명확화되면서, 대담 "On the Genealogy of Ethics"(entretien cit., p. 1202-1230)를 "구성하기" 위해 반복되고 재사용되었다. 이것은 1983년 영어로 출간되었고 1984년에는 푸코가 몇 군데를 수정하여 프랑스어로 출간되었다. (Cf. M. Foucault, "À propos de la généalogie de l'éthique", entretien cit., p. 1428-1450).

해 갖는 책임, 이 책임과 그가 해야 하는 일도 또한 epimeleia라 불립니다. 의사가 자신의 환자를 치료할 때 그에게 하는 일 또한 epimeleia입니다. 그러므로 epimeleia는 작업, 활동 요컨대 테크닉을 지시하는 강도 높은 말입니다. 그렇기 때문에 epimeleia는 자기 자신에 대한 단순한 관심이나 주의보다도 자기 테크닉, 혹은 자기가 자기에게 가하는 작업에 훨씬 더 가깝습니다. 이것이 제가 관심을 갖는 첫 번째 사항입니다.

Epimeleia 개념, 요컨대 이 자기 실천에서 제가 관심을 갖는 두 번째 사항은 여기서 상당수의 금욕주의 테마의 탄생과 발전을 발견할 수 있다는 점입니다. 금욕주의 테마는 일반적으로 그리스도교의 것으로 생각되어왔습니다. 또 지극히 관용적이라 상정되는 그리스 로마의 윤리 혹은 삶의 방식을, 이와 정반대가 되는 일련의 포기, 금지, 금기로 특징지을 수 있는 절제하는 삶의 방식으로 대체했다고 사람들은 보통 믿고 있습니다. 하지만 우리는 고대와 고대의 도덕주의가 자기 자신에 가하는 작업, 자기가 자기 자신에게 하는 활동 내에서, 이 활동과 일련의 절제, 특히 성적인 절제를 결부시켰다는 것을 알 수 있고 또 사실 그리스도교가 고대와 고대의 도덕주의로부터 이 성적인 절제를 직접 차용했다는 사실을 알 수 있습니다. 그렇기 때문에 이교의 관용적인 고대와 금욕주의적인 그리스도교 간의 거대한 단절을 볼 것이 아니라 자기 실천으로부터 출발하는 절제의 윤리, 엄격하고 준엄한 삶의 방식의 완만한 탄생을 여기서 확인할 필요가 있습니다. 바로 이것이 제가 두 번째로 관심을 갖는 바입니다.

제가 관심을 갖는 세 번째 것은 이 자기가 자기 자신에 가하는 작업이 생활의 엄격함과 관련해 몇몇 결과를 발생시키는데 이 작업은 민법이나 종교적 의무에 의해 개인에게 강제된 것이 아니라는 점입니다. 개인은 스스로 자신을 돌보는 일을 선택하고 결정했습니다. 요컨대 그것은 개인이 자기 자신에게 부과하는 일종의 실존의 선택, 삶의 방식의 선택입니다. 그런데 개인은 무엇과 관련해 이 삶의 방식을 스스로 자기 자신에게 부과하는 것일까요? 그것은 자기 자신의 영혼을 구원하기 위함도 아니고 사후에 영생을 얻기 위함도 아닙니다. 왜냐하면 고대인은 그런 것을 믿지 않았기 때문입니다. 고대의 개인이 이런 작업을 하는 것은 자기 자신의 삶을 예술 작품으로 만들기 위해서입니다. 다시 말해서 고대의 개인은 실존의 미학이라는 동기로 인해 이런 종류의 삶의 방식을 선택하는 것입니다. 그래서 제 생각에 대단히 중요한 다음과 같은 관념, 요컨대 우리가 배려해야 할(돌보아야 할) 가장 중요한 예술 작품, 미학적 가치와 테크닉을 적용해야 할 가장 중요한 영역은 바로 자기 자신, 자신의 삶, 자신의 실존이라는 관념이 존재해왔고, 이 관념은 우리 사회 내에서도 오래전부터, 그러나 다소 약화된 형태로 존재해왔다는 것을 발견할 수 있습니다.[2] 이러한 관념은 르네상스 시대에도 발견되고 19세기의 댄디즘 내에서도 발견되지만 단순한 일화들에 지나지 않고 무엇인가가 결여되어 있습니다.

그리고 마지막으로 그 결과 사람들이 작업을 가하고 또 미학적 가치들에 따라 공들여 만들려고 시도한 자기라는 대상은 숨겨졌다거나 소외됐다거나 무언가에 의해 왜곡됐다거나 해서 재발견해야 할 어떤 것이 결코 아닙니다. 자기는 예술 작품입니다. 자기는 만들어야 하고 말하자면 자기 앞에 놓인 예술 작품입니다. 그리고 고유의 자기는 자신의 생의 종말에 즉 죽는 순간에 도

2   이 책 173쪽 각주 26번.

달하게 됩니다. 그 결과 이러한 고대의 개념들 속에는 노년, 생의 마지막 순간, 죽음에 대한 과도한 가치 부여가 발견되는데 이는 대단히 흥미롭습니다. 죽게 되는 순간, 혹은 체험할 것이 거의 아무것도 남아 있지 않을 정도로 충분히 노년이 되었을 때, 자신의 전 생애를 조각해 그것을 예술 작품으로 만들 수 있었을 때 그 추억의 강렬한 빛으로 인해 타인들의 기억 속에 영원히 남게 되는 것, 바로 이것이 목표가 되는 바고 또 바로 그 순간 개인은 자기 자신을 실제로 창조하는 것입니다. 그러므로 자기는 하나의 창조물, 자기 자신의 창조물이라는 제 생각에 중요한 관념은 바로 여기로부터 도출됩니다. 요컨대 개인이 자기 자신을 스스로 만든다는 관념 말입니다.

아시다시피 여기에는 상당수의 테마가 있습니다. 저는 이 테마들을 그대로 재활용해야 한다고 결코 말하지 않겠습니다. 하지만 이 테마들, 오늘날 우리 도덕을 구성하는 상당수의 가장 항상적인 요소들의 기원이 되는 이 고대 문화 안에는, 오늘날 자기 자신에 대한 숭배의 지표로서 우리에게 제시되는 것과는 완전히 다른 자기 실천과 자기 개념이 존재한다는 것을 알 수 있습니다. 오늘날의 자기 예찬에서 문제가 되는 것은 진정한 자기가 무엇인지를 발견하는 것이고 또 자기를 불투명하게 만들거나 소외시킬 수 있는 모든 것으로부터 자기를 되찾는 것이 관건입니다. 그러므로 저는 고대의 자기 수양과 여러분이 캘리포니아의 자기 숭배라고 부르는 바를 동일시하지 않을 뿐만 아니라 양자를 오히려 대립시키기까지 한다고 말씀 드릴 수 있습니다. 이렇게 행해져왔던 자기 수양의 일대 전복이 그리스도교 주변에서 발생했다는 바로 그 사실이 그 사이에 발생한 바라고 저는 생각합니다. 자신의 작업을 통해 예술 작품으로 만들어야 하는 자기라는 관념이, 자기에 애착을 갖는 것은 신의 의지에 저항하는 것이기 때문에 자기를 포기해야 한다는 관념으로 대체되어버렸을 때 발생한 전복 말입니다. 그래서 자기는 포기해야 하고 또 그와 동시에 해석해야 하는 것이 됩니다. 왜냐하면 육욕, 욕망, 음욕 등의 주요 요소들이 자리 잡고 뿌리내리는 곳은 바로 자기 내부이기 때문이라는 것입니다. 그래서 자기가 만들어내서는 안 되는 것이 되고 포기해야 하는 것이 된 순간부터, 또 이 자기가 미학적 가치들과 연동된 예술 작품이 아니게 된 순간부터 그리스도교 특유의 자기 경험이라는 전복이 거기에 일어난다고 생각합니다.[3] 결론적으로 그리스도교와 이교 간의 대립은 관용과 엄격성 간에 있는 것이 아니라, 자기 수양의 미학과 결부된 일정 형태의 엄격성과 자기 포기를 강제하고 진정한 자기를 해석할 것을 강제하는 또 다른 형태의 엄격성 간에 존재합니다.

제가 잘 이해하지 못했는지 모르지만 아까 선생님께서는 라캉과 마찬가지로 자아는 사람들이 만들어내는 것이라 말씀하셨고, 또 자아는 이미 여기에 실존하는 어떤 것이라 말씀하신 것 같은데요.

저는 '자아'라는 말을 사용한 적이 없는데요. 제가 사용하는 말들은 '개인', '주체', '자기', '자기와 맺는 관계'입니다. 아무튼 저는 자아에 아주 정확한 의미를 부여할 능력은 없습니다. 그리

---

3   《자기 해석학의 기원》에 실린 강의들에서 푸코는, 두 구절에서 등장하는 용어들 사이에서 일어난 "역전"에 대해 기술한다. 요컨대 "격언적 자기"는 "진실의 힘에 의해서 […] 발견되어야 할 것이 아니라 구축되어야 할" 것인 반면에, "인식형이상학적 자기"는 해석학적 작업을 통해 "우리가 해독해야 하는 텍스트 혹은 책과 같"고 마침내 우리 스스로 그것을 버리는 편이 낫다. Cf.《자기 해석학의 기원》(OHS, p. 50-51, 88-90). 또한 다음을 참조하라.《생명존재의 통치》(GV, p. 289-298) et《악을 행하고 진실을 고백하다》(MFDV, p. 89-91, 139-149, 161-165).

고 다른 한편으로 자아는 만들어진 것이라고 라캉이 말했다고는 확신할 수 없습니다.

저도 확신할 수 없습니다.

저희 둘 다 확신하지 못하고 있다는 데 동의합니다! 자기 자신을 만들어낸다는 라캉의 가설은 잠시 내버려둡시다….

저는 선생님께 〔한편으로〕 글쓰기는 자기 수양의 관계와 관련해 두 가지 질문을 드리고 싶습니다. 글쓰기는 자기 수양의 전개에 어떤 식으로 기여하는 걸까요? 다른 한편 이 〔자기 수양의〕 전개는 어떻게 글쓰기를 통해 미학적 차원을 갖게 된 걸까요?

두 질문은 대단히 훌륭한 질문입니다. 첫 번째 질문은 글쓰기와 자기 수양의 관계에 관련된 질문이지요. 질문자께서는 글쓰기 내에 자기 수양의 전개와 관련된 어떤 것이 있는지 또 특이한 방식으로 자기 수양의 전개를 가능하게 하는 어떤 것이 있는지를 저에게 물으셨습니다.

저는 이 점에 관해서 질문자에게 답변할 수 없습니다. 하지만 이 질문들이 중요하고도 미묘한 문제이기 때문에, 괜찮으시다면 사람들이 글쓰기의 문제를 제기할 때 아주 빈번하게 다소 소홀히 하는 상당수의 경험적 요소들을 제시하고자 합니다. 그것은 바로 유명한 hupomnêmata[4]의 문제입니다. 사실 플라톤

의 《파이드로스》[5]에서 볼 수 있는 hupomnêmata에 대한[6] 비판
에서는 이 hupomnêmata라는 말에 기억의 물질적 매체와 아
주 다른 의미는 부여되지 않는 경향을 일반적으로 확인할 수 있
습니다. 그것은 기억의 물질적 매체로서의 글쓰기입니다. 그러
나 사실 hupomnêmata는 아주 분명한 의미를 갖고 있습니다.
Hupomnêmata는 무엇일까요? 그것은 수첩, 공책입니다. 아주 정
확히 말해서 바로 이런 종류의 메모 수첩과 메모의 습관이 이 시
기 고전기 아테네에 확산되고 있었습니다. 그리고 동시에 이 메
모 수첩은 행정과 관련된 정치적 도구이기도 했습니다. 왜냐하면
이런 식으로 hupomnêmata에 무역 거래에 부과되는 세금과 개
인에게 부과되는 세금이 기록되었기 때문입니다. Hupomnêmata
는 정치적 관리 도구이기도 했고 또 농업이건 무역이건 사기업
을 소유한 사람에게는 자신이 행했거나 행해야 할 활동을 기록
하는 도구이기도 했습니다. 그리고 마지막으로 hupomnêmata
는 개인 생활을 관리하는 도구였습니다. Hupomnêmata를 통
해 사람들은 자신이 한 일과 특히 자신이 해야 할 일을 기록했고
이것은 하루가 시작되는 시간에 하루 동안 해야 할 일을 상기할
수 있게 했습니다. 기억을 위한 일반적인 물질적 도구로서가 아
니라 지금까지 말씀드린―제가 한 비교는 쉽지만 그다지 흥미롭
지는 못한데요― 물질적 도구로서 hupomnêmata가 도입된 것
은 아시다시피 오늘날 사생활에 컴퓨터가 도입된 것만큼이나 혼

---

5   Platon, *Phèdre*, 274c-275d. trad. fr. L. Robin, Paris, Les Belles Lettres, 1961, p. 87-80.
6   《파이드로스》에 대한 전통적 해석에서는 플라톤이 문자라는 매체 자체를 비판하는 것으로 본
다. 스승의 말을 직접 들어서 배우는 것과는 달리, 문자로 쓰인 내용은 읽을 사람을 선택할 수도 없고,
읽는 사람의 수준을 고려하여 가르칠 수도 없기 때문이다. 문자는 다만 한 번 들은 말을 다시 떠올리게
할 뿐, 그 이상의 가치는 없다고 보는 것이다. 하지만 푸코는 《파이드로스》에서 문자 자체를 비판했다
기보다는, 진실과 거짓의 문제를 다루고 있다고 본다. 말이냐 글이냐 라는 매체의 문제보다는 진실이냐
거짓이냐가 훨씬 더 중요하다는 것이다.-옮긴이

란스럽기는 마찬가지였습니다. 바로 이상과 같은 기술적이고 물질적인 틀 내에서 hupomnêmata와 관련된 문제들이 제기됩니다. hupomnêmata의 예들 가운데 제가 아는 첫 번째 예—아마도 다른 예들도 발견하실 수도 있을 겁니다—는 크세노폰이 《소크라테스 회상》 맨 마지막 부분에서 제자들에게 조언하는 소크라테스에 대해 논하는 부분입니다.[7] 소크라테스는 제자들에게 건강과 관련된 조언을 합니다. 여기서 우리는 히포크라테스주의와 그 식이요법 실천의 영향을 확인할 수 있습니다. 이것들은 피타고라스주의와 의학적 영향으로부터 동시에 기원하는 것입니다. 《소크라테스 회상》에서 소크라테스는 제자들에게 "너희들은 hupomnêmata에 너희들이 먹는 것을 기록하고 너희들이 먹는 것에 너희들이 어떻게 반응하는지를 적고 또 너희들이 어떤 식이요법을 따르고 있는지를 기록해야 한다"고 말하는데 이는 대단히 주목할 만합니다. Hupomnêmata는 이상과 같습니다.

두 번째로 이제 또 다른 일련의 문제들이 있습니다. 그것들은 《파이드로스》에서 제기되는 문제들이고 그것은 글쓰기가 기억의 단련과 대립된다는 이유로 글쓰기에 가해진 잘 알려진 비판의 문제입니다. 하지만 《파이드로스》를 읽어보시면 이러한 평가는 다른 또 하나의 평가와 비교해볼 때 별로 중요하지 않음을 아실 수 있을 겁니다. 근본적이라 할 수 있고 텍스트 전반을 지속적으로 가로지르고 있는, 텍스트 마지막 부분에 오는 이 다른 평가는 다음과 같은 것입니다. 즉 하나의 담론이 말한 것이든 쓰인 것이든 상관없고, 문제는 이 담론이 진실[진리]과 연동되어 있느냐

---

7   《소크라테스 회상》, 최혁순 옮김, 범우, 2015, 160쪽(Xénophon, *Les mémorables*, livre IV, chap. VII, 9, dans *Œuvres*, t. III, *op. cit.*, p. 412).

그렇지 않느냐 라는 것입니다. 바로 이 순간 쓰인 것이냐 말한 것이냐의 문제는 이 근본적인 물음에 비해 지극히 부차적인 문제임을 알 수 있습니다.

세 번째로 제가 말씀드리고 싶은 것은 다음과 같습니다. 자기 수양 및 자기 실천의 문제에서 제가 보기에 주목할 만한 것으로 생각되는 것은 글쓰기, hupomnêmata를 통한 기억의 도구가 자기와의 관계를 구축하기 위해 즉각적으로 사용되었다는 점입니다. 그리고 자기 자신을 관리해야 한다는 이 자기 관리 관념 내에는 한편으로 통치자가 피통치자를, 사장이 회사를, 가장이 가족 전원을 관리하는 것처럼 관리하는 것과 같은 이러한 정치적 관리, 〔대단한 중요성을 갖는〕* 영지의 관리 양상이 존재합니다. 다른 한편으로 여기에는 실제로 그리스도교에 이르기까지 수세기에 걸쳐 발견되는 이러한 관념의 전개, 요컨대 덕은 본질적으로 완벽하게 자기 자신을 스스로 통치하는 데 있다는 것, 다시 말해 어떤 저항도 있을 수 없는 통치권의 제어와 완벽하게 일치하는 제어를 자기 자신에게 행사하는 데 있다는 테마와 같은 대단히 중요한 무엇인가가 있습니다. 그러므로 hupomnêmata의 문제와 자기 수양의 문제가 아주 주목할 만한 방식으로 작용하는 지점은 자기 수양이 자기 자신에 대한 완벽한 통치를 자기 자신에게 목표로 부여하는 지점입니다. 우리는 우리 자신에 대한 정치[8]를

---

*   들리지 않는 구절을 추측했다.

8   푸코는 이미 1980년 강의 《자기 해석학의 기원》 결론부에서 이 표현을 사용한 바 있다. 그럼에도 불구하고 그때는 조금 다른 의미였다. 그때 이 표현은 자기 통치의 문제, 자기에 대해서 자기가 '정치적' 유형의 관계를 설정하는 것과는 그다지 연관되어 있지 않았으며, 우리〔서구〕의 역사를 통해서 우리〔서구인〕의 '자기'를 만들어낸 테크닉들의 문제와 연관되어 있었다. 이 '자기'는, 푸코에 따르면 엄격하게 정치적인 것으로 이해되어야 하는 작업을 통해 이제는 변화시켜야 하는 그 무엇이다. Cf. 《자기 해석학의 기원》(OHS, p. 91, 93). 게다가 버클리에서 1983년 4월에 있었던 토론 때 푸코는 다음과 같이 명확히 한다. 설령 때때로 "사람들이 고대의 윤리 내에서, 자기와 자기와의 관계를 권력관계로서 정의하려고 시도한다" 할지라도, 그럼에도 불구하고 이 자기와 맺는 관계는 "권력관계가 아니다. 우리가

수립해야 한다는 것입니다. 그리고 hupomnêmata를 실제적으로 행한다는 의미에서 우리 자신에 대한 정치를 행하는 것입니다. 마치 모든 통치자가 기록을 해야 하고 또 기업을 경영하는 자가 기록을 해야 하는 것처럼 말입니다. 저는 글쓰기가 자기 수양의 문제와 바로 이런 식으로 결부된다고 생각합니다.

다음으로 연구해야 할 일련의 문제들—그런데 이 점에 대해 제가 소묘한 바는 대략적인 검토 및 계획에 지나지 않았습니다—은 이 시기에 전개되는 다양한 방식의 글쓰기입니다. 자기에 대한 글쓰기, 요컨대 자기 수양을 가능케하는 글쓰기에는 크게 두 양태의 글쓰기가 있습니다.[9] 첫 번째 양태는 그리스도교로부터 비롯된, 또 16세기에 자신의 경험과 일상생활 등 내에서 자기 자신을 이야기하는 일기와는 완전히 다른 방식으로 자기 자신에 대해 쓰는 수첩으로 잘 알려진 hupomnêmata입니다. 제가 보기에 hupomnêmata는 항상 격언들이나 인식하고 행해야 할 것들의 모음집으로 존속되어 왔습니다. Hupomnêmata 내에서 사람들은 자신들이 읽은 책을 메모했고 경청했던 대화들을 기록했으며 스승이 준 교훈을 기록했습니다. 또 삶의 틀이 되고 항상적 규칙이 되어야 하는 바들을 기록했습니다. 항상적 규칙, hupomnêmata를 항상적으로 재독서해 내면화해야 하는 규칙, 바로 이것들을 수첩에 메모하는 것입니다.

반면에 자기 자신에 관한 이야기, 거기서 하루 동안 자신이 행한 바, 자신이 체험한 느낌, 자신이 가진 만남 등 자기 자신에 관한 규정이 아니라 자기 자신에 관한 이야기, 혹은 자기 자신에

우리 자신과 맺는 '주인'의 관계는 그러므로 타인들과 맺는 권력관계들과는 구분되어야 한다. Cf. M. Foucault, *Discussion with Michel Foucault*, D 250(9), discussion cit., p.17.

9 CF. M. Foucault, "L'écriture de soi", art. cit., p. 1236-1249.

대한 규정이 아니라 자기 자신에 관한 기술記述 차원에 속하는 모든 것을 이야기하는 텍스트를 여러분은 hupomnêmata에서는 발견할 수 없을 것 같고 서신에서, 다시 말해 타자가 현전하는 서신에서는 발견할 수 있을 것입니다. 그리고 이 서신 장르의 변화는 주목할 만하고 예를 들면 키케로에서 세네카에 이르는 아주 짧은 시기에 현격하게 변하게 됩니다. 키케로가 그의 친구들에게 편지를 쓸 경우 그 이유는 "아, 너도 알다시피 마르쿠스 안토니우스 때문에 내게 이런저런 걱정이 있고 나는 이런저런 문제를 가지고 있다"고 말하기 위해서였습니다. 이것은 항상 사업적이고 정치적인 서신입니다. 그리고 실제로 키케로는 건강에 문제가 있다거나 이러저러한 여행을 했다는 등의 것을 언급하기 위해서가 아니면 자기 자신에 대해 결코 이야기하지 않습니다. 이와는 반대로 세네카와 함께 여러분은 완전히 다른 자기 자신에 대한 기술記述 속으로 들어가게 됩니다. 여러분은 세네카의 서신들—55번째[10] 서신이라고 생각되는데—에서 자기 집 주변을 산책한 것에 관한 묘사를 발견할 수 있을 것입니다. 이 편지에서 세네카는 모래사장을 걸으며 한편으로는 바다를 바라보면서 다른 한편으로는 지금은 죽고 없는 한 친구의 저택을 바라봤다는 기술이 있습니다. 그리고 나서 세네카는 자신의 느낌, 자신의 신체적인 느낌, 자신이 공기를 호흡한 방식, 바다 공기가 천식으로 인한 자신의 호흡곤란을 완화시킨 방식, 지금은 세상을 떠난 친구의 별장을 보았을 때 떠오른 추억 등을 이야기합니다. 아무튼 키케로와 비교해보신다면 이것은 절대적으로 새로운, 자기에 대한 진정한 기술記述로

---

10 Sénèque, *Lettre 55, dans Lettre à Lucilius*, t. II, *op. cit.*, p. 56-60. Cf. M. Foucault, "L'écriture de soi", art. Cit., p. 1246-1247.

보여집니다. 하지만 양자 간에는 50년의 시차가 있습니다.[11] 그런데 이것들은 타인들을 위한 기술이었습니다. 하지만 내면 일지인 hupomnêmata가 적절히 처신하기 위해 해야 할 일과 명심해야 하는 것이 앞에서 언급한 바와 다른 것이 되어버렸을 때, 그것은 자기 자신에 대한 기술記述이 되어버리는데, 그 증거는 성 아타나시우스의 《성 안토니우스의 생애》에서 찾을 수 있습니다. 여기서 성 아타나시우스는 성 안토니우스[12]가 자기 곁에 수첩을 갖고 있으면서 밤 사이에 그가 받은 모든 유혹들, 악마의 형상들 등 사탄이 그를 쓰러트리기 위해 암시한 모든 것을 그의 수첩에 기록해야 했었다고 말합니다.[13] 이렇게 해서 자기 자신에 대한 글쓰기가 시작됩니다.

그래서 말하자면 식이요법의 요소들을 단순히 환기하는 게 관건인, 크세노폰이 환기하는 hupomnêmata와 성 안토니우스가 환기하는 밤 사이의 유혹들에 관한 기술 사이에 일어난 변화는 정말 어마어마했습니다. 하지만 양자를 잇는 가교架橋는 있습니다. 이 가교는 꿈의 기술입니다. 왜냐하면 hupomnêmata에서는 아주 일찍부터 자신의 꿈에 대해 이야기해야 한다는 말이 들리기 때문이지요. 이 점과 관련된 증거들이 있습니다. 아르테미도로스의 기록은 명확하지 않고 함축적입니다.[14] 여하간 시네시오스[15]

11   사실 키케로의 편지들과 세네카의 편지들 사이에는 한 세기에 가까운 시차가 있다.

12   플로베르 《성 안투안느의 유혹》(김용은 옮김, 열린책들)은 참조할 만하다. -옮긴이

13   Cf. Athanase d'Alexandrie, *Vie d'Antoine*, 55, 7, trad. fr. G.J.M. Bartelink, "Sources chrétiennes", Paris, Éditions du Cerf, 1994, p. 285-287. 다음도 참조하라. 《생명존재들의 통치》(GV, p. 252); 《악을 행하고 진실을 고백하다》(MFDV, p. 142-143) ; M. Foucault, "L'écriture de soi", art. vit., p. 1234-1236.

14   아르테미도로스의 《꿈의 해석》에 대해서는 다음을 참조하라. M. Foucault, "Sexualité et solitude", conference cit., p. 993; 《주체성과 진실》(SV, p. 49-103); "Rêver de ses plaisires. Sur l'"Onirocritique" d'artémidore", art. cit.; 《자기 배려》, 18-54쪽(SS, p. 16-50).

15   Cf. Synésios de Cyrène, *Traité sur les songes*, 18.2 et 20.1, *op. cit.*, p. 305 et 308-309. 이 책 127쪽 각주1을 참조하라.

의 명확한 기록이 있는데요, 그는 4세기경에 그리스도교교도로 개종한 이교도였던 것 같습니다. 그는 꿈에 관한 논설에서 자신이 어떤 전통과 연관되어 있다고 말하는 것 같은데 기억이 잘 나지 않아 정확히는 말씀드릴 수 없지만, 아무튼 시네시오스가 성 안토니우스보다 이른 시기의 사람은 아니라고 생각합니다.[16] 그러므로 시네시오스가 전통과 관계를 설정하는 자는 아니라고 생각되는데 아무튼 그는, 어떤 사건들이 닥칠 것인지, 어떤 사건들에 의해 위협을 받는지를 알기 위해서는 당연히 자신이 꾼 꿈들을 다음날 아침, 스스로 해석할 수 있는 방식으로든 아니면 이 꿈들을 자신에게 해석해줄 어떤 사람에게 제시할 수 있는 방식으로든, 기록해야 한다고 말합니다. 그래서 밤새 꾼 꿈의 기록을 통해 수첩에 기록하는 자신에 대한 내밀한 묘사로 (이행하는) 중대한 진일보가 행해진다고 저는 생각합니다.

이상이 글쓰기와 관련해 말씀드리려 한 바입니다. 저는 이것을 다음과 같이 요약합니다. 이 글쓰기가 제 관심을 끈 이유는, 글을 쓰는 자에 대한 자기 참조적 담론의 수사학적 구조 문제가 중요한 것도 사실이지만, 자기 실천과 자기 수양 내에서 자기에 대한 글쓰기가 제도화되는 것도 대단히 흥미롭기 때문이라고 저는 생각합니다. 그리고 예를 들면 몽테뉴가 그것을 사용했을 당시, 이미 수천년의 역사를 가지고 있던 이 방대한 자기 수양과 자기 실천을 염두에 두지 않으면, 그의 《수상록》이 무엇인지를 이해할 수 없습니다.

---

16 키레네의 시네시오스(기원후 370~414경)는 성 안토니우스(기원후 251~356경)가 죽고난 뒤에 태어난 사람이다.

선생님께서 방금 말씀하신 것을 제가 제대로 이해했다면 사람들이 무엇을 실천해야 하는지를 규정하는 hupomnêmata 내에 꿈이나 느낌 같은 훨씬 더 통제하기 어려운 요소들이 글쓰기를 통해 도입되었다는 것인가요……?

아시다시피 글쓰기 실천의 이러한 변화는, 말하자면 사람들이 자기 자신과 맺을 수 있는 관계의 변화를 분석 가능하게 하는 역할을 한다고 생각합니다. 개략적으로 말해 제가 규정된 이 hupomnêmata에 대해 논할 경우 참조하는 것은 무엇일까요? 저는 그리스어와 그리스 문화에서 대단히 중요했던 개념인 gnômê(그노메)를 참조합니다. 여러분도 아시다시피 이 gnômê라는 개념은 대체적으로 간결한 표현이고 시인들이 종종 사용한 표현이기도 한데, 이 표현은 기억해야 할 뿐만 아니라 동시에 조언, 의견, 생활의 규칙이기도 한, 본질적이고 근본적인 진실〔진리〕을 의미합니다. gnômê는 진실〔진리〕이자 규칙, 진실〔진리〕이자 규범입니다.[17] 그리고 hupomnêmata는 본래 이런 것입니다. hupomnêmata 내에 우선적으로 적어 넣어야 하는 것은, 그것이 핀다로스가 되었건 헤시오도스가 되었던 관계 없이 어떤 시인으로부터 인용해 메모하고 이따금씩 다시 독서해 자신의 머릿속에 집어넣는 이러저러한 단장, 이러저러한 gnômê입니다. 그리고 한참 나중에 아우렐리우스에게서 이러한 실천들의 수많은 흔적들이 발견됩니다. 그런데 아시다시피 제가 관심을 갖는 것은, 기억해야 할 생활 규칙으로서의 hupomnêmata로부터 자기에 대한 점진적인 기술記述로의 이행이 명백해진다는 점입니다. 성 아타

17   이 책 139쪽 각주17.

나시우스에 따르면 성 안토니우스에게 이러한 이행은 명백할 뿐만 아니라 의무적이 되기까지 하는데, 그것을 매개하는 것은 바로 꿈에 대한 글쓰기입니다. 꿈에 대한 글쓰기는 정확하게 결정적 전환점에 위치하는데, 왜냐하면 꿈은 사람들에게 일어난 바이고 또 동시에 그것을 이야기해서 어떻게 해야 할지, 요컨대 꿈은, 사람들의 결혼, 그들 부모의 죽음, 미래에 닥칠 파멸 등을 예고하기 때문에 거기에 어떻게 대처해야 할지를 알기 위해 이야기해야 하는 것이기 때문입니다. 꿈에 대한 글쓰기로부터, 해야 할 일, 처방을 끌어낼 수 있습니다.

그러니까 자기에 대한 글쓰기에서 gnômê로부터 자기에 대한 이야기로의 이행은 미학적인 결과들을 발생시킨다는 말씀이죠?

네, 그런데 두 번째로 질문하신 미학의 문제에 답변을 드리지 않아 죄송합니다. 이 문제에 대해 저는 훨씬 더 난처하게 생각하고 있습니다. 이 문제와 관련해 저는 이 자기에 대한 이야기에 미학적 형태를 부여할 필요성에 대한 명확한 설명이, 그보다 앞선 시기나 이후의 시기에 전혀 없었다고 생각되지는 않습니다. 아주 작위적인 세네카의 서신에서, 그것이 루킬리우스와 정말 실제로 주고받은 편지인지, 그것은 둘이서 예술 작품을 만들어내는 행위가 아닌지의 문제가 제기되는 이런 맥락에서, 질문자께서는 세네카의 기술적記述的 서신, 특히 제가 참조하고 있는[18] 세네카의 대단히 아름다운 기술적 서신이 아름다움을 위해 의도적으로 쓰인 서신이라고 생각하실 수도 있을 겁니다. 세네카의 서신은 분명한

18   Sénèque, *Lettre 55, op. cit.*, p. 56-60.

미학적 기준들에 따르고 있습니다. 하지만 놀라운 점은, 모든 이론 내에서―[혹은] 고대에서 발견되는 서간 문학에 관한 몇몇 이론적 기본 원리, 그중에서도 특히 우리가 참조하고 있는 뒤늦은 시기의 데메트리오스의 텍스트에서[19]―서신은 모든 수사학의 가장 기본적인 수준을 이루고 있고 또 거기에 속한다는 것입니다. 서신 내에서 사람들은 자신의 마음의 문을 진심으로 열고 꾸밈없이 그대로 이야기 해야 합니다―하지만 너무 과도하게 꾸밈없이 말해서도 안 됩니다. 세네카가 루킬리우스에게 답장으로 다음과 같이 대단히 흥미롭게 말하는 편지가 하나 있습니다. "아, 너는 내 편지를 좀 더 미사여구로 장식하라고 요구하고 내 편지가 너무 단조롭다고 생각하고 있어. 하지만 결국 편지는 간결하게 쓰는 거야."[20] 그러므로 서신의 미학적 가치와 편지의 간결성 간에 긴장이 있는 걸 볼 수 있습니다. 하지만 대체적으로 편지는 간결하게 쓰는 것이고, 자기에 관한 이야기의 미학, 의도된 미학은 고대에 결코 숙고된 적이 없다고 생각합니다.

서신과 관련해 하신 말씀 때문에 좀 당황했습니다. 선생님께서도 아시다시피, 글쓰기는 기억을 해치고 또 글을 적어 놓으면 더 이상 그것을 훈련하지 않아도 된다는 것 때문에 [고대에] 나쁜 도구라고 비판받

---

19   Démétrios, *Du style*, trad. fr. P. Chiron, Paris, Les Belles Lettres, 2002. 이 논설을 팔레론의 데메트리오스(기원전 350-282)가 썼다고 여기기에는 의심스러운 정황이 있다. 그는 아마도 좀 더 후대의 사람이다. Cf. M. Foucault, "L'écriture de soi", art. cit., p. 1244-1245.

20   Sénèque, *Lettre 75*, dans *Lettre à Lucilius*, t. III, trad. fr. H. Noblot, Paris, Les Belles Lettres, 1957, p. 50: "내 편지는 자네의 취향에 맞춘 것이 아니라, 품위 있게 작성되었다네. 그런데 자네는 그걸 가지고 투덜대는군. 실제로 거드럭거리는 스타일의 애호가들을 제외하고, 누가 자기 스타일을 훈련할 생각을 하겠는가? 내 이야기, 우리가 단 둘이 앉아, 혹은 함께 산책하면서 느긋하게 있을 때 우리는 꾸밈이 없고 편안하겠지. 나는 내 편지들이, 아무 것도 추구하지 않는 편지이기를, 아무런 작위적인 것이 없는 편지이기를 바라네." 이 편지에 대한 좀 더 상세한 설명은, 고대적 의식으로 향하는 푸코의 파레시아 분석의 틀 내에 등장한다. 다음을 참조하라. HS, p. 384-389 et M. Foucault, "La parrêsia", *Anabases*, n° 16, 2012, p. 181-183.

지 않았습니까? 서신 역시 그래서 가치 폄하되었던 게 아닐까요?

네, 하지만 아시다시피 기억을 방해한다는 구실로 행해진 이와 같은 글쓰기에 대한 가치 폄하는 지극히 일시적이었으며 《파이드로스》는 이 점을 다시 한 번 지적하고 있습니다. 이 점을 분명히 하는 한 구절이 있습니다. 요컨대 "담론이 글로 쓰이거나 말한 것은 중요하지 않다. 문제는 그것이 진실된 담론인지 아닌지를 아는 것이다"[21]라고 말입니다. 그러므로 글쓰기의 거부라는 문제를 침소봉대할 필요는 없습니다. 글쓰기 거부의 문제는 우리에게 가정 내에 있는 실물 주식 증서들을 파괴해버렸다는 이유로[22] 가정용 컴퓨터를 현재 우리로 하여금 거부하게 하는 표피적 반응 가운데 하나였던 것 같습니다. 그것은 표피적 위기입니다. 이것보다 더 중요한 플라톤의 단언으로 생각되는 것은 바로 쓰이든 말하든 간에 하나의 담론은 진실되어야 한다는 단언입니다.

선생님께서는 자기 배려와 자기 인식을 구분하십니까? 아니면 양자가 동일하다고 생각하십니까?

아니요, 양자는 동일하지 않습니다. 물론 양자는 심층적으로 연관되어 있지만 서로 아주 다른 것입니다. 이 점과 관련해서도 역시 gnômê의 원리로부터 자기에 대한 기술 원리에 이르는 긴 변화의 도정, 긴 뒤틀림의 도정을 환기하면서 설명 드리려 시도했던 현상과 다소 동일한 종류의 현상이 존재한다고 생각합니

---

21   플라톤, 《파이드로스》, 276a-277a.
22   아마도 푸코는 여기서 1980년대 초반 프랑스에서 발생한, 회사 주식의 탈물질화를 암시하는 것 같다.

다. 우선 자기 자신을 인식해야 한다는 원리, 소크라테스의 이 정식이 사용됐을 때, 그것은 언제나, 그리고 애초부터, 심지어는 플라톤과 크세노폰에게서도, 이 원리와는 다른 원리, 요컨대 "너 자신을 배려해라〔돌봐라〕, epimeleia heautou, 너 자신에 작업을 가해라 라는 원리와 항상 결부되어 있었습니다. 그리고 이 두 정언은 분석할 만한 가치가 있지만 항상 복잡한 관계 속에서[23] 서로를 참조합니다. 일반적으로 다음과 같이 정식화할 수 있습니다(아무튼 이것은 《알키비아데스》에서 발견되는 정식입니다). 요컨대 자기 자신을 배려해야〔돌봐야〕 한다는 것입니다. 왜냐하면 자기 자신을 돌보지 않으면 사회에서 자신이 담당하고자 하는 역할을 담당할 수 없기 때문이고, 다시 말해서 사회를 통치할 수 없기 때문이라는 거죠. 소크라테스가 알키비아데스에게 말하는 바가 바로 이것입니다. 하지만 자기 자신을 배려하려면〔돌보려면〕 어떻게 해야 하는 것일까요 라고 알키비아데스는 묻습니다. 우선 '배려한다〔돌본다〕'는 것이 무엇인지를 알고 그리고 나서 '자기 자신'이 무엇인지를 알아야 한다고 플라톤〔소크라테스〕은 말합니다. 바로 이런 방식으로 자기 자신을 배려할〔돌볼〕 수 있다고 말입니다.[24] 그리고 바로 이런 식으로 소크라테스는 자기 배려〔돌봄〕라는, 보다 근본적인 원리에 내포된 것으로서 자기 자신을 인식할 필요성을 도입합니다.[25] epimeleia heautou보다는 gnôthi seauton을 더 강조하는 다른 텍스트들도 발견할 수 있습니다. 하지만 그것은 중요하지 않습니다. 플라톤에게서 자기 배려와 자기 인식의 항상적 결부가 발견된

---

23   이 복잡한 관계에 대해서는 다음을 참조하라. 《주체의 해석학》, 40-58, 486-488쪽(HS, p. 4-16, 442-444).
24   플라톤, 《알키비아데스》, 127d-130e.
25   Cf. 《주체의 해석학》, 103-105쪽(HS, p. 65-68).

다고 말할 수 있을 것입니다.

이제 '너 자신을 알라'라는 주제로 넘어가보도록 하죠. 소크라테스의 텍스트, 소크라테스를 참조하는 텍스트, 요컨대 크세노폰의 텍스트와 플라톤의 텍스트에서 놀라운 것은 이 자기 인식이 비물질적이고 불멸하는 순수한 원리인 영혼 그 자체, 즉 psuchê(프쉬케)가 무엇인지를 발견하는 것 내에서 구체화됩니다. 달리 말해서 영혼의 존재 양태의 인식이 gnôthi seauton을 구성하는 근본적인 요소입니다. 그리고 영혼으로서의 자기에 대한 존재론적 인식은 특히《알키비아데스》와 같은 텍스트에서는 유명한 눈의 은유와 더불어 영혼이 자기 자신을 명상하는 형태로 행해집니다. 그렇다면 어떻게 눈이 자기 자신을 볼 수 있을까요? 그 답변은 아마도 대단히 단순해보이지만 실은 대단히 복잡합니다. 왜냐하면 플라톤은, 눈이 자기 자신을 보기 위해서는 거울 속에서 자기 자신을 보는 것으로 충분하다고 말하지 않기 때문입니다. 눈이 자기 자신을 보기 위해서는 다른 눈 속에서 자신을 바라봐야 한다는 것입니다. 다시 말해서 자기 자신 안에서 하지만 타자의 눈의 형태하에서 그런데 거기서 타자의 눈동자 내에서 그는 자기 자신을 볼 수 있다는 것입니다. 왜냐하면 눈동자가 거울 역할을 하기 때문이라는 것입니다. 이와 마찬가지 방식으로 다른 영혼 혹은 그의 눈동자에 해당하는 다른 영혼의 신성한 요소 내에서 자기 자신을 보게 될 것이고 신성한 요소로서 자기 자신을 인식하게 된다는 것입니다.[26]

엄밀한 의미에서 명상의 문제는, 원하신다면 뇌두도록 합

26 플라톤, 《알키비아데스》, 132d-133c. Cf.《주체의 해석학》, 105-107쪽[HS, p. 68-69] et M. Foucault, 이 책 164쪽 각주 18.

시다. 하지만 아시다시피 그것이 일반적으로 영혼의 존재 방식에 대한 존재론적 인식을 위한 것이든, 구체적인 자문 행위이든 간에 자기 자신을 인식해야 한다는 관념은 자기가 자기에게 가하는 수련과는 전적으로 별개의 것입니다. 자기 영혼의 존재 방식을 파악하는 것이 문제가 될 때 여러분은, 여러분이 행한 바, 생각하는 바, 여러분이 갖는 관념들과 표상들의 운동이 어떤 것인지, 여러분이 무엇 — 분명히 〔감각적이고〕 가시적이며 실정적이라 말할 수 있는 무엇 — 에 애착을 갖고 있는지를 자문할 필요는 없습니다. 놀라운 것은, 〔기원전〕 3세기부터 전개되는 자기 수양과, 특히 스토아주의의 영향하에서… 저는 '특히 스토아주의의 영향하에서'라고 말씀드렸는데, 그 이유는 에피쿠로스주의는 필로데모스에 의해 남겨진 몇몇 요소들을 제외하고는 자기 점검의 실천에 관해 거의 남겨놓은 것이 없기 때문입니다. 우리가 알 수 있는 것은 단지 에피쿠로스주의 단체들[27] 내에서 매일매일 자기 자신을 점검해야 했다는 사실뿐입니다. 그리고 나서 그들은 서로를 점검했으며 각자 자신에 대해 이야기하고 그러면 타자가 말한 사람을 돕는 집단적인 회동이 있었던 것 같습니다. 우리는 필로데모스의 아주 파편적이고 좀 수수께끼 같은 텍스트를 통해서 이것을 알 수 있습니다.[28] 반면에 스토아주의 문헌은 대단히 풍요롭습니다. 그래서 거기서는, 크세노폰이나 플라톤의 소크라테스적 문헌에서 발견되는 것과는 아주 다른 양식 내에서 자기 자신을 인

---

27 푸코는 "피타고라스주의자들"이라고 말하지만, 맥락을 고려한다면 필로데모스가 이야기한 것은 오히려 에피쿠로스주의 집단들의 실천인 듯하다(이들의 실천은 실제로 피타고라스주의적 실천에서 유래한다).

28 필로데모스, 그리고 (파레시아라는 주제와 관련된) 에피쿠로스주의자들의 의식 점검과 의식 지도의 실천에 관해서는, 다음을 참조하라. 《주체의 해석학》, 172-173, 415-420쪽〔HS, p. 132, 370-374〕 et 《자기 배려》, 70-71쪽〔SS, p. 67〕.

식해야 할 필요성이 상세히 설명되는 것을 볼 수 있습니다. 어떤 스토아주의, 특히 후기 스토아주의, 요컨대 에픽테토스의 스토아주의에서는, 소크라테스와 gnôthi seauton에 근거한 아주 명시적인 차이가 발견됩니다. 하지만 이 gnôthi seauton은 〔다른〕 의미를 지니고 있습니다. 이 자기 인식은 아주 상이한 방식으로 후기 스토아주의 텍스트에서 구체화됩니다. 우선 자기 인식은 아주 규칙적인 수련의 형태를 취합니다. 그리고 특히 그 유명한 저녁 의식 점검의 형태를 취하는데 여기서 사람들은 자신의 하루를 되돌아보고 자신이 행한 바를 상기합니다.[29] 이것은 스토아주의자들에게서 발견할 수 있는 테마인데 피타고라스 학파가 그 기원입니다. 이 점에 대해서는 모든 텍스트들이 일치합니다. 하지만 아무리 피타고라스 학파들의 영향을 받았다고 한들, 플라톤은 결코 의식 점검에 대해서는 논의하지 않습니다. 자신의 영혼을 파악하는 것, 그것을 자기 자신의 존재 내에서 명상하는 것은 잠자리에 들기 전에 "내가 할 수 있었던 선한 일은 무엇이고 내가 행할 수 있었던 악한 것은 무엇인가?"라고 말하는 수련을 거치지 않습니다. 이와 같은 수련은 〔스토아주의자들에게서〕 발견됩니다. 에픽테토스에게서도 어떤 종류의 자기 점검 실천이 전개되는 것을 발견하실 수 있습니다. 그것은 걸으면서 하는 자기 점검인데, 산책할 때 만나게 되는 여러 다른 대상들에 주의를 기울이면서 우리가 그것들에 애착을 갖고 있는지 없는지, 그리고 우리가 그것을 욕망하거나 욕망하지 않는 것을 자유롭게 선택할 수 있다고 느끼

29　자기 점검의 고대적 실천에 관해서는 다음을 참조하라. 《생명존재들의 통치》〔GV, p. 231-241〕; 《자기 해석학의 기원》〔OHS, p. 41-45〕; 《악을 행하고 진실을 고백하다》〔MFDV, p. 91-97〕; 《주체의 해석학》, 488-489, 506-513쪽〔HS, p. 444-445, 460-465〕; M. Foucault, *L'écriture de soi*, art. cit., p. 1247-1249; "Les techniques de soi", conférences cit., p. 1615-1618; 《자기 배려》, 68-69, 81-83쪽〔SS, p. 65-66, 77-79〕.

는지 아닌지를 자문하는 실천입니다.[30] 당신은 어떤 집정관을 만납니다. 그의 화려함이 깊은 인상을 남겼습니까? 집정관이 되고 싶습니까? 당신은 귀여운 여인이나 사랑스러운 소년을 만납니다. 그 혹은 그녀와 함께 침대로 향하기를 원합니까? 이런 식입니다. 그리고 에픽테토스는 매일 아침 이렇게 해야 한다고 말합니다. 매일 아침 집을 나선 다음… 역시 아우렐리우스에게서도 자기 점검의 또 다른 형식을 발견하실 수 있는데, 이게 또 아주 흥미롭습니다. 왜냐하면 그것이 hupomnêmata라는 주제와 연결되어 있고 또 그와 대립하고 있는 것 같기 때문입니다. 아우렐리우스는 이렇게 말합니다. 가끔은 모든 책을 덮고 아무 것도 기억하지 말며, anachrôrêsis eis heauton 해야 한다, 다시 말해 자기 자신 안에 은둔하고 자기 자신 안에 은거해야 한다. 그리고 거기서 지켜야 할 품행의 원칙들이 무엇인지를 되새겨야 한다. 우리가 기억하는 품행의 원칙들이 무엇인지, 또 언제나 거기에 늘 잘 활성화된 상태로 존재하면서 필요하다면 행동으로 옮겨질 준비가 되어 있다고 우리가 생각하는 품행의 원칙들이 무엇인지를 되새겨야 한다.[31] 우리 자신에 대한 이런 종류의 가상의 책과, 행동의 주요 규정들이 각인된 기억 속에 등장하는 품행 원칙들의 이러한 재활성화는 자기 점검의 또다른 형식을 구성합니다.

덧붙여서 강조하고 싶은 게 있습니다. 두 가지 이유가 있는데요, 우선 첫 번째로 소크라테스 - 플라톤주의적 전통 내에서는 이 모든 것들을 전혀 발견하실 수가 없습니다. 신플라톤주의는

30   Épictète, *Entretiens* III, 3, 14-19, *op. cit.*, p. 18. 이 책 135쪽 각주 11.
31   Marc Aurèle, *Pensées*, IV, 3, trad. fr. É. Bréhier, dans *Les Stoïciens*, "Bibliothèque de la Pléiade", Paris, Gallimard, 1962, p. 1159. 《주체의 해석학》, 90쪽(Cf. HS, p. 50) et M. Foucault, "L' herméneutique du sujet", résumé cit., p. 1180-1181.

정화의 문제들에 훨씬 더 관심이 있었지, 점검의 문제들에는 별로 관심이 없었습니다. 두 번째로, 이러한 자기 점검들은 다른 한편으로 그리스도교에서 발견하게 될 자기 점검과는 다르다는 것을 보실 수 있습니다. 왜냐하면 그리스도교에서 중요한 것은 아는 것이기 때문입니다. 자기를 점검함으로써 자기 안에 아직 이러저러한 불순물의 흔적, 육욕의 흔적, 이러저러한 〔죄악〕*으로 당신을 이끌어가는 육체적 요소가 남아 있는지 여부를 아는 것 말입니다. 스토아주의 문헌에서 이야기하는 이러한 자기 점검들 속에서 중요한 것은 특히, 일상생활에 필요한 품행 규정들의 꾸러미를 우리가 잘 들고 있는지를 아는 것입니다. 만약 우리가 우리의 하루를 상기한다면, 그것은 우리가 언제 과오들을 저질렀는지를 알기 위한 것임과 동시에, 우리가 언제 과오들을 저질렀는지를 상기함으로써 우리가 적용해야 했지만 〔적용하지〕 않은 품행 규칙들을 재활성화시키기 〔위한〕 것입니다. 스스로 죄의식을 느끼게 하기 위한 기억화의 기획보다는, 미숙함들과 hamartêmata[32]들을 이용하는 것이 훨씬 더 중요합니다. 우리가 규정들을 잊지 않기 위해 하루 동안 할 수 있었던 것은 죄의식을 더 깊어지게 하는 것이라기보다는 오히려 규칙code을 재활성화하는 것입니다. 마찬가지로 산책하면서 하는 자기 점검의 실천들은 우리가 이런저런 것들과 상관이 있는지 없는지를 알기 위한 것이지, 어떤 깊은 욕망이 숨겨져 있는지를 발견하려는 것이 아니며, 우리를 휩쓸어갈 수 있는 모든 것들로부터 우리는 어디까지 자유로울 수 있는지를 알기 위한 것입니다. 이것은 실재적인 자유에 관한 시험이고 자기의 주

---

* 들리지 않는 단어를 추측했다.
32 hamartêmata: 실수, 과오.

인에 관한 시험이지, 은밀한 과오들의 발견에 관한 시험이 아닙니다.[33] 그러므로 이것은 자기와 맺는 관계의 완전히 다른 양식인데, 제가 보기에는 플라톤식의 관조와도 매우 다르고 또 동시에 그 후의 그리스도교적 의식점검과도 매우 다릅니다.

16세기에 있었던 자기 수양의 부흥 내에서 고대의 자기 테크닉들이 위치하는 곳은 어디인가요?

저는 이 점에 대해 감히 어떤 가설을 제시하지는 않겠습니다. 16세기에 있었던 자기 점검의 실천들, 자기 실천들에 관한 명확하면서도 충분히 종합적인 연구들이 있었는지 잘 모르겠습니다. 제 생각에는 이렇게, 완전히 어림짐작이지만, 한편으로는, 15세기 말부터 명백하게 뚜렷했던 종교적 위기 내에서, 엄청난 거부 내에서, 그러니까 가톨릭 사목 실천들에 대한 거부, 이런 식의 고해에 대한 거부, 사제〔에 대한〕 거부, 사람들에 대한 제도적 권위 행사〔에 대한〕 거부 등 이러한 거부 내에서, 제 생각에는 자기와 맺는 관계의 어떤 형식이, 자기와 맺는 관계의 새로운 방식에 대한 탐구들이 진행된 것 같습니다. 두 번째로는 이러한 탐구에서는 고대적이고 스토아주의적인 실천의 특정한 몇몇 주제들의 재활성화 〔현저하게〕* 나타납니다. 제 생각에는 몽테뉴의 《수상록》에서

---

33 버클리의 'Howison Lectures'에서 세네카의 《영혼의 평정에 관하여》의 첫 부분을 분석하면서, 또 세레누스에게서 "verum fatefi〔진실 말하기〕"가 갖는 의미를 설명하면서 푸코는 유사한 방식으로 다음과 같이 단언한다. "그가 무엇에 여전히 애착을 갖고 있고 무엇에 초연해 있는지, 또 그는 무엇과 관련하여 자유롭고 어떤 외부적인 것에 의존하고 있는지를 그에게 가능한 한 정확하게 지적해주는 것이 중요하다." 그의 '고백'은 그러므로 "내밀한 비밀들을 대낮의 밝은 빛 아래로 끌어 내는" 것이 아니라, "오히려 그가 주인 노릇하지 못하는 사물들과 그들 묶어 놓는 관계가 중요하다. 그것은 행위들의 규칙이라는 틀 내에서의 자유의 일람표와 같은 것이다. 그것은 저질러진 오류들의 목록이 아니라 의존관계들의 상태다." Cf.《자기 해석학의 기원》(OHS, p. 48, n. a.〕

* 들리지 않는 구절을 추측했다.

조차도, 엄밀한 의미에서의 에세essai라는 개념, 다시 말해 시험이라는 개념 ─ 우리는 해야 하는 일과 씨름하고, 우리가 할 수 있는지, 어디까지 할 수 있는지 등을 봅니다 ─, 어떤 의미로는 자기 시험인 이 개념은 제가 보기에는 우리가 스토아주의자들에게서 명백하게 찾을 수 있는 이 주제계와 상당히 가깝습니다. 또 이 주제계에서의 자기 점검은 자기 자신의 깊은 곳에 숨겨진 어떤 형식, 자기 자신의 깊은 곳에 숨겨진 어떤 진실을 발견하는 식으로 행해지는 것이 아니라, 우리가 아는 것과 모르는 것, 우리가 할 수 있는 것과 할 수 없는 것, 우리가 가진 자유와 우리가 여전히 애착을 갖는 것들에의 의존 관계들을 시험하고 알려는 어떤 시도〔입니다〕.[34] 자기 시험과 자기 해석은 제가 보기에 몽테뉴에게서 상당히 명백히 드러나는 것 같은데, 제 착각일 수도 있습니다.

로욜라의 《영신수련》에서, 어떤 의미에서는 고대적 자기 실천들이 일으킨 부흥의 이면을 봐야 하지 않을까요?

네, 그것들은 그 이면인 동시에… 왜냐하면 로욜라의 《영신수련》[35]에서 매우 인상적인 것은, 그 모든 영적 수련들에서, 은밀한 진실을 해독하도록 개인들로 하여금 자기 자신에게 주의를 기울이게 하는 그런 의무가 아닙니다. 그보다는 오히려 항구적인 수단, 항구적인 틀과 같은 것을 그들에게 제안한다〔는 것〕, 그들이 보

---

34 《자기 해석학의 기원》 강의에서 푸코는, 《분노에 관하여》 제3권에 기술된 세네카의 저녁 점검을 분석하면서, 그것을 다른 스토아주의 실천들(끊임없는 격언 교과서 강의, 죽음에 대한 명상, 아침에 이루어지는, 실행해야 할 과업들의 열거 등등) 전체 사이에 재위치시킨다. 푸코는 다음과 같이 주장한다. "이 모든 실천들에서 자기는, (그리스도교에서와는 달리) 해석되어야 할 주어진 주체성의 장으로 간주되지 않습니다" "그는 가능하거나 구체적인 행위의 시련에 스스로 복종합니다" Cf. 《자기 해석학의 기원》(OHS, p. 45).

35 Ignace de Loyola, *Exercices spirituels*, trad. fr. J.-C. Guy, Paris, Seuil, 1982.

낸 하루의 처음부터 끝까지, 그들이 그들 자신과의 관계를 통해, 타인과의 관계를 통해, 타자들과의 관계를 통해 사로잡혔던 것들을 해석할 수 있는 항구적인 수단, 항구적인 틀과 같은 것을 그들에게 제안한다(는 것)입니다. 저는 로욜라에게, 자기 자신으로 되돌아와야 하고 탐지해야 하는 등등의 순간들이 있다는 것을 잘 알고 있습니다. 하지만 그것은 최고조의 순간들에 지나지 않습니다. 로욜라의 이 모든 영적 실천들 이후에 아주 현저하게 드러나는 대대적인 삶의 수련 (내에서) 인상적인 것은 반대로, 각 순간마다 뭔가를 해야 한다는 것, 이러저러한 방식으로 자신의 사유를 관리해야 하고, 자신의 독자성, 혹은 그보다는 신과 마주한 자신의 의존성을 검토해야 한다는 것입니다. 그래서⋯ 이건 아마도 좀 자의적일 텐데, 왜냐하면 텍스트들이 직접적으로 대칭을 이루고 있는 것 같지는 않으니까요, 하지만 저는 예수회 텍스트는 아닌 어떤 17세기 텍스트에서, 에픽테토스의 산책을 떠올리게 하는 어떤 산책의 양식을 발견했던 기억이 있습니다. 프랑스 신학생들을 위한 텍스트였던 것 같은데, 별로 중요하지는 않지만요. 거기서 젊은 신학생 개인에게 중요한 것은, 산책하면서 어떤 것을 볼 때마다 그것이 어떤 점에서 신에 대한 그의 의존성을 드러내 주는지를 발견하는 그런 수련을 하는 것입니다. 신은 그에게 신의 선하심 속에서 은혜로운 행동을 할 수 있게 하고, 신의 섭리가 현존함을 해독할 수 있게 해줍니다. 그리고 이 두 텍스트는 물론, 다시 한 번 말씀드리지만, 서로 호응하는 것 같지 않은데, 왜냐하면 에픽테토스의 《지침서》는 아주 잘 알려져 있고, 《대담집》은 좀 덜 알려져 있는데, 이 두 텍스트가 그럴 이유는 없고⋯ 하지만 사실 이 두 텍스트는 (산책 명상에 관한 텍스트)인 한에서는 서로 호응하는데, 에픽테토스의 경우에는, 산책할 때 그가 보는 각각의 것들과 관련해 자기 자신에 대한 자신의 주권을 검토하고 자신이 그 어느 것에도 의지하고 있지 않다는 것을 드러내는 반면, 다른 경우에는 반대로, 신학생이 산책을 하면서 자신이 보는 각각의 것들 앞에서 이렇게 말합니다. "아, 신의 선하심이 얼마나 위대한가, 이것을 만드신 그분, 자신의 힘 아래 모든 것을 잡고 계신, 그리고 특히 신의 의지를 받아들이기 위해 내 의지를 포기한 나를 잡고 계신 그분". 이것이 산책 명상의 두 실천입니다.

일종의 묵주와 같은 것인가요?

네, 바로 그렇습니다. 하지만 제가 보기에 결국, 엄밀히 말해 자기 자신에 관한 모든 문헌, 내면적인 이야기들, 자기에 대한 일기 등과 같이, 만약 우리가 그것을 이제는 2500년의 〔역사를 갖게 된〕 이러한 자기 실천들의 아주 일반적이고 아주 풍부한 틀 내에 다시 놓지 않는 한 이해될 수 없습니다. 사람들은 2500년 동안 자기 자신에 대한 글을 써 왔지만, 동일한 방식으로는 아니었습니다. 그것은 그럼에도 불구하고 우리〔서구〕의 문화에서 지극히 중요한 어떤 것입니다. 그런데 거기서 우리는 정말로 글을 쓴다는 것과 자기와 관계를 맺는다는 것은 전혀 다른 두 가지 것임을 확실히 알 수 있습니다. 그리고 저는, 아마 제 착각일 수도 있지만, 글쓰기와 일상 간의 관계를, 유럽 근대성 특유의 현상으로 제시하는 어떤 경향이 있다는 느낌을 갖습니다. 그런데 그것이 근대적 기원만을 갖지는 않는다고 말씀 드릴 수 있을 것 같습니다. 그것은 글쓰기의 최초 활용법 중 하나이기도 했습니다.

이러한 자기 자신에 대한 글쓰기의 톱니바퀴로부터 우리는 벗어날

제 생각에 자기 돌봄은 사실, 변하지 않는 문화라고 감히 말씀드릴 수는 없는 어떤 것입니다. 왜냐하면 모든 것은 모든 것들의 변주일 뿐이니까요. 역사가들은 언제나, 이를 테면 소위 객관적이라고 하는 테크닉들, 그러니까 개인들을 대상들과, 자기들이 만들어내는 것들 등등과 관계 맺게 해주는 테크닉들에 매우 큰 중요성을 부여합니다. 또 우리가 타자 테크놀로지라고 부를 수 있는 것, 다시 말해 제도들, 정치, 다양한 규칙, 규율적 강제 등등을 통해 타자를 관리하는 방법에 대해 우리는 제법 연구하긴 했지만, 그렇다 하더라도 제 생각에 우리는 그것을 충분히 연구하지 못했습니다. 그리고 자기 테크닉의 문제도 있습니다. 그리고 이 자기 테크닉들, 자아에 관한 테크닉들은, 제 생각에 우리의 모든 문화 속에서 게다가 아주 다양한 형식들과 더불어 재발견할 수 있을 것 같습니다. 그리고 한 문명과 다른 문명에서 (발견할 수 있는) 여러 대상들을 생산하는 테크닉과, 인간들을 관리·통솔·통치하는 기술들을 연구·비교·구별해야 하는 것처럼, 자기 테크닉의 문제 또한 (이것들이 한 문명과 다른 문명에서 나타나는 방식을 연구·비교·구별해야 합니다).[36] 그리고 자기 테크닉들은 변화합니다. 물론 두 가지 이유로, 이 자기 테크닉들의 분석은 종종 난관에 부딪힙니다. 첫째로 당연히 이 자기 테크닉들은 대상들의 생산과 동일한 구체적인 총체를 필요로 하지 않기 때문입니다. 그러므로 이 테크

---

36 그렇지만 생산 테크닉들, 권력 테크닉들 그리고 자기 테크닉들과 비교해 비슷하게 추론하기 위해 푸코는 또한 의미 작용의 테크닉들을 이야기한다. 다음을 참조하라. 《자기 해석학의 기원》(OHS, p. 37-38); M. Foucault, "Sexualité et solitude", conférence cit., p. 989-990; "Les techniques de soi", conférences cit., p. 1604.

닉들은 많은 경우 눈에 보이지 않습니다. 그리고 둘째로 많은 경우에 자기 테크닉들은 일반적으로 타자를 통솔하는 테크닉들과 아주 긴밀하게 연결되어 있기 때문입니다. 그 한 예로 교육 제도를 들어본다면, 우리는 교육에서 〔먼저〕 타자들을 관리한 연후에 그들로 하여금 그들 자신을 관리하도록 가르친다는 것을 알 수 있습니다. 그러므로 타자 테크닉들과 긴밀하게 연결된 것처럼 보이는 자기 테크닉이 있습니다. 이 두 가지 이유 때문에 자기 테크닉들을 분석하는 것이 더 어렵습니다. 그것들은 가시적이고 구체적인 거대한 테크닉들보다 더 난해합니다. 이를테면 〔대상들의〕* 생산인 사랑에서처럼 말입니다. 하지만 결국, 그래도 그것은, 그것이 종교 체계건, 유사 종교 체계건, 혹은 불교와 같은 종교 체계와 유사한 것이건 〔눈에 보이는 어떤 것입니다. 그것은…〕** (그럼에도 불구하고 불교는 다른 어떤 종교보다도, 다른 어떤 엄밀한 의미에서의 도덕보다도 훨씬 더 본질적으로 어떤 자기 테크닉에 가깝습니다).[37] 소위 원시적이라고 하는 모든 사회에서도 마찬가지로 자기 테크닉의 요소들을 발견하실 수 있으리라고 생각합니다.

고대 사회가 수치에 기초한 사회였고, 고대 사회에서 수치가 근본적인 역할을 했었다고 생각하시나요?[38]

---

*   들리지 않는 구절을 추측했다.

**   들리지 않는 구절을 추측했다.

37   ('자기 테크닉'이라는 개념을 구상하기 전인) 1978년 일본에서의 인터뷰에서 푸코는 이렇게 단언한다. "불교의 영적 테크닉들"은 "주체와 관련된 초극이라는 관점에서, 탈개인화, 탈주체화, 개인을 그의 한계들로 밀어붙이고 그 한계들을 넘어서게" 하는 경향이 있다. Cf. M. Foucault, "La scène de la philosophie", entretien cit., p. 593. 또한 다음을 참조하라. M. Foucault, "Michel Foucault et le zen", entretien cit., p. 621.

38   이 질문은 루스 베네딕트(Ruth Benedict)가 수치 문화(shame cultures)와 죄 문화(guilt cultures)을 구분한 것을 참조하고 있다. 도즈Eric R. Dodds는 《그리스인들과 비이성적인 것》에서 호메로스의 시대부터 고전기 시대까지의 그리스 세계의 발전을 분석하기 위해 이 구분을 다시 취한다. Cf. 《그리스인들과 비이성적인 것》, 주은영·양호영 옮김, 까치, 2002, 31-32쪽, 〈제2장 수치 문화에서 죄 문

아뇨, 그렇게 생각하지 않습니다. 그리고 저는 《로마의 사회 관계》[39]에 대한 맥멀렌의 아주 훌륭한 책을 즐겁게 읽었었는데요, 거기서 저자는 방금 하신 질문, 수치의 사회 혹은 죄책감의 사회에 대해 다룹니다. 그리고 맥멀렌은 이렇게 명백히 답합니다. "수치의 문명? 나는 별로 그렇게 보지 않는다. 나는 오히려 로마인들에게서 긍지의 문명을 본다. Guilt society가 아니라 pride society 말이다." 그는 사회적 지위, 행실, 그리고 걷는 방식의 중요성을 강조합니다. 로마인들에게서도 믿을 수 없을 만큼 중요했던 이러한 동작의 제어, 신체적 태도의 제어, 즉 자기 테크닉은 즉시 타자들에게로 향합니다. 왜냐하면 자신의 사회적 지위와 우선권, 결과적으로 타자들에 대한 자신의 영향력을 확보하는 것이 중요하기 때문입니다. 이 모든 것들이 shame society에 속하기보다는 pride society에 속한다는 것은 명백합니다.

고대의 자기 수양 기술들은 그리스도교와 서양 철학에 의해 완전하게 가려졌던 것처럼 보입니다. 서양 철학에서는 자기 수양이 아닌 자아 구축이 중요하지요. 그렇지만 그 다음 시대들에서 고대의 자기 관계라는 관념과 비슷할 수 있는 것의 자취들, 그러니까 이 자기 수양의 자취들을 찾아내주실 수 있으시겠습니까?

좋은 질문이십니다. 우선 저는 자기 수양이라는 것이 은폐

<hr>

화로〉, 33-59쪽(E. R. Dodds, *Les Grecs et l'irrationnel*(1951), trad. fr. M. Gibson, Paris, Flammarion, 1977, p. 28 et également le chapitre 2, "De 'civilisation de honte' à 'civilisation de culpabilité'", p. 37-70).

39   R. Macmullen, *Roman Social Relations*, 50 B. C. to A. D. 284, New Haven, Yale University Press, 1981; trad. fr. A. Tachet, *Les rapports entre les classes sociales dans l'Empire romain*, 50 av. J.-C. -284 ap. J.-C., Paris, Seuil, 1986. 사실 맥멀렌의 입장은 미묘하게 다르다. (cf. p. 102 제정기 로마 사회와 관련해 "인류학자들이 '수치심에 기초한 사회'라고 불렀던 것 또한 물론 '자만심에 기초한 사회'였다.")

되었다거나 사라졌다고는 생각하지 않습니다. 자기 수양의 많은 요소들이 곧바로 그리스도교 내로 통합되고, 그 안으로 이전되고, 재사용된 것을 발견할 수 있을 겁니다. 그리고 우리가 그리스도교적 금욕주의라고 부르는 것의 많은 요소들이 이 자기 수양으로부터 왔습니다. 둘째로 자기 수양이 그리스도교 내부에서 반복된 순간부터, epimeleia heautou〔자기 배려〔돌봄〕〕가 본질적으로 epimeleia tôn allôn〔타자 배려〔돌봄〕〕, 즉 목자가 가져야 하는 타자들에 대한 배려가 된 한에서, 이 자기 수양은 어떤 의미로는 사목 권력의 행사로 여겨졌음에 틀림 없습니다. 각자의 구원이, 영혼의 배려를 목표로 해야 하는 사목 제도를 적어도 일정 부분 거쳐가게 된 바로 그 순간, 자기 수양은 자율성의 큰 부분을 상실했다고 생각합니다. 이는 자기 수양이 사라졌다는 것을 뜻하지는 않습니다. 〔사목 제도에〕 통합되면서 자기 수양은 그 자율성의 큰 부분을 상실했던 것입니다.

흥미로운 것은 르네상스 시대에는 반대로 사목 제도들로 인한 권력 효과들에 대항하는 일련의 종교 단체들을 볼 수 있다는 사실입니다. 물론 중세에 이미 이런 종교 단체들이 실존했다는 증거들이 있습니다. 그들은 이 사목 권력에 대항하면서 자기 자신을 스스로 구원하겠다고 주장했습니다. 개인 스스로가 자기 자신을 구원하겠다고, 종교 단체가 교회 제도와 교회 사목으로부터 벗어나 자신을 구원하겠다고 말입니다.[40] 그러므로 어느 정도까지는, 자기 수양의 소생〔르네상스〕이라기보다는, 왜냐하면 자기 수양은 사라지지 않았으니까요, 자기 수양의 자율성이 소생한 것이고, 결국 〔자기 수양의〕 더 자율적인 형식들이 재출현한 것입니다. 르

40　이 책 46쪽 각주 7.

네상스에는 또한… 잠시 부르크하르트의 텍스트를 참조해보겠습니다.[41] 아마도 이러한 관점에서 실존의 미학에 관한 아주 잘 알려지고 유명한… 한 장을 다시 읽어봐야 할 것 같습니다. 자기 고유의 예술 작품으로서의 영웅 말입니다. 여기서 삶, 그 자신의 삶을 예술 작품으로 만들어야 한다는 사고방식은 아마도 그것이 재출현하게 되는 중세에는 상당히 기이하게 여겨지는 사고방식이었을 것입니다. 그러므로 역사는 아주 복잡하다고 생각합니다. 19세기의 댄디즘에서도 또한 명백하게….

니체에 대해 말씀하신 것은 아닌지 궁금합니다.

아닙니다. 왜냐하면, 글쎄요, 실례지만 금욕주의 그러니까 그리스도교적 금욕주의에 관한 아주 큰 착각이 있다고 생각되는데요, 니체의 계보학이라는 구상은 이런 종류의 분석을 행하기 위해 유지될 수 있고 또 유지되어야 하지만, 반면에 금욕주의, 그리스도교적 금욕주의 등등에 관해 말할 수 있었던 모든 것들은 〔우리가 이교도 도덕에 관해 알고 있는 것〕*과 관련해 부적절해보입니다. 그리고 저는 니체를 이런 방식으로든 저런 방식으로든 자기 수양이라는 주제의 재출현 혹은 재활성화로서 재해석하고 재독서할 수 있다고는 생각하지 않습니다. 하지만 제가 틀릴 수도 있습니다. 재검토할 필요가….

아시다시피, 제가 이 오래된 텍스트를 살펴볼 수밖에 없었고 또 우리 〔서구〕 사회 내에서의 성적 금기들의 계보를 좀 연구해

---

41   J. Burckhardt, *La civilisation de la Renaissance en Italie*(1860), trad. fr. H. Schmitt, revue par R. Klein, Paris, Bartillat, 2012, Cf.《쾌락의 활용》, 25쪽〔UP, p. 17〕.
＊   들리지 않는 구절을 추측했다.

보고자 했을 때, 이 모든 것들을 생각했습니다. 여기서 저는 도덕사의 진정한 문제는 코드의 문제, 즉 허용과 금지의 문제가 아니라 바로 자기 실천의 역사였다는 것을 깨닫게 됐던 것입니다. 제게 금지된 것은 언제나 동일한 것이었습니다. 우리 〔서구〕 사회들은 금기와 관련해서는 발명해낸 것이 거의 없습니다. 욕망과 관련해서도 금기와 마찬가지로, 새로 발명한 것이 없어요. 욕망과 관련해 발명된 것이 거의 없다는 것은 틀림없는 사실입니다. 쾌락의 금지와 관련해서도 마찬가지로 새로 발명된 것은 거의 없습니다. 언제나 동일한 것이 금지됩니다. 그러니까 이건 흥미로운 것이 아닙니다. 도덕의 역사에서 흥미로운 것은, 끊임없이 변화하고 풍요로워지며 증대되고 〔새로운〕* 형태로 발명되는 이 자기 테크놀로지입니다.[42] 그래서 저는 그 모든 것들을 살펴보게 되었습니다. 고대 시기에는 확실히 그것이 명백히 드러났었는데, 왜냐하면 그 시기는 역사 속의 여러 시기들 중에서도 자기 테크닉이 그 자체를 위해 엄청나게 전개되고 철학이 자기 테크닉으로서 등장하던 시기였기 때문입니다. 세계의 보편적 체계로서의 철학이나 학문의 근본으로서의 철학이라는 사고방식은 아주 기이한 것이거나 아니면 어쨌든 고대 철학에서는 상대적으로 드문 것으로 나타납니다. 물론 우리가 오늘날 의지하고 있는 몇몇 중대하고 중요한 정식들이 있긴 하지만 말입니다. 하지만 소위 그 일상적 전개 속에서, 그날그날, 고대의 철학은 어떤 자기의 실천이었습니다. 만약 우리가

---

*   들리지 않는 구절을 추측했다.

42   넓은 의미에서의 '도덕' 내부에서, '행동의 규칙'들과 '그것을 단언하기 위해 마련된 도덕적 주체화의 형식들 및 자기 실천의 형식들'을 구분하고 싶다면 다음을 참조하라. 《쾌락의 활용》, 44-45쪽 〔UP, p. 36〕 또한 다음을 참조하라. 《주체성과 진실》〔SV, p. 232-233〕. 여기서 푸코는 '허용된 것과 금지된 것을 〔결정하고〕 코드화하는 골조'를, 그것의 단순한 '이론적 외관'일 뿐만 아니라 '코드화를 둘러싼 부수적 담론'이기도 한 것과 대립시킨다. 왜냐하면 '주체성〔과〕 품행들의 코드화 사이에 있을 수 있는 관계의 유형'을 포착할 수 있는 것은 다 이 부수적 담론 덕분이기 때문이다.

별들의 운행을 알아야 했다면, 혹은 원자들이 실제로 존재하는지 여부를 알아야 했다면, 그것은 자기 자신에 대해 명상하기 위해서였고, 실천적인 것이었습니다.[43] 그러므로 이 시기에는 정말로 그 자체를 위한 자기 수양이 전개되었습니다. 그 자율성과 제도들, 스승들, 자기의 스승들과 더불어서 말입니다. 이 (자기 배려(돌봄)의) 황금기에는 의논하기 위해 찾아갈 사람들이 있었습니다. 우리는 그들에게 어떻게 처신해야 하는지, 좋은 것과 나쁜 것 등등을 물었습니다.

저는 자아의 테크닉들이 나타나는 몽테뉴, 그리고 격자 구조와 그 테크닉들의 전복까지도 나타나는 데카르트 사이의 단절에 흥미를 느꼈습니다. 주체의 구축이 어떻게 자아 테크닉들을 중단시키고 전복시키며 심지어는 왜곡시킬 수 있었을까요?

이 점과 관련해 벌어지는 일들은 대단히 흥미롭습니다. 이런 말씀을 드리면서 시작하겠습니다. 필수적이지만 아주 흥미로운 이 문제에 입각해 몽테뉴와 파스칼 그리고 데카르트가 그들

---

43 자기 실천으로서의 세계인식 및 자연인식에 관해서는 다음을 참조하라. 《주체의 해석학》, 276-277, 290-341쪽(HS, p. 232-233, 248-297). 또한 다음을 참조하라. P. Hadot, "La physique comme exercice spiritual ou pessimism et optimism chez Marc Aurèle"(1972), dans *Exercices spirituels et philosophie antique*, Paris, Albin Michel, 2002, p. 145-164. 1983년 봄 버클리에서 있었던 토론에서 푸코는 이렇게 단언한다. "제 생각에는 스토아주의에서의 우주, 일반적으로 고대 철학에서의 우주와 관련해 우리가 이야기하는 것들을 좀 조정해야 할 필요가 있습니다. 왜냐하면 그것은 소크라테스에서부터 에픽테토스에 이르기까지 고대 철학 전반에 나타나면서 이상하게 반복되는 주제이기 때문입니다. 고대인들은 아무 짝에도 쓸모 없는 것들, 그러니까 천문학, 약효가 없는 식물, 바다 깊은 곳에서 일어나는 일 같은 것들은 알 필요가 없다고 생각했습니다… 이런 (양상)들은 끊임없이 재발견되고, 이와 관련하여 플라톤과 아리스토텔레스가 예외적이라는 것은 확실합니다. 그들은 가장 고대적인 사유의 전형이 절대로 아닙니다. 그들은 고대적 사유와의 관계에서 보자면 기형적입니다. 고대적 사유에서 우리는, 실존에 직접적으로 유용한 것에만 관심을 기울여야 한다는 주제를 끊임없이 발견하게 됩니다. 소크라테스에게서도, 적어도 모든 후기 스토아주의에서도, 에픽테토스와 에피쿠로스에게서도 그렇습니다."Cf. M. Foucault, *Discussion with Michel Foucault*, D 250(8), discussion cit., p. 13.

간의 상호관계 내에서 재독서될 수 있습니다. 파스칼 역시 단순히 몽테뉴의 비판자로서만 볼 것이 아니라 어떤 전통에 속하는 사람으로, 혹은 자발적으로 어떤 전통 내에 머무르는 사람으로 봐야 합니다. 그 전통에 속하는 자기 실천들과 금욕주의적 실천들은 몽테뉴의 자기 실천들과는 완전히 다른 유형의 실천들입니다. 두 번째로 물론 잊지 말아야 할 것은, 데카르트가 《성찰》을 썼다는 것, 그리고 이 성찰들이 다름 아닌 자기 실천이라는 것입니다. 그리고 데카르트의 이 놀라운 텍스트는, 제 생각에는 분명 질문자께서 말씀하신 그런 왜곡인 것 같습니다. 명상의 과정이라는 이 모델, 우리가 매일 혹은 하루에도 몇 번씩 실천하는 이냐시오적인 과정의 모델을 매우 명백하게 취함으로써, [데카르트는] 자기의 실천을 통해 구축된 주체를, 인식이라는 실천을 창설하는 주체로 대체하기에 이릅니다. 이렇게 자기 실천을 통해 생산된 것으로서의 주체로부터 인식이라는 실천을 창설하는 주체로의 이행, 바로 이것이 "데카르트의 수법"[44]입니다. 하지만 다시 말씀 드리자면 몽테뉴나 파스칼처럼, 그것은 16세기와 17세기에 대단히 중요한 문화적 대립이었던 자기 테크놀로지상에서의 거대한 대립들에 기초하고 있습니다.

그런데 이번에는, 제 생각에 그 순간 일어난 일은 사실 어떤 근본적인 것이며 대략적으로 이렇습니다. 요컨대 그리스 철학 이래로, 설령 그리스 철학이 근대의 과학적 합리성의 기초를 이루고 있다는 것이 사실이라 할지라도, 사람들은 언제나 우선적으로 자신들로 하여금 진실을 알 수 있게 해주는 특정한 작업―정

44　진실의 역사에서 "인식 그 자체, 그리고 오로지 인식만이 진실에 접근할 수 있게 하"기 시작하는 순간으로서의 "데카르트적 계기"에 대해서는 다음을 참조하라. 《주체의 해석학》, 57-58, 61-63쪽 [HS, p. 15-16, 19-20].

화시키는 작업, 영혼과의 관계를 통해서 영혼의 방향을 전환시키는 작업, 영혼을 통해 영혼을 응시하는 작업, (다시 말해서) 플라톤적 실천들─을 자기 자신에게 실행하지 않는 한, 어떤 주체가 진실에 접근할 수는 없다는 생각을 갖고 있었습니다. 반대로 주체가 우선적으로 자신의 자율성과 독자성을 확보하는 데 있는 스토아주의적 실천의 주제들이 있습니다. 주체는 세계 인식과의 상당히 복잡한 관계 속에서 자신의 자율성과 독자성을 확보하게 되는데, 왜냐하면 주체로 하여금 그 독자성을 확보할 수 있게 해주는 것이 바로 세계에 대한 인식이기 때문이고, 또한 자신의 독자성을 확보했을 때에야 비로소 주체는 세계 그 자체의 질서를 확인할 수 있기 때문입니다. 제 생각에는 16세기까지의 유럽 문화 전반을 통해서 다음과 같은 것을 발견하실 수 있으실 겁니다. 요컨대 "진실에 도달할 만한 능력을 갖기 위해, 또 진실이 나에게 주어지기 위해, 내가 나 자신에게 가해야 할 작업은 무엇인가? 어떤 정화와 어떤 실천, 어떤 고행(을 행해야 할 것인가)?" 다르게 말하자면 진실은 나에게 값없이 주어지지 않는다는 것입니다. 진실에 접근하기 위해서는 언제나 대가를 지불해야 합니다. 다른 말로 하면, 고행 없이는 진실에 접근할 수 없다는 것입니다.[45] 금욕주의와 진실의 인식은 언제나 다소 모호하게 연결되어 있습니다. 그렇기 때문에 이러한 관점에서, 자기 자신에 대한 작업과 진실의 인식을 동시에 포함하는 연금술적 지식 내에서, 이 둘은 거의 분리

45　　콜레주드프랑스 《주체의 해석학》 개강 강연에서 푸코는 '철학'("주체의 진실접근의 조건들과 한계들을 결정하는 사유의 형식")과 "주체로 하여금 진실에 접근하기 위해 필수불가결한 변형작업들을 스스로에게 수행할 수 있게 해주는 탐구, 실천 경험"으로서 이해된 '영성', 요컨대 정화, 금욕, 포기 그리고 시선의 변화 등등의 총체로서 이해된 '영성' 간의 구분을 추적한다. 이러한 영성은 주체에게서 "진실에 접근하기 위해 지불해야 할 대가"를 구성한다. 그리고 푸코는 고대 전반에 걸쳐 철학적 질문과 영적 실천이 "전혀 분리되지 않았었다"고 주장한다. Cf. 《주체의 해석학》, 58-61쪽(HS, p. 16-19).

불가능할 정도로 연결되어 있고, 기성의 지식에 아주 당연하게 속할 수 있습니다.[46] "데카르트의 수법"은 사실, 한참 전에 이미 시작되었고, 16세기에 그 계보를 탐구해봐야 하겠지만, 제 생각에 데카르트는 다음과 같이 말하면서 결론을 내버렸다고 생각합니다. "하지만 진실에 접근하기 위해서는, 내가 어떤 주체이건 간에 상관 없이 내게 보이는 것을 명확히 보는 것으로 충분하다." 이렇게 해서 명증성이, 자기가 자기와 맺는 관계와 자기가 진실과 맺는 관계의 결합 지점으로서의 고행을 대체했습니다. 자기가 자기와 맺는 관계는 이제 더 이상, 자기가 진실과 맺는 관계로 변화하기 위해 고행적일 필요가 없어졌습니다. 자기가 자기와 맺는 관계는 내간 보는 바를 내가 포착하기 위해, 그것을 내가 결정적으로 포착하기 위해, 나에게 내가 보고 있는 것의 명백한 진실을 드러내주는 것으로 족합니다. 그리고 바로 그 순간, 저는 비도덕적이면서도 진실을 인식할 수 있습니다.[47] 그런데 대략적으로 그것은, 상당히 명백하게 모든 그리스 문화가 거부하는 어떤 생각이었던 것 같습니다. 정말로 불순하고, 비도덕적이면서도 진실을 알 수는 없는 것입니다. 데카르트와 더불어서는 명증성을 보는 것만으로 충분합니다. 그리고 바로 이 순간, 우리 앞에는 고행적이지 않은(자기 실천적이지 않은) 인식 주체가 있게 됩니다. 이 주체가 과학의 제도화를 가능하게 하고, 완전히 비도덕적인 사람들이 이공계 학과의 학과장이 될 수 있게 합니다. 이것은 가능하지 않았었는데… 플라톤은 비도덕적일 수 없었습니다. 저는 아주 긴 역사를

---

46   연금술적 지식이 '과학적' 사유와 맺는 복잡한 관계에 대해서는 다음을 참조하라. 《정신의학의 권력》, 345-347쪽(PP, p. 240-241); M. Foucault, "La maison des fous", dans DE I, n° 146, p. 1562-1563; 《주체의 해석학》, 65쪽(HS, p. 28).
47   이 책 217쪽 각주 44.

엄청나게 도식화하고 있는데요, 제 생각에 이것은 상당히 근본적입니다.

그리고 이 순간, 인식 주체, 유일한 인식 주체가 있게 되는데요, 이 주체가 나중에 칸트에게 문제로 제기될 겁니다. 여기에 대해 질문자님께 답변 드리겠습니다. 문제는 이렇습니다. 하지만 인식 주체와 관련해, 무엇이 도덕적 주체가 될 것인가? 도덕적 주체는 완전히 다른가요? 이 문제를 둘러싸고 18세기 내내 주저하게 됩니다. 칸트의 해법은 보편 주체를 찾는 것이었고, 보편적인 한에서 아마도 인식 주체는 그래도 도덕적인 태도를 요구하는데, 이것은 칸트가《실천이성비판》에서 제시한 자기와의 관계의 유형임에 분명합니다. 다시 말해 나는 나를 보편 주체로서 인식해야 하고, 즉 내 각각의 행동들에서 나는 나 자신을 보편 규칙의 보편 주체로서 구축해야 한다는 것입니다.[48] 그리고 이 순간, 도덕 주체의 문제는 해결되지 않지만, 적어도 도덕 주체를 인식 주체와는 다른 상황에 위치시키는 해결책이 제시됩니다. 도덕 주체와 인식 주체는 더 이상 직접적으로 연결되지 않습니다. 만인이 명증성

48　콜레주드프랑스 강의《주체의 해석학》에서 푸코는 데카르트와 '그 자체로' 진실의 능력을 갖게 되는 주체의 구축에 대해 논의하고 나서 우리는 칸트에게서 추가적인 '나사의 회전'을 발견할 수 있다고 주장하지만, 이번에는《순수이성비판》에 의거한다. "당분간은 접근이 불가능하지만 결국에는 그로 하여금 무엇인가에 접근 가능하게 하는 주체의 영적인 변형의 관념은 몽상적이고 역설적이 되어 버립니다. 진실에 접근하기 위한 영적인 조건의 소거는 데카르트·칸트와 더불어 행해집니다. 데카르트와 칸트는 이 소거의 중대한 두 순간입니다." Cf.《주체의 해석학》, p. 223(HS, p. 183). 1983년 봄 버클리에서 토론할 때 푸코는 자신의 문제를 이렇게 설명한다. 어떻게 "자기 테크닉들에 의해 제안되고 암시되며 기획된 자기와의 관계의 여러 형식들을 통해 개인들이 도덕 주체로서 자기 자신을 구축하고 자기 자신을 인정하며 행동하도록 인도되는지를" 아는 것이라고 말이다. 그리고 이렇게 설명한다. "칸트가 보편주체로서의 도덕적 주체를 정의했을 때, 사실상 그는 도덕적 주체를 조직하고 구축하는 가능한 형식들을 제공함으로써만 그렇게 할 수 있었습니다." 그리고 푸코는 이렇게 명확히 말한다. "스토아주의자 혹은 소위 기원후 1-2세기의 어떤 사람에게, 자기 자신을 도덕 주체로 구축하고 도덕 주체가 된다는 것은 자기 자신의 주인이라는 의미에서 완벽하게 독립적인 주체가 된다는 것이었습니다. 그리고 그가 어떤 일을 할 때, 자기 자신에 대해 완벽한 지상권(주권)을 행사하는 바로 그 순간부터 그는 도덕 주체가 되었던 것입니다. 이것은 보편적 도덕 주체라는 칸트의 정식과 상당히 유사하지만 그럼에도 불구하고 상당히 다른 정식입니다." Cf. M. Foucault, *Discussion with Michel Foucault*, D 250(8), discussion cit., p. 10-11

을 인식할 수 있기 때문에 도덕적 행위는 그 규칙이 보편적인 행위라는 말입니다. 데카르트는 명증성을 통해, 칸트는 도덕적 행위의 보편성을 통해 16세기 자기 수양의 심각한 위기로 인해 제기된 이 문제에 신속히 답하는 것처럼 보입니다.

자기에서 주체로 이행하게 한 것은 무엇입니까?

자기 실천, 저는 이걸 자기 실천이라고 부르는데요, 이것은 개인이 자기 자신과 맺는 관계 속에서 자기 자신을 주체로서 구축하는 방식입니다. 나는 어떻게 나 자신을 도덕 주체로서 구성하고, 나 자신을 도덕 주체로서 인식할 수 있을까요? 내 행위의 도덕적 주체가 되기 위해서 나는 나 자신에게 무엇을 해야 할까요? 금욕적 훈련을 해야 할까요 아니면 단순히 보편적 규칙에 따르는 행동의 주체로서 나를 발견하는 칸트식의 관계를 맺어야 할까요? 그래요, 바로 이런 것입니다. 우리는 자기와 맺는 관계 속에서 주체로 구축되는 것이지, 주체가 〔미리〕 주어지는 것이 아닙니다. 〔주체성〕**49**을 구성하는 것은 자기와의 관계입니다. 달리 말하자면, 글쎄요, 제가 드린 말씀 뒤에 있는 것은 이런 것입니다. 주체가 상징적 체계 내에서 구성된다고 말하는 것으론 충분치 않다는 것, 주체는 현실적인 실천 내에서, 분석 가능한 역사적 실천들 내에서 구성된다는 것입니다. 그리고 주체를 구성하는 어떤 테크놀로지가 있는데, 주체는 분명 상징적 체계들을 이용하지만, 단순히 상징적 체계들의 작용을 통해서 주체가 구성된다고 말할 수는 없습

* 들리지 않는 단어를 추측했다.
49 이 책 136쪽.

니다. 이렇게 말해도 괜찮다면 그것은 〔지금 여기서의〕* 논쟁의 쟁점
입니다.

플라톤에서 아벨라르에 이르기까지 거세된 남성을 가장 완벽한 철
학자로 만드는 일대 전통이 있습니다. 아벨라르는 자문합니다. 자신
은 **거세됐기** 때문에, **거세된** 오리게네스만큼 완벽하지 않을까, 라고
말입니다.

일리 있는 말씀이십니다. 전 그런 생각을 해보지 못했는데
요. 거세는 그리스도교 금욕주의가 시작됐을 때부터 아주 중요한
문제였습니다. 육체와 영혼의 정화가 정말로 영원한 삶에 접근할
수 있게 해준다면 왜 거세하지 않는가? 이에 대한 답변은 일반적
으로 다음과 같은 식이었습니다. 요컨대 더 이상 자기 자신을 정
화할 필요가 없어지고 자신의 욕망과 끊임없이 싸움을 지속할 필
요가 없어지는 순간, 그것은 진정한 순결이 아니다,라고 말입니다.
그리고 제가 정말 좋아하는, 불순한 욕망과 거세에 관한 아주 재
미있는 문헌들이 있습니다. 왜냐하면 거세된 육체가 더 이상 음란
해질 수 없게 되면, 그들의 영혼은 반대로 더 불결해진다는 것입
니다.

다른 질문 있으십니까? 없으시면 자, 한편으로 제게 보여주
신 관심과 정말 아주 흥미로운 질문들에 매우 감사 드립니다. 제
가 말씀드릴 수 있는 단 한 가지는, 양해를 바란다는 것입니다. 제
가 어떤 개요를 보여드린 것도 아니고, 〔오히려〕 어떤 종류의 밑그
림이었고, 그런 〔어떤〕 것이었습니다. 정치의 역사와 인식의 역사

---

*   들리지 않는 구절을 추측했다.

등등의 경계에서 연구하기에 매우 흥미로운 작업의 영역이 여기
있는 것 같습니다. 전 고대에서 그것을 조금 보기 시작했지만, 우
리가 더 흥미롭게 생각할 시기는 중세와 르네상스, 17~18세기일
것이라고 확신합니다…. 아, 그리고 제 관심을 끄는 것이 있는데
요, 그것은 혁명적 운동들을 금욕주의적인 운동으로서 그리고
자기 실천으로서 연구하는 것입니다.[50] 그렇습니다. 19세기의 혁
명[51] 16세기까지 진실이 그랬던 것처럼, 도덕적으로 순수하지 않
으면, 그리고 특정한 몇 가지 것들을 포기하지 않고서는 할 수 없
습니다. 혁명적 금욕주의[자기 수련]는 매우 중요한 것이었고, 그 가
장 끔찍한 결과들이 지금까지도 나타나고 있습니다.

혁명이 도덕적 순결을 전제로 한다고 말씀하시고 싶으신 겁니까?

그렇습니다. 도서관에 아주 오래된 책이 있을 텐데요, 아주
믿기지 않는 문체로, 그러니까 19세기의 학구적 문체로 쓰여 있
습니다. 우리 시대의 문체보다 더 형편 없나요? 우리로서는 알 수
없습니다… 이 도덕가는 마사Martha[52]인데, 그는 〔이 책에서〕 도덕화
운동들을 상호 비교합니다. 그리고 특히 의식 점검과 관련해서
는 제정기 초기의 로마에서 행해졌던 것과 프랑스 혁명기에 이루
어졌던 것들을 비교합니다. 로마에 대한 참조는 아시다시피 물론

---

50 콜레주드프랑스 강의 《진실의 용기》, 1984년 2월 29일 강의 후반부에서 푸코는, 짤막하게 19
세기와 20세기의 혁명 운동을 "견유주의적 존재 방식, 진실의 스캔들 내에서의 삶의 형식으로 이해되
는 견유주의의 구현으로서" 간략하게 검토한다. 그는 혁명이 "단순한 정치적 기획이 아니라, 삶의 형식
이기도 했다"고 단언한다. 이런 맥락에서 푸코는 "삶을 혁명적 활동으로서 정의하며 특징짓며 조직
하고 조정하는 방식"을 "전투적 태도"라 부르자고 제안한다. 그리고 그는 크게 세 형식, 요컨대 비밀결
사, 노동조합 혹은 정당, 그리고 "삶을 통한 증언"을 예로 든다. Cf. 《진실의 용기》(CV, p. 169-172).

51 반체제-옮긴이

52 C. Martha, *Les moralistes sous l'Empire romain, philosophes et poètes*, Paris, Hachette, 1865.

220
221

단순히 양식을 따라하려는 것은 아니었고, 자기 수양의 방식을 다소 인위적으로 재구성하려는 시도가 있었는데, 이것이 혁명기에 재검토됩니다. 저는 무엇보다도 유럽에서 1830년대부터 전개되었던 혁명적 움직임들에 대해 생각했는데, 특히 허무주의자들에게서요, 허무주의 운동은 아주 흥미로운데, 그것은 금욕주의〔자기 수련〕적인 운동이었고, 금욕주의〔자기 수련〕적이면서도 미학적인 운동이었습니다.[53] 자기 포기와 타인들에 대한 폭력, 이런 모든 일들이 있었고 이것은 매우 흥미로운데, 우리는 혁명의 역사를 연구해볼 수 있을 것 같은데요, 물론 정치적 운동들의 역사이기도 하지만, 또 동시에 자기 실천, 자기 실천의 총체로서 고찰되는 도덕의 역사로서도 연구해볼 수 있을 것 같습니다. 그리고 스탈린주의의 가증스러운 도덕주의는 이 혁명사의 종말일 뿐입니다….

실존주의에서는 자기 자신을 연구하고 스스로 참여하는 데 관심을 갖는데요, 그것을 그리스의 자기 수양의 연장으로 볼 수 있을까요?

네, 그러니까… 사르트르가 스토아주의자라는 건 정말 맞는 말입니다. 사르트르가 누구와 가장 많이 닮았는지 알아보고 싶으시다면, 그건 바로 스토아주의자일 것입니다. 피히테를 알고 있는 스토아주의자요….

하지만 글쎄요, 그래도 가장 큰 차이가 있다면 사르트르에게는—그가 정신분석학을 신뢰하지 않았고 정신분석학을 그다

53　콜레주드프랑스 강의 《진실의 용기》에서 유럽의 역사 속에서 전달될 수 있었던, 다른 삶으로서의 진정한 삶이라는 견유주의적 주제의 요소 중 하나로, "실존 양식의 형식 아래서의, 삶을 통한 증언으로서의 전투적 태도"를 이야기하면서 푸코는 또한 도스토옙스키와 러시아 회의주의를 예로 든다. Cf. 《진실의 용기》(CV, p. 170).

지 좋아하지 않았다는 것은 확실한데—그럼에도 불구하고 근본적으로 진정성이라는 개념이 존재하고, 이 진정성 개념은 제 생각에, 스토아주의자들이 본성과의 일치, 자기의 소유로서 이해할 수 있었던 바와는 매우 다르고, 예술 작품으로서 구성하는 자기라는 이 개념과는 매우 다릅니다. 이 둘이 매우 근접해 있다는 것을 지적하신 것은 일리가 있긴 했지만, 이해하시겠죠, 이러한 재출현들을 비판의 도구로 삼아서는 안 됩니다. 우리는 당연히 몽테뉴를, 에피쿠로스주의와 스토아주의, 그리고 회의주의의 일련의 재활성화로 말할 수 있었습니다. 사실 그렇기는 하지만, 그것은 뭔가 다른 것이기도 합니다. 사르트르는… 아주 흥미롭지만, 도덕에 관한, 그가 도덕에 대해서 쓴 얼마 전에 출간된 것은 읽지 않았고[54], 그가 무엇을 했는지 저는 모릅니다. 그가 그 책의 집필을 평생 추구해왔다는 것은 분명하고, 그는 오래도록 출간하지 않았습니다. 다시 말해 충분히 만족스럽지 않았다는 것이지요. 그런데 그럼에도 불구하고 그것이, 요컨대 우리는 어떻게 새로운 도덕을 만들 수 있을까, 윤리적 형식은 무엇일까, 이런 질문들이 그의 연구들에서 본질적이지는 않다는 것 역시 분명합니다. 제가 보기에 그는 스토아주의자들에 아주 많이 가까웠습니다. 그는 자신이 스토아주의자에 가깝다는 것을 알고 있었고 또 동시에 그것을 잘못 알았던 것 때문에 그는 〔끝까지 가지〕* 못했던 것입니다.

---

54 J.-P. Sartre, *Cahiers pour une morale*, Paris, Gallimard, 1983.
* 들리지 않는 구절을 추측했다.

어떻게 이런 식으로
통치받지 않을 것인가?

 이 책은 1978년 5월 27일에 소르본 대학에서 프랑스 철학회 주최로 열린 푸코의 강연 〈비판이란 무엇인가?〉와 1983년 4월 12일 캘리포니아대학교 버클리캠퍼스에서 있었던 푸코의 강연 〈자기 수양〉, 그리고 버클리에서의 강연과 함께 기획된 세 차례의 토론을 싣고 있으며, 이 텍스트들에 대한 편집자들의 상세한 해설과 유용한 각주들이 제공된다. 이 두 강연은 푸코 사상의 변화와 연속성을 동시에 명확히 해명하는 중요한 텍스트라고 생각되며 특히 푸코 후기 사유의 중심 주제들 가운데 하나라 할 수 있는 주체의 문제, 더 구체적으로 말해 '자기'의 문제에 대한 풍부한 성찰을 제공한다. 뒤에서 살펴보겠지만, 푸코 후기 사유에서 주체의 문제는 윤리적 차원과 정치적 차원을 동시에 가지며, 이 둘은 매

*재쇄본은 옮긴이 해제와 표지가 전면 수정·보완되었음을 알립니다.

우 긴밀하게 연결되어 있다. 결국 정치적 차원에서의 혁명이 성공하기 위해서는, 윤리적 차원에서의 혁명으로부터 시작해야만 한다는 것이 원숙기에 접어든 푸코의 결론이었다. 그렇다면 두 강연에서 무엇이 문제가 되는지를 순차적으로 살펴보자.

1. 〈비판이란 무엇인가?〉

푸코는 칸트가 시도한 '비판'의 기획으로부터 자신이 말하는 '비판적 태도'의 존재 방식을 끌어낸다. 근대의 맹아가 발아하기 시작하던 무렵 탄생한 칸트적 비판은, 이성을 사용하여 다른 어떤 대상에 비판을 가하는 대신 이성 자체의 가능 조건을 묻고 그 한계를 정하고자 한다는 점에서, 그 전까지 흔히 '비판'이라 불리던 바와는 다른 비판을 행한다. 푸코는 종래의 비판과 칸트의 비판을 비교하며, "칸트가 시도한 걸출한 작업으로서의 '비판'과 일상적으로 비판이라 불리는, 논쟁적이고 직업적인 소소한 활동 간에는"[1] 큰 차이가 있다고 말한다. 여기서 "논쟁적이고 직업적인 소소한 활동"은 종래의 비판에 해당하는 것인데, 이를테면 《전쟁론》을 쓴 클라우제비츠는 자신에게 가해지는 비판이, 자신의 이론이나 견해를 보다 진리에 근접할 수 있도록 해주는 연마의 과정이라고 여겼다. 즉 논리의 타당성, 근거의 사실 관계, 다른 동일 분야의 논리와 비교함으로써 자신의 논리를 보다 현실적이고 실용적으로 검토하는 작업이었던 것이다. 이렇듯 실천을 지향하는

---

1   이 책 40쪽.

비판 혹은 "도구를 보다 유용하게 활용하기 위한 비판"을 우리는 일반적으로 비판이라 명명한다. 그런데 푸코에 따르면 칸트적 비판은 "더 일반적인 일종의 명령에 의거하고 있는 것 같"은데 "이 명령은 오류의 배격보다 더 일반적인 것을 표적으로 하는 명령"[2]이라는 것이다. 이론으로부터 오류를 제거하고 보다 순수한 진리에 접근하려는 목적에 한정된 좁은 의미의 비판은 칸트가 말하는 '비판'과 차이가 있다. "비판에는 덕과 닮은 어떤 것이 있습니다. 그리고 어떻게 보면 제가 말씀 드리고 싶었던 것은 일반적인 덕으로서의 비판적 태도입니다."[3]

그렇다면 푸코가 칸트의 '비판' 개념으로부터 착상을 얻어 자기의 연구 방법론으로까지 발전시키는 칸트-푸코적 비판은 어떤 것일까? 푸코는 이렇게 말한다. "비판은 자신이 알지도 못하고 또 도달할 수도 없는 어떤 미래 혹은 어떤 진실을 위한 수단이자 방법이며, 자신이 잘 관리할 수 있기를 바라지만 법을 제정할 능력은 없는 영역에 대한 시선"[4]이라고. 하지만 이러한 정의만으로는 선뜻 이해하기 어려운데, 사실 푸코가 주장하는 비판, 혹은 비판적 태도가 무엇인지 명확히 이해하기 위해서는 통치성에 관한 푸코의 논의를 좀 들여다 볼 필요가 있다.

통치의 기원

칸트적 비판이 무엇인지를 명확히 하면서 푸코는 당시의 시

---

2   이 책 41쪽.
3   이 책 41쪽.
4   이 책 40-41쪽.

대 상황, 특히 통치에 대한 관심이 어떻게 확대되어 갔는지를 설명한다.

"그리스도교 사목(은 …) 특이하기도 하고 또 제 생각에 고대 문화에 완전히 생소한 어떤 착상을 발전시켰습니다. 그 착상이란, 모든 개인이 그의 나이나 지위에 상관 없이 생애의 처음부터 끝까지, 그의 세세한 행위들에 이르기까지, 통치받아야 하고 통치받도록 자신을 내맡겨야 한다는 것, 다시 말해서 자신을 구원으로 인도하는 누군가와 전면적인 동시에 면밀하고 상세한 복종 관계를 맺어야 한다는 것입니다. 누군가에게 복종하는 관계 속에서 구원을 향해 인도되어 가는 이러한 활동은 진실과 맺는 삼중적인 관계 속에서 행해져야 합니다. 즉 교의로 이해된 진실, 또 이러한 인도가 개인들을 개별화하는 특수한 인식의 어떤 방식을 내포하는 한에서의 진실, 그리고 마지막으로 이 인도가 일반적 규칙들과 특수한 인식들, 교훈들, 시험의 방법들, 고백, 대화 등을 포함하는 어떤 심사숙고된 테크닉으로 발휘되는 한에서의 진실과 맺는 관계 속에서 이루어져야 한다는 것입니다."[5] 이렇듯 교회와 거기에 인접한 세속 권력은 진실과 결부된 양심 지도를 통치의 기술로서 발전시켰고 사람들을 거기에 복종시키려고 했다.

중세에는 수도원 등지에 국한되었던 이러한 복종의 태도는 곧 종교개혁을 통해 세속 사회로 확산되었고, 이윽고 사람들을 통치하는, 즉 사람들이 자기 자신을 만들고 자기 자신을 통치하게 하기 위한 기술로서 발전해 갔다는 것이다. 막스 베버의 《프로테스탄티즘의 윤리와 자본주의 정신》에도 세밀하게 묘사되어 있는 이러한 경향으로부터, 어떻게 통치해야 할 것인가, 또 어떻게

---

5   이 책 42쪽.

통치 받아야 할 것인가, 라는 문제가 생겨난다는 것이다. 푸코는 말한다. "'어떻게 통치할 것인가?'라는 문제는 15세기 혹은 16세기에 제기되었던 근본적인 문제들 중 하나였던 것 같습니다"[6]

이런 식으로는 통치받지 않기 위한 기술로서의 비판

"16세기 서구 유럽의 여러 사회들에서 상당히 특징적으로 보이는 이러한 통치화gouvernementalisation(통치의 일반화)는, 제 생각에 '어떻게 통치받지 않을 것인가?'라는 문제와 불가분의 관계에 있는 것 같습니다." 통치에 대한 문제 제기, 요컨대 통치하는 것과 통치받는 것에 대한 문제 제기는 필연적으로 그 반대적 의미의 상태인 '통치 받지 않는 것'을 새로운 문제의 대상으로 제기했다는 것이다. "어떻게 하면 **이런 식으로**, 이들에 의해서, 이런 원칙들의 이름으로, 이런 목표들을 위해, 이런 절차를 통해, 그런 식으로, 그것을 위해, 그들에 의해 통치 당하지 않을 것인가?"[7] 이러한 문제제기의 태도를 푸코는 '비판적 태도'라 부른다.

주의해야 할 것은 이 '비판적 태도'가 결코 "통치받는 것에 대한 절대적 저항"을 의미하지는 않는다는 것이다. 이 문제는 양의적이고 경계적이다. '비판적 태도'는 "통치 기술에 맞서는 반대자, 아니 그보다는 상대방인 동시에 적대자인 어떤 것으로서, 통치 기술을 불신하고 거부하고 제한하며, 그것의 정당한 한도를 모색하고 그것을 변형시키며, 그것으로부터 벗어나고자 하는, 혹

6   이 책 43쪽.
7   이 책 44쪽.

은 어쨌든 그 통치 기술을 변화시키려는 방식으로서"[8] 생겨난 것이다. 다시 말해 '비판적 태도'는 권력의 한복판에서, 때로는 자신과 자신에 대한 통치의 과잉성을 감시하고 이것을 교정하려는 자세이다. 이것은 통치 기술의 비약적 발전에 대한 유럽인들의 경계심을 의미한다고 푸코는 말한다.

이렇게 통치에 대항해 그 의도를 변화시키려고 하는 '비판적 태도'의 방법을 푸코는 '통치받지 않기 위한 기술'이라고 부른다. 그것은 '이런 대가를 치르면서 통치 받지는 않으려는 기술'이고 푸코는 그렇게 하기 위한 도구로서의 '비판'을 '이런 식으로 통치 당하지 않기 위한 기술'이라고 정의한다.

"통치화가, 사회적 실천의 현실 속에서 진실을 주장하는 권력 메커니즘을 통해 개인을 예속화하는 문제와 관련된 활동이라면, 저는 비판이란 진실에 대해서는 그 진실이 유발하는 권력 효과를, 권력에 대해서는 그 권력이 생산하는 진실 담론을 문제 삼을 수 있는 권리를 주체가 스스로 갖추는 것과 관련된 활동이라고 말하고 싶습니다. 비판은 자발적 불복종의 기술, 숙고된 비순종의 기술일 것입니다. 비판은 한마디로 진실을 둘러싼 정치라고 부를 수 있는 활동 속에서 탈예속화désassujettissement를 그 본질적 기능으로 갖는 것입니다"[9]

여기서 진실, 권력, 주체의 삼위일체 관계, 진실 게임, 그리고 자유의 실천이라고 할 수 있는 통치성 개념, 그리고 그것에 대한 대항 방법을 논의하는데 불가결한 개념들이 농축되어 있고 푸코의 사상이 바로 위에서 인용한 구절에서 결정화된다고 말할 수

8　이 책 44쪽.
9　이 책 47-48쪽.

있을 것이다. 여기서 비판이, 자기의 의지를 통해, 권력, 진실, 주체가 상호 연루된 관계를 해명함으로써 자기에 대한 통치에 대항하기 위한 기술로서 정의된다는 데 유념할 필요가 있다.

비판과 계몽의 관계

푸코가 말하는 '이런 식으로 통치 당하지 않기 위한 기술'로서의 비판은, 칸트적 비판을 토대로 정의된 것이면서도 칸트가 정의하는 비판과는 상당히 다르다. 칸트의 '비판적 기획'은 이성 자체에 대한 비판이었다. 그리고 칸트가 이성을 비판한 것은, 그 이성의 자유로운 사용을 어느 정도로까지 용인할 수 있을 것인지를 묻기 위한, 즉 안전하게 이성을 사용할 수 있는 범위, 이성의 한계를 설정하기 위한 것이었다. 이성이 넘봐서는 안 되는 영역으로서 칸트가 제시한 가장 유명한 영역은 신의 영역이다. 신의 존재 유무 등에 관한 것은 어차피 이성의 능력으로 탐구할 수 없는 영역이기 때문이다. 이성이 다룰 수 없는 대상들에 대해서는 언급하지 말고, 그 나머지 영역에서 자유롭게 이성을 사용하자는 것이다. 한편, 비판에 대한 푸코의 정의는 사실, 칸트가 비판과 더불어 기술한 또 하나의 개념인 계몽과 유사하다. 푸코는 칸트가 〈계몽이란 무엇인가?〉에서 "인류가 거기에 머물러 있고 또 머물도록 강제 당하는 어떤 미성숙 상태와 연관시켜 계몽을 정의"[10]했다고 지적한다. 권위의 힘이나 지도를 통해, 스스로 지성을 행사하는 인간의 힘을 약화시켜 미성숙의 상태에 놔두려고 하는 권위의 과

10 이 책 48-49쪽.

잉, 이것에 대항하는 용기와 결의를 촉구하는 것, 바로 이것이 칸트가 말하는 계몽이다. 칸트는 종교, 법, 지식과 같은 세 영역이 인류를 미성숙의 상태에 빠트린다고 주장하고 여기로부터 탈출하여 어떻게 성숙한 상태에 도달할 수 있을지에 대해 숙고했다는 것이다.

칸트가 말하는 '계몽'이 푸코가 말하고자 하는 '비판적 태도'와 통하는 지점이 있다면, 칸트가 기술하는 이 '계몽'이, 통치의 일반화 내에서 일으킬 수 있는 어떤 종류의 저항으로서 서구 세계가 고안해낸 '비판적 태도'를 만인에게 호소하는 선언이었다는 점에서일 것이다.

칸트적 비판과 계몽의 대립

그리고 나서 푸코는 이번에는 칸트의 비판이 실제로 어떤 것이었는지, 계몽과의 관계에 입각하여 고찰한다. 마치 자신이 벗은 허물을 조심스럽게 응시하기라도 하듯이 푸코는 칸트가 말하는 비판을 계몽, 다시 말해 자신이 주장하는 비판과 비교함으로써 양자의 차이를 명확히 하려고 시도한다.

푸코에 따르면 칸트는 비판을 지식과 관련해 다음과 같이 정의한다. 요컨대 "너는 네가 어디까지 알 수 있는지를 정말로 알고 있는가? 네가 바라는 만큼 이치를 따져라, 그런데 너는 네가 어디까지 위험하지 않게 이치를 따질 수 있는지 정말로 알고 있는가?"라고 말이다.

이러한 비판의 표현은 계몽의 호소, 즉 용기 있는 이성의 사용에 대한 호소와 기묘하게 모순된다. 용기를 갖되 용기의 한계를 알아야 하고, 인식하되 인식의 한계를 알아야 한다는 것이다. 자신의 한계를 깨달은 인간은 자신의 영역을 정확히 파악할 수 있게 되고, 이에 입각해 자율 정신을 형성할 수 있게 된다는 것이다. 자신의 자율을 달성한 인간은 이제 "복종하시오"라는 외부의 명령을 들을 필요가 없다. 왜냐하면 "복종하시오"라는 명령은 자신의 한계 내에서 그 자연적인 감각을 통해 조정된 자율이라는 형태의 확실한 내부로부터 나오게 되기 때문이다. 요컨대 칸트에게서 계몽이 종용하는 '알고자 하는 용기'는 지식의 한계를 명확히 하기 위한 이성적, 지성적 작업에 처음부터 포섭되어 있었다. 그렇기 때문에 칸트적 '비판'은 현대에 이르기까지 과잉적 권력에 의한 통치의 일반화를 정당화하는데 이용되어 왔다는 것이다.

푸코는 칸트가 말하는 비판이 반드시 '이런 식으로 통치 당하지 않기 위한 기술'은 아니라는 것을 지적한 후, 한편으로 칸트 내에서 쌍을 이루고 있는 비판과 계몽 개념을 분리하고, 후자인 계몽의 기획에 입각해 자신이 말하는 비판을 정의하고 그 전략을 설명한다. 그렇다고 해서 칸트적 비판이 쓸모없다고 말하는 것은 당연히 아니다. 칸트적 비판은 권력과 진실 게임 사이에서 그 예속으로부터 벗어나기 위한 수단으로서 비판을 위치시키고 지식을 인식하는 과제를 비판에 위임했거나 혹은 후세에 그것에 문제 제기할 여지를 남겼다고 푸코는 평가하고 있다.

칸트의 〈계몽이란 무엇인가?〉에 나타나듯, '감히 알고자 하라!'는 표어가 무색하게, 용기 있는 이성의 자유로운 사용이 제한되는 영역은 신과 관계된 영역만이 아니다. 〈계몽이란 무엇인가?〉에서 칸트는 어떤 조직 속에 우리가 속해서 일할 때나 직업의 장에서 활동할 때, 푸코 식으로 말하자면 상명하복의 체계 안에 있거나 생계가 달려 있는 등의 이유로 상대적으로 경직된 권력관계 안에 놓여 있을 때에는 자유롭게 이성을 사용하는 대신 그냥 복종하라는 것이다. 직업의 장에서 이성을 사용하는 것을 칸트는 '이성의 사적 사용'이라고 말하는데, 이것은 아마도 조직에서의 개인의 위치나 생계 문제 등과 관련한 표현인 것으로 짐작된다. 사회생활을 공적 활동으로 자연스럽게 연결시키는 오늘날 우리의 관점에서 보자면 다소간 헷갈릴 수 있는 부분이다. 그렇다면 칸트가 용기 있는 이성의 자유로운 사용을 허용하는 장은 어디일까? 그것은 면대면으로 말하지 않아도 되는 장, 즉 출판을 통한 독자들과의 만남이라는 상당히 평온하고 느린 속도를 갖는 장 내에서 이다. 칸트에 따르면 여기서 저자는 이성을 공적으로 사용함으로써 인류 전체의 보편적인 지적 수준을 끌어 올리는 데 기여한다고 여겨진다. 하지만 동일한 내용이라도 직업의 장에서 윗사람이나 동료들을 향해 말하는 것은 격렬한 토론 내지는 싸움을 유발할 수 있으며, 칸트는 이 과정에서 조직이나 국가의 질서가 흐트러지는 것을 경계한다. 개인의 차원에서 보자면 실직이나 인사상의 불이익을 염려할 수도 있을 것이다. 치열한 권력관계의 장 내에서 용기 있게 이성을 사용하는 것, 즉 여러 잠재적 위험과 불이익을 감수하면서 합리적으로 의심하고 이의를 제기하고 비판하는 것은 칸트에 따르면 이성의 '사적 사용'으로서 제한되어야 하고 보다 마찰과 갈등이 적은 '공적 영역'으로, 즉 순수인식의 영역으로 이성의 사용을 이동시켜야 한다. 결과적으로 칸트적 비판은 실제 권력관계의 장 내에서 복종적 태도를 취할 것을 호소한다고 봐야 한다. 지식과 권력을, 인식과 실천을 철저하게 분리하고 이성의 사용을 실제로 지식과 인식의 영역 내로 한정하고자 하는 것이 칸트의 기획인 것이다. 그러나 푸코의 경우에는 반대로 지식과 권력을 분리시키기 보다는, 지식과 권력이 결합하여 만들어내는 어떤 '한계효과'를 지적한다. 이 때의 한계효과는 칸트가 설정했던 한계의 역할과는 반대로, 그 안에서 이성의 안전한 사용을 보장 받기 위한 것이 아니라, 그 한계라는 것이 실제로 지식과 권력의 결합체가 만들어 내는 효과에 불과하다는 것을 인식함으로써 그 너머로 나아가기 위한 역할을 한다는 점에서 큰 차이를 갖는다.

지식과 권력의 관계

18세기는 근대 과학이나 국가의 통치가 전면에 등장하고 칸트가 비판과 계몽의 문제를 제기한 시대였다. 현대의 토대가 되는 통치의 존재 방식, 요컨대 권력, 진실, 주체의 세밀한 관계가 이 때 설정된다. 어떤 지식이나 진실이 '과학기술'과 맺는 관계가 확실히 보여주듯, 어떤 지식, 진실의 체계는 통치의 기술과 결부됨으로써 강제를 정당화하는 권력의 메커니즘을 구축할 수 있다. 이렇게 보면 어떤 지식의 근거 유무, 현실 / 환상, 정당 / 남용 진실 / 허위 여부 등을 추적하는 것은, 정치적 차원에서는 자기의 통치 권한을 현시하기 위해 중요하겠지만 '이런 식으로 통치 당하지 않기 위한 기술'로서의 비판 작업에 필수적인 것은 아니다. 이러한 강제의 절차가 어떻게 합리적으로 계측되는지, 또 기술적으로 효율성이 높은 요소에 고유한 형식과 근거를 어떻게 획득하는지를 추적하는 것이 더 중요하다.

'지식'과 '권력'을 핵심개념으로 삼는 이 방법론에서는 모든 가치를 어떤 본질이 아닌 사건으로 환원하며, 어떤 지식이나 지배의 정당성을 문제 삼기보다는, 그 지식이나 지배에 정당성이 부여되는 과정 자체를 효과로서 분석한다. 특정한 사람들로 하여금 어떤 행위나 그 효과의 정당성을 수용하게 만드는 메커니즘을 문제 삼는다는 것이다. 여기서 말하는 '지식'은 외부에서 중립적으로 주어지는 것이 아니다. '지식'은 '권력'과 결합하여 비로소 그 효과를 발휘하기 때문에 지식과 권력의 연결망을 분석하는 것이 중요하다. 이러한 시도를 통해 정신병의 체계, 형벌의 체계, 범죄 행위의 체계, 성현상의 체계 등, 어떤 체계가 사람들에게 받아들여지는 과정이 어떻게 진행되는지를 파악할 수 있게 된다. "요컨대 일정한 총체를 경험적으로 관찰할 수 있는 가능성으로부터 이 총체의 역사적 수용 가능성으로, 심지어는 이 총체를 실정성 속에서 관찰할 수 있는 시대로 나아가는 이 도정은, 이 총체를 지탱하는 지식-권력 결합체의 분석, 이 총체가 수용된 지점에서 이 총체를 재파악할 수 있게 하는 지식-권력 결합체의 분석을 거쳐 이 총체를 수용 가능하게 만든 것의 분석 쪽으로 나아가게 됩니다."[11]

이러한 '고고학'적 전략은 어떤 지배에 정당성을 부여하려는 정치 담론에 관심을 집중하기 보다는 우선 이 '정당성'이 어떤 강제로서 수용된다는 사실 자체를 실정적으로 파악하려고 한다. 어떤 권력 메커니즘이 항시 뭔가 부정할 수 없는 근원적인 권리, 예를 들면 자연법에 의해 기초되는 것도 아니고 혹은 기초된다 할지라도 그것이 반드시 자명하지는 않다는 것이다. '고고학'의 분석은 이러한 전제에 기초하고 있다.

하지만 이러한 분석 방법은 대단히 위험하고 또 많은 대가를 치뤄야 한다고 푸코는 말한다. 왜냐하면 어떤 체계가 받아들여지게 된 근거를 분석한다는 것은 애초에 우리가 정당하다고 믿

---

11   이 책 67쪽.

는 체계의 근거가 자리하고 있다고 여겨지는 어두운 부분에 용기 있게 접근하여 밝혀 나가는 과정이며, "그 어떤 근원에도 의지하지 않는 것, 순수한 형식 속으로 도주하지 않는 것"[12]이기 때문이다. 푸코적 분석 방법을 채용하는 사람은 분석의 안정성, 즉 진실성을 만들어낸 생의 확실한 기반 대신에 이 권력의 특이성에 대한 비판에 의거해야 한다.

저항과 비판

푸코의 목적은 통일된 단일한 역사를 기술하는 것이 아니라 '계보학'을 구축하는 것, 복수의 결정요인과의 관계에서 어떤 특수성이 출현한 조건을 재구축하는 것이다. 여러 사람과 집단, 그리고 역사의 상호작용을 하나의 완결된 행위의 연쇄로 보는 것이 아니라 그 맥락을 읽고 변환하는 작업을 통해 그 상호작용이 구축되어가는 양태를 분석하는 것이다. "권력을 언제나 상호 작용의 장 안에서 기능하는 관계로 간주하며, 지식의 형식들과 분리 불가능한 관계 속에서 고려하고, 언제나 가능성, 즉 역전 가능성의 영역에 연계되어 있다는 시각에서 이해해야 할 것입니다."[13] 권력이 상호작용의 소용돌이 속에 있다는 사실은, 지식과 권력이 강제 메커니즘임과 동시에 가능성의 장임을 의미한다. 지식과 권력의 결합은 영속성을 보장한다기 보다는 항시 여러 주체가 참여하는 전략적 영역 안에 있다는 것이다. 바로 이 양의성이 저항과

---

12   이 책 70쪽.
13   이 책 73쪽.

역전의 가능성을 발생시킨다.

칸트적 '비판'과 '계몽' 사이의 차이는, 그것이 칸트의 의도는 아니었다 해도, 지식과 권력이 양의성을 내포하는 전략의 장임을 알려준다. 푸코는 근대가 칸트적 '비판'을 자신의 통치 기법으로 채용했던 역사의 흐름을 추적하여 칸트적 계몽의 문제에 대한 역전을 기획했다. 하지만 우선 칸트적 '비판'의 출발지점, 요컨대 '이런 식으로 통지 받지 않기'라는 의지적 결단이 무엇보다도 필요한 것이다. 이런 의지로부터 출발하는 것, 통치의 과잉에 반해 일어나는 것, 미성숙 상태로부터의 탈출을 기획하는 자유의 열망, 바로 이것이 어떤 지배에 대한 저항을 가능케 하고 역사적으로 존재하면서 역사에 속박되지 않는 우리들의 가능성의 영역을 열어젖히는 것이다.

푸코는 니체를 참조하면서 계보학적 작업을 제안한다. "다양한 계보들을 중압적이고 원리적인 단일한 원인으로 통일하려는 **발생학**에 대립하는 **계보학**이 중요합니다. 요컨대 다양한 결정 요소들에 입각해 특이성의 출현 조건을 복원하려는 계보학과 같은 것 말입니다. 이때 특이성은 결정 요소들의 산물이 아니라 효과로서 나타납니다."[14] 주체의 문제는 특이성 산출의 문제이지 보편적 인정의 문제는 아니라는 사실에 주목해야 한다. 이러한 절차가 '계보학적'인 이유는 이것이 "우리로 하여금 현재의 우리인 바가 되게 만든 우연성으로부터 현재의 우리인 바, 현재 우리가 사유하는 바, 현재 우리가 행하는 바가 이제는 더 이상 아닐 수 있는 가능성을 끌어내기 때문이다"[15]

---

14   이 책 71쪽.
15   Michel Foucault, "Qu'est-ce que les Lumières?" in DE, n° 351.

철학자의 역할과 임무

'감히 알고자 하라'는 칸트의 구호 자체는 매우 탁월하다. 다만 그것을 인식의 영역에 국한했다는 것이 문제다. 푸코는 이성의 용기 있는 사용이 실천의 영역으로까지 확대되어야 한다고 말한다. 푸코는 《감시와 처벌》을 통해 독자와 만난, 요컨대 칸트가 말하는 '이성의 공적 사용'을 통해 인류에 기여한 철학자이기 이전에 튀니지의 독재정권에 항거하는 학생운동을 물심양면으로 지원한 사람이었으며, 68혁명 이후 기존의 권위적인 교육시스템을 개혁하기 위한 실험대학 설립에 참여한 사람이었고, 줄줄이 투옥되는 활동가들과의 인연으로 감옥 내의 부당한 실태를 수감자들 스스로가 고발하도록 도운 사람이기도 했다. 인식의 영역 내에서 용기 있게 이성을 사용해 온 철학자들은 또한 인식과 실천의 영역을 구분하지 말고, 지식과 권력이 결합하여 발생시키는 한계효과들에 대해 충분히 지각하면서, 이성을 안전하게 사용하기 위한 한계를 설정할 것이 아니라, 궁극적으로는 한계를 넘어서기 위해 한계를 이야기해야 하며, 지금과는 다르게 생각하고 다르게 살기 위해서 지금 이곳의 우리, 그러므로 우리의 현실태를 분석하고 비판해야 한다고 푸코는 말한다.

우리가 직접 경험한 바와 같이, 사회현상에 대한 울분이나 비통한 마음, 분노 등의 감정은 거대 방송 미디어와 개인미디어, 그리고 사회관계망 서비스 등의 가상공간에서 표출되었을 때보다도 실제 거리에 나왔을 때 진정으로 가공할 만한 힘을 발휘하기 시작했다. 가상공간에서의 비판이 무의미하다는 것이 아니다. 다만 어느 '순간에는 반드시 비판의 에너지가 잠재태에서 현실태로 전환되어야 한다는 것이다. 가상의 공간과 거리가 분리되어 있지 않음을 지각하는 것과 마찬가지로, 지식과 권력이, 인식과 실천이 분리되어 있지 않음을 깨달은 우리 철학하는 사람들은 우리에게 '보편'이라는 이름으로 주어지는 모든 것들에 끊임없이 문제를 제기해야 한다. '보편'은 우리에게 지식으로 주어질 뿐만 아니라 우리의 현실을 그것으로 고정시키는 역할을 하기 때문이다.

"철학자는 진실의 용기를 통해 사유의 장과 정치의 장을 변화시키며 기존의 거짓 내용들을 일소해야 한다. 문제 제기적이고 비판적이지만 명령적이지 않은 실천을 통해 빈 공간을 새로운 내용으로 채워야 한다. 철학자는 자기 배려와 타자의 배려, 자기통치와 타자의 통치만이 자유와 진실의 참된 조건이라는 것을 시민들에게 설득할 필요가 있다. 얼핏 보기에 이는 개인주의의 주창처럼 생각될 수도 있다. 하지만 그렇지 않다. 왜냐하면 타자에 대한 배려 없는 자기 배려는 있을 수 없고, 기성의 정치적 담론과 그 실천의 질서를 비판하는 것보다 더 정치적인 것은 없다고 생각되기 때문이다. 진실의 용기는 바로 이런 것이며 이를 통해 다른 방식의 철학과 실천이 가능해진다."[16]

"정부는 자신이 시민들의 통치 및 복지를 전담하는 유일한 심급이라 주장하면서도 시민들의 불행을 마치 기업 장부의 손익처리처럼 간단하게 처리하고 얼버무려 왔다. 용산 참사와 세월호 참사, 그리고 그 뒤 있었던 일련의 사태가 이를 잘 증거하고 있다. 앞서 이야기한 비판으로서의 통치, 통치로서의 비판을 위해, 그리고 통치자들을 우둔함 속에 빠뜨리지 않기 위해 시민들은 정부로 인한 불의와 불행을 정부 측에 분명히 알릴 의무가 있다. 이제 시민들은 심정적인 차원의 분노와 슬픔은 시민의 몫이고, 대책을

16　《어떻게 이런 식으로 통치당하지 않을 것인가?》, 심세광, 길 밖의 길, 60쪽.

세우고 실천하는 것은 정부의 몫이라는 진부한 역할분담 논리를 거부해야 한다. 정부와 통치자들이 독점하고 앉아 실정을 거듭하는 정치의 영역에 이젠 시민들이 비판하는 자의 자격으로, 타인을 배려하고 통치하고자 하는 자의 자격으로, 진실을 외치는 자의 자격으로 개입하고 참여해야 한다.

우리는 사건들과 권력관계로부터 벗어날 수 없다. 그것은 현실로부터 어느 정도 거리를 두곤 하는 철학자들이라 해도 마찬가지이다. 우선 철학자들은 초월론의 환상부터 버려야 한다. 철학자는 사건들과 관련해 외부에 위치할 수 없다. 그리고 철학자는 이 사건들 속에서 용납할 수 없는 것에 민감할 필요가 있다. 오늘날 분노는 가장 일반적인 정치 참여 방식이다. 이 분노는 매스미디어, 교육, 문화, 종교 등 다양한 기제들을 통해 생산되고 보급되고 순환된다. 하지만 분노는 미디어적인 일시적 감정으로, 주체에게 아무런 정치적 결과도 발생시키지 않는 경향이 있다. 이에 반해 참을 수 없는 것들에 대해 참지 않고자 하는 태도는 적극적 참여 행위를 촉발시킬 수 있다. 이는 변화, 변형, 그리고 더 나아가 단절을 불러일으키는 행위로 이어질 수 있다. 그러므로 철학자는 모든 신체들을 관통하는 권력관계 속에서 권력이 전체주의적으로 작동할 때, 자신의 이론적 실천을 통해 권력 메커니즘에 미세한 틈을 만듦으로써 전체주의적 권력 행사를 교란시킬 수 있다. 그리고 그렇게 함으로써 유동적인 저항의 힘들과 차이들을 생산해 내고 가능한 한 최소한의 통치를 받으며 가능한 한 온순하지 않은 주체성들을 만들어 내는 작업이 가능하다.

철학자는 푸코가 '우리 자신에 대한 비판적 존재론' 혹은 '우리 자신에 대한 역사적 존재론'이라 불렀던 비판적 작업을 해야 한다. 이는 칸트처럼 한계를 설정하려는 것이 아니라, 오늘날 우리 시대의 권력 - 지식이 자명하고 필연적인 것으로서 우리에게 부과하는 현실과 그것들을 지탱하는 가치 체제들이 우연성, 불안 정성, 자의성에 기반한 것임을 폭로하여 그것들을 동요시키는 것 이다. 그래서 이 작업은 현재의 실천이 갖는 한계를 뛰어넘어 새 로운 현실을 창조하기 위한 긍정적 비판의 실천이기도 하다.

철학자는 자신이 하는 작업과 사건, 현재, 현실태와 긴밀한 관계를 유지해야 한다. 철학자는 자신과 동시대인들을 형성시키 는 역사와 자신이 맺는 관계를 명확히 해명해야 할 임무가 있다. 구체적으로 지금 이 땅의 철학자는 시민들이 참을 수 없는 것을 감지하여 폭로하고 시민사회가 정부를 비판할 권리를 옹호하며 시민들이 비제도적인 조직들을 자율적으로 구축해 정치의 장에 서 실천할 수 있도록 도울 필요가 있다. 철학자 자신도 이 실천에 적극 참여해야 함은 말할 나위도 없다."[17]

다음은 79년 이란 혁명과 관련한 푸코의 발언이다.

"봉기는 역사에 속한다. 하지만 어떤 측면에서 볼 때 봉기는 역사로부터 벗어난다. 한 사람, 한 단체, 어떤 소수의 사람들, 혹 은 인민 전체가 "나는 더 이상 복종할 수 없다"고 말하며, 그가 정의롭지 못하다고 평가하는 정부 혹은 권력에 맞서 자기 생명의 위협을 무릅쓰는 이 운동은 돌이킬 수 없다고 생각한다. 왜냐하 면 그 어떤 정부나 권력도 이 운동을 완벽히 불가능하게 할 수는 없기 때문이다. 바르샤바에는 언제나 분노한 사람들의 게토가 존 재할 것이고 또 봉기한 자들로 가득찬 진흙탕이 존재할 것이다. 왜냐하면 봉기한 사람들은 결국 그 봉기의 이유를 설명하지 않기 때문이다. 복종해야 함을 확신하기보다 죽음의 위협을 '실제로'

17   《어떻게 이런 식으로 통치당하지 않을 것인가?》, 61-64쪽.

감수할 수 있기 위해서, 역사의 선과 이유들의 장황한 연쇄를 절단해야 한다."[18]

2. 〈자기 수양〉

이 강의는 푸코의 콜레주드프랑스 강의《주체의 해석학》의 요약판이라고 할 수 있다. 그는 거기서 형이상학과 그리스도교의 출현 이후로 사라진 '자기 돌봄'의 전통을 상기시키고 주체화의 역사를 쓰려는 시도를 한 바 있다. 하지만 이 강의 이후에 이어지는 세 차례의 토론, 즉 캘리포니아대학교 버클리캠퍼스 철학과와 사학과, 그리고 불문과에서의 토론 덕분에 이 강의는《주체의 해석학》의 요약에 그치지 않고, 다양한 지평에서 온 다양한 관심사와 관점을 가진 사람들의 질문과 이에 대한 푸코의 답변이 어우러져 흥미롭고 풍요로운 이야기들을 전해준다.

우리 자신의 역사적 존재론

이 강의 서두에서 칸트의 〈계몽이란 무엇인가?〉를 재논의하면서 푸코는, 용기에 대한 호소 외에 계몽이 갖는 또 다른 의미를 지적한다. 칸트의 두 물음, 즉《순수이성비판》에서 제기되는 '진리를 인식하는 것은 어떻게 가능한가?'라는 질문과 〈계몽이란 무

18   "Inutiles de soulever?(봉기하는 것은 무용한가?)" (DE, n° 269)

엇인가?〉에서 제기되는 '우리의 현실태는 무엇인가?'라는 질문을 기점으로 서구철학에 어떤 종류의 '단절'이 일어나는데, 특히 두 번째 질문을 통해 "우리 자신에 대한 역사적 존재론"[19]이 가능하게 되었다는 것이다. 특히 이번 강의에서 푸코는 "우리가 우리 자신의 이성을 사용하는 용례의 일반적인 역사라는 아주 특수한 측면에서"[20] 문제를 제기하고자 한다. 칸트의 통찰을 통해 역사 내에서 철학이 담당하는 실제적 역할에 대해 숙고해볼 수 있으리라는 것이다.

현실태에 관한 문제가 제기되기 전까지 서구의 전통 철학은 주로 '보편', 즉 언제 어디서나 변함없이 한결같은 어떤 것에 대해 문제제기해 왔다. 즉 시간과 공간을 전혀 고려하지 않은 채로 문제제기해 왔다는 것이다. 따라서 '사유하는 존재로서의 인간'에 대한 물음도 '사유하는 존재란 무엇인가?'라는 형태로 제기될 수밖에 없었다. 하지만 이제는 특정한 시점과 지리적으로 특정 가능한 장소에 한정된 문제제기, 그 중에서도 특히 '지금, 여기'에 관한 문제제기가 중요해지면서, 이제 우리 자신에 관한 철학적 질문도 "우리 사유의 역사는 어떻게 우리 자신을 현재의 우리로 만드는가?"[21]라는 형태로 제시된다. 이러한 문제제기 방식을 푸코는 "우리의 역사적 존재론"[22]이라고 부른다.

'우리의 역사적 존재론'을 전개하면서 푸코는 "우리 사유의 역사를 통해 우리 자신이 형성된 방식"[23]을 분석하기 위해 우리와 진리(진실)가 맺는 관계, 우리와 타자가 맺는 관계를 연구하게

---

19   이 책 99쪽.
20   이 책 97쪽.
21   이 책 100-101쪽.
22   이 책 100쪽.
23   이 책 101쪽.

된다. 이것은 우리 바깥에서 오는 힘들이 우리의 사유 방식과 실존에 어떤 식으로 영향을 미치고 결과적으로 우리의 정체성을 어떤 특정한 형태로 만들어 내느냐에 관한 푸코의 오랜 논의였다. 우리는 그 논의의 단초를 《광기의 역사》와 《말과 사물》에서 발견할 수 있으며, 《감시와 처벌》과 《성의 역사-제1권 지식의 의지》에서 본격적으로 전개되는 것을 확인할 수 있다. 이러한 분석이 가장 두드러지게 드러나는 《감시와 처벌》에서 푸코는, 우리를 둘러싼 지식과 권력의 연결망에 의해 우리의 행동 방식, 사유 방식, 그리고 우리의 주체성까지가 어떤 식으로 결정되는지를 보여주려고 했다. 그런데 권력을 실체로 보지 않고 '권력관계'로 묘사하는 푸코에게 있어 힘은 늘 관계 속에서 움직이는 것이고 권력관계는 언제나 역전가능한 것이기 때문에 푸코는 자신 있게 '권력관계가 있는 곳에는 언제나 저항의 가능성이 있다'고 말할 수 있었던 것이다. 푸코는 우리가 우리 자신으로 형성되는 과정에서 우리의 바깥에 있는 것, 즉 진실이나 타자들과 맺는 관계뿐 아니라, 바로 우리 자신과 맺는 관계가 중요하다는 사실을 간파한다. 권력관계 속에서 찾아야 할 저항의 지점은 바로 지금, 여기에서 우리가 우리 자신과 맺는 관계를 재정립하는 데서 시작된다는 것이다.

사목으로부터 통치와 인도로

앞서 언급한 것처럼 그리스도교가 인간의 통치를 발명했다고 분석했던 푸코는 80년대에 이르러 이 통치 개념을 그리스도교 탄생 이전 시대에 적용하고 주체론을 새로운 주제로 설정했다. 애초에는 사목의 특수성을 명확히 하기 위해 통치성을 분석하던 것이보다 포괄적인 개념으로서의 통치의 발견으로 이어진 것이다.

푸코가 77~78년 콜레주드프랑스 강의 《안전, 영토, 인구》에서 통치성이라는 신조어를 도입한 이유는 다음과 같다. 예를 들어 《감시와 처벌》에서 교도소 및 형사제도와 관련된 권력의 일반 경제가 분석되는 것은, 감금시설이 아닌 규율 훈련 기술을 대상으로 설정한다는 점에서 형사제도에 대한 '바깥으로부터의' 접근법이라 부를 수 있을 텐데, 《안전, 영토, 인구》에서는 동일한 방법론을 서구 근대국가에 적용했던 것이다. 요컨대 푸코는 통치성 개념을 축으로, 국가가 변화하고 발전하며 기능하는 원동력이 된 권력의 일반 기술을 고찰했다. 이 작업을 통해 국가라는 것은 오늘날 우리의 눈에 자연스러워 보이는 형태로 구성된 '국가화'의 절차일 뿐이라는 사실이 밝혀지게 된다.

여기서 말하는 '통치'는 좁은 의미에서의 국가 운영(행정)에 그치는 것이 아니다. 프랑스어의 gouverner라는 단어는 '국가와 영토를 통치하기'라는 오늘날의 의미로 굳어지기 전, 곧 16세기 이전까지 대단히 넓은 의미를, 요컨대 신체적, 공간적, 물질적, 심지어는 윤리적인 의미도 갖고 있어서, 타인의 영혼을 영적으로 인도하는 것, 품행의 좋고 나쁨, 또 다양한 대인관계를 지시하는 데도 사용되었다. 푸코는 통치의 대상이 개인과 집단을 막론한 '인간'이라는 점에 주목하고 이렇게 통치의 대상을 인간으로 상정한 것은 그리스도교 고유의 사태임을 발견하며 그리스도교의 제도화에서 '사목'권력의 구조를 확인한다.

사실 '통치하다'의 어원에 해당하는 라틴어 gubernare나 그리스어 kubernân는 원래 인간을 대상으로 삼지 않았는데, 어쨌든 중요한 것은 이 말에 관리나 경영, 배의 조타 등의 의미가 있고 전체로서는 어떤 것을 '인도하는conduire' 운동을 지시했다는 사실이다. 요컨대 통치한다는 것은 인도하는 것이고 그 역사는 인간의 통치인 사목의 역사에 앞선다. 뿐만 아니라 사목의 구조와 주권국가 체제가 결합된 근대의 통치성은 대단히 중요하지만 역사적으로 보면 통치의 존재방식의 한 형태이고, 말하자면 '통치의 사건'이라는 것이다.

하지만 이러한 푸코의 논의는 용법상의 문제를 야기한다. '인간의 통치'는 그리스도교가 성립된 후의 개념이고 게다가 그리스, 로마가 아닌 근동지방에서 기원한다. 그러므로 1980년대에 다루어진 자기와 타자의 인도의 문제로서의 '자기 배려'를 통치 실천으로 파악하는 것은 논점의 선취가 아닐까 라는 의문이 든다. 이 문제에는 이렇게 답할 수 있을 것이다. 확실히 고대 세계는 통치나 인도의 대상을 인간으로 설정하지는 않았지만 당시 사회에서는, 푸코가 후에 받아들이듯이, 그리스도교 확립 이전과는 다른 형태로 자기와 타자와의 관계, 자기와 자기와의 관계에 대한 문제제기가 있어왔고 다양한 실천이 행해져 왔다고 말이다. 이러한 작업을 지탱하는 윤리나 가르침의 가장 일반화된 명칭으로 제안되는 것이 '자기 기술'이었다. 그러므로 통치라는 말은 그리스도교 이전 사회의 개인이나 집단에 관련된 실천을 당시 어떻게 불렀나 라는 호칭과 관련된 사실적 문제가 아니라 문제를 설정하는 개념으로서 상정되어야 할 것이다.

푸코는 다트머스 대학에서 행한 강연《주체와 진실》에서 자기 기술을 다음과 같이 정의한다. "모든 사회에는 〔…〕〔하버마스적인 생산, 의미작용, 지배라는 세 기술과는〕 다른 종류의 기술이 존재합니다. 개인이 자신의 수단을 이용해 자신의 신체나 영혼, 사유, 품행에 대해 일정한 조작을 행하는 것을 가능하게 하는 기술 말입니다. 이 조작은 자신을 변화시키고 변형시키기 위해 〔…〕 그러한 상태에 도달하기 위해 행해집니다. 이런 종류의 기술을 자기 기술이라 부르고자 합니다." 그리고 "서구 문명의 주체의 계보학을 분석하려면 지배의 기술만이 아닌 지기 기술을 고려해야" 한다고 부연한다. 통치라는 말을 통해 양자는 서로 결부된다. "지배 기술과 자기 기술이라는 두 기술의 상호작용을 생각할 필요가 있습니다. 〔…〕 양자의 접점, 요컨대 개인에 대한 타자들의 조작, 개인에 의한 자기 자신의 인도가 서로 연결되는 곳을 '통치'라 부를 수 있지 않을까요? 사람을 통치한다는 것은 위정자가 사람들을 자기 뜻대로 움직이게 하는 것이 아닙니다. 왜냐하면 통치는 강제하는 기술과 자기가 자기 자신에 의해 구축되고 형성되는 절차 간의 상보적 관계와 분쟁을 포함하는 대단히 불안정한 균형상태이기 때문입니다." 이렇게 푸코는 통치라는 말을 사용함으로써 자기 인도와 타자에 의한 인도의 관계를, '자기'를 축으로 한 동적인 인도 방식으로 파악하는 것이다.

　　푸코는, 광기나 국가는 실체로서 존재하지는 않지만 그렇다고 해서 존재하지 않는 것은 아니라고, 요컨대 실체가 아닌 절차로서 존재한다고 생각한다. 자기와 타자의 인도를 통해 생겨나는 '주체' 또한 마찬가지라고 말할 수 있을 것이다. '서구 문명의 주체의 계보학'은 보편적 주체의 틀이나 이념을 역사의 각 시대에서 발견하려는 시도도 아니고, 현재의 주체에 관한 관점을 과거에 적용해 '기원'을 찾으려는 시도도 아니다. 인식과 실천을 규정하는 각각의 시대에서 자기와 타자의 인도 대상이 되는 절차를 고찰하려 하고 주체가 생성되는 절차를 검토하려는 것이다. 그러므로 후기 푸코가 '주체'라고 말할 때 그것은 규율-훈련 권력의 예속화 작용이나 일반적인 의미에서의 지배나 복종에 의해서만 구축되는 것도 아니고 자가가 자기에게 가하는 작업을 통해서만 구축되는 것도 아니다. 그것은 인도 혹은 통치의 주체라고 말해야 할 것이다.

자기 배려[돌봄]의 재발견

권력관계와 저항의 불가분의 관계에 대한 통찰, 즉 권력관계가 있는 곳에서는 언제나 저항이 가능하고, 또 저항하는 그 순간에야 비로소 권력관계가 작동하기 시작한다는 통찰과, 미시 권력들이 우리의 주체성 형성에까지 영향을 미치는 바로 그러한 이유 때문에 우리의 저항 역시 우리 자신의 주체화를 둘러싼 투쟁이 될 수밖에 없다는 깨달음. 이렇듯 푸코의 권력 분석은 결과적으로 우리가 우리 자신과 맺는 관계가 저항의 실천에서 얼마나 중요한지를 발견해 내게 되고, 자기가 자기와 맺는 관계의 기술들에 주목하게 된다. 자기와 관계 맺는 기술에는 여러 가지가 있을 수 있다. 자기에 대해 궁금해 하며 알고자 할 수도 있고 자기 자신을 믿지 못하거나 혐오할 수도 있으며 자기의 모습을 자기가 원하는 어떤 특정한 모습으로 만들어 가고 싶어할 수도 있다. 그런데 푸코는 자기와 관계 맺는 이 다양한 기술들을 연구해 가는 과정에서 고대 그리스와 그리스-로마 문화에서 꽃피었던, 자기와 관계 맺는 하나의 중요한 태도를 발견한다. 그것은 바로 자기를 어떤 예술 작품의 질료로 여기며 가꾸어 나가는 태도이다. 그러나 그 태도는 서구 역사 속에서 상당부분 잊혀졌으며, 스스로에게 가하는 작업으로서의 "자기 기술들 대부분이 오늘날 우리[서구] 세계에서는 교육과 교습의 테크닉, 의료와 심리학적 테크닉에 통합되어 버렸"다고 푸코는 이야기한다. 그렇게 통합되면서 비교적 협소한 그 영역들에 한정되어 버렸다는 것이다.

하지만 푸코는 무엇보다도 그리스도교의 금욕주의 전통이 가장 결정적이었다고 보는 것 같다. 그리스도교 윤리에서는 자기와 맺는 관계를 포기하고 그 자리를 신과 맺는 관계들로 채우는 것이 매우 중요하기 때문이다. '자기'를 소중하게 여기는 것은, 그것이 신의 은총을 매개로 하는 것이 아닌 이상 신에 대한 오만으로 여겨졌으며, 또 자기 안에서 인간의 의지와 악마의 의지를 낱낱이 찾아내어 고백하고 비워내는 것이 중요했기 때문에 '자기 인식'과 그에 이어지는 '자기해석'을 위한 기술은 그 어느 때보다도 풍요롭고 광범위하게 활용되었지만, 정작 그렇게 인식한 자기를 돌보고 가꾸는 대신 신의 의지로 대체되어야만 하는 것으로 여김으로써 자기포기 형태의 자기와의 관계만이 가능했다는 것이다. 그렇기 때문에 푸코는 그러한 자기포기로서의 자기와의 관계에 잠식 당하게 되는 그리스도교 탄생 이전 시기, 즉 고대 그리스-로마 시대로 되돌아가, 자기와 관계 맺는 기술들을 발굴해야 했다. 그리고 그 과정에서 푸코는, 과대평가된 '자기 인식'의 그늘에 가려 잊혀지고 평가절하된 개념, 즉 '자기 돌봄'이라는 개념을 발굴한다. 푸코에 따르면 고대 그리스-로마 문화에서 '자기 돌봄'은 '자기 인식'보다 더 중요하게 여겨졌고, 오히려 '자기 인식'은 '자기 돌봄'이라는 목표를 위한 단계, 혹은 수단 정도로 여겨졌다는 것이다.

철학사의 흐름 속에서 '자기'를 인식의 대상으로만 여기는 경향이 지배적이게 되면서, 인식되고 발견되기를 기다리는 어떤 실체로서의 '자기'가 이미 존재한다고 생각하게 된 것도 큰 이유이다. 실체로서의 '자기'를 가정하게 되는 경우, '진정하고' '온전한' 자기를 잊어버린, 혹은 잃어버린 상태에서 그것을 발견해 나아가는 과정이 중요해지고, 이미 발견한 자기는 더 이상 변하지 않을 그 무엇으로 여겨지는 경향이 있다. 아주 대중적인 예를 들어 보자면 혈액형이나 별자리에 따른 자신의 성격유형을 알고자 하려는 노력도 이에 속할 수 있을 것이다. 그것은 이미 있는 것이고 발견되기 위한 것이지, 마음에 들지 않는다고 해서 바꿀 수는 없는 어떤 것이다. 가령 A형은 소심하다고 하는 가장 널리 퍼진 속설의 경우, 실제로 자신이 소심하지 않다고 해도 그것은 '특이한 A형'으로 해석되거나, '사실은 소심하지만 이러저러한 이유로 성격을 숨기고 있다'거나 '성격이 제대로 발현되지 않았다'고 해석되는 등, 혈액형별 성격이라는 실체 자체는 어디로도 가지 않는 것으로 해석된다. 소심해질 수밖에 없는 상황에서 소심한 태도를 취한다 해도 그것은 '역시 A형'이라는 식으로 해석될 것이다. 이는 가장 대중적인 예를 든 것이지만, 진정한 나를 찾기 위한 다양한 노력들은 이 외에도 인류의 기원을 탐색하는 진화론의 차원에서도, 인간의 본질을 밝히고자 하는 인간과학의 수많은 시도들 속에서도, 자신의 성정체성을 규정하고자 하는 시도들 속에서도 여러 가지로 존재하며, 데카르트의 방법론적 회의도 결국에는 사유주체로서의 확고부동한 자기를 발견하기 위한 여정이었던 것이다.

진정한 자기를 발견하고자 하는 시도와 자기 자신을 예술작품으로 만들어 나가고자 하는 시도는, 자기 자신에게 관심을 기울이고 공을 들인다는 면에서는 비슷해 보일지 모른다. 하지만 '진정한 자기'를 찾고자 하는 시도는 일단 그것을 찾았다고 생각한 다음부터는 스스로의 모든 사유 방식과 품행 방식을 그 '진정한 나'라는 틀 안에 머무르게 하고 그 틀에서 벗어날 생각을 쉽게 하지 못한다는 점이 문제이다. '진정한 자기'를 '죄인'으로 규정하는 그리스도교도라면 인간의 불완전성과 신의 완전성의 대비에 입각한 사유 방식과 품행 방식에서 벗어나기 힘들고, '진정한 자기'를 '사유하는 주체'로 규정하는 사람이라면 감각의 세계나 영성의 세계에 몸을 담그기가 쉽지는 않을 것이다. 스스로를 '진정한 남자', 혹은 '진정한 게이'로 규정하는 사람도 그 '진정한 무엇'에 요구되거나 기대되는 것들로부터 결코 자유롭지 못할 것이다.

　　자기 자신을 예술작품으로 여기고 자기를 돌보는 삶의 방식이 갖는 장점은, '나는 무엇인가?'라고 묻기보다는 '나는 무엇일 수 있을까?'라고 물음으로써, 그렇게 묻는 사람의 삶을 어떤 실험의 장으로 활짝 연다는 것이다. 거기서 우리는 '진정한 x로서의 나는 어떻게 사유하고 행동해야 하는가?'라고 묻는 대신 '나는 어떤 방식의 실천 속에서 쾌락을 얻는가?'라고 물으며 다양한 실천을 실험하고 다르게 사유할 수 있으리라고 기대해 볼 수 있다.

자기 인식과 자기 배려〔돌봄〕

　　1980년대 푸코가 통치의 도식을 고찰하며 항시 의식했던 것은 '자기 배려〔돌봄〕'와 '자기 인식' 간의 관계이다. 일반적으로 말해 전자는 자기를 보다 나은 단계로 이끄는 것, 후자는 자기에 관한 진정한 인식을 획득하는 것이다. 고대 철학에서는 긴밀히 연결되어 있던 이 둘의 관계가 서구 철학의 그리스도교화로 인해 변질되고 또 근대 합리주의의 등장 이래로 완전히 분리되어 버렸다고 푸코는 파악한다. 요컨대 '자기 배려〔돌봄〕'는 진실을 인식하는 조건으로서 주체의 변혁을 설정하는 '영성'과 결부되고, 또 '자기 인식'은, 일정한 절차로 규칙화되기만 하면 누구라도 객관적 인식이 가능하다고 간주하는 '데카르트적' 경향과 결부된다.

그런데 푸코는 '자기 배려(돌봄)'가 '자기 인식'보다 근원적이고 후자의 실천을 지탱하는 원리의 수준에 있으며 후자는 전자에 결정적으로 의존한다고 주장한다. 이것이 자기와 관련된 두 개념을 대비시킨 푸코 주장의 특징이다. 실제로 그리스도교는 플라톤 철학으로부터 시작해 헬레니즘 철학을 거쳐 신플라톤주의에 이르는 자기 배려의 계보를 교의로 이끌어가 해석하는 한편, 교회 제도를 확립하고 최종적으로는 고해를 중심으로 한 독자적인 주체 형성 절차를 만들어내기에 이르렀다. 푸코는 '자기 배려(돌봄)'와 '자기 인식'이라는 두 명제의 관계에서 자기와 타자의 인도라는 통치의 문제의 변천을 간파한다. 푸코는 '자기 배려(돌봄)'의 시작을 플라톤의 초기 대화편에서 찾고 소크라테스를 '자기 인식'의 인간이 아니라 '자기 배려(돌봄)'의 인간으로 기술한다. 왜냐하면 고대에 "너 자신을 알라"라는 명제는 현대와는 완전히 다른 의미를 갖기 때문이라는 것이다. 〈자기 수양〉은 이 사실의 확인으로 시작된다. 이 경구는 자기의 은폐된 내면을 인식하는 것과는 하등의 관계가 없고 신전에 가서 신탁을 얻을 때 일련의 규칙 혹은 진중함을 지시하는 일반적 명령이고 또 신전이라는 특정의 장소에 국한된 것이었다는 것이다. 소크라테스가 말한 "너 자신을 알라"도 자기 배려(돌봄)에 속하는 것이고 자기 배려(돌봄)의 대상인 자기(영혼)을 인식하는 것에 다름아니었다고 푸코는 말한다. 인간은 배려의 대상인 자기가 무엇인지를 알지 못하고 그 사실에 대해서도 무지하다는 것이다. 예를 들어 소크라테스는 알키비아테스에게 이렇게 말한다. "우리가 우리 자신이 무엇인지를 모르면서 자신을 향상시키게 해주는 기술이 무엇인지를 알 수 있겠는가? 〔…〕 우리가 우리 자신을 인식한다면 우리는 우리 자신을 배려할(돌볼) 수 있는 방법을 아마도 알 수 있을 것이다." 여기서 볼 수 있듯이 '자기 인식'은 '자기 배려'를 위해 행해져야 하는 작업이고 현대에 논의되는 정체성의 문제와는 완전히 다른 것이다. 푸코가 보기에, 소크라테스는 이런 의미에서 '자기 배려'를 서구 철학사에 도입한 존재이다.

이 '자기 배려(돌봄)'는 고대 그리스부터 헬레니즘 시대, 초기 제정 로마시대의 거의 대부분의 철학적 태도를 특징짓는 원리가 되었다는 것이다. 그럼에도 불구하고 철학의 틀 안에 머무르는 것이 아니라 "일반적 의미에서의 모든 이성적 행동의 원리가 되고 "헬레니즘과 로마 사상의 장구한 시대에 걸쳐 하나의 방대한 문화 현상이 될 정도로 확장된 것을 볼 수 있다. '자기 배려' 개념의 역사는 소크라테스 시대부터 신플라톤주의를 경유해 성 카시아누스와 기원후 5세기의 그리스도교 금욕주의에 이르기까지의 약 천년을 아우른다 것이 푸코의 전체적인 다이어그램이다.

《알키비아데스》의 경우

푸코는 '자기 돌봄'을 설명하기 위해 플라톤의 대화편《알키비아데스》를 인용한다. 거기서 젊은 알키비아데스는 장차 도시국가를 통치하고자 하지만, 옆 나라 스파르타에 비해 열악한 교육환경으로 인해 미래의 통치자로서 갖춰야할 덕목들을 위한 교육을 충분히 받지 못했고, 또 소년의 젊음과 아름다움만을 흠모할 뿐, 소년을 진정으로 위하지는 않는 성인 남성들의 몰염치 때문에 긴급하게 '자기 돌봄'이 요청되는 사례로 등장한다. 이 때의 '자기 돌봄'은 앞으로의 인생을 기획해야 하는 젊은 시기에 한정하여 필요한 것으로 여겨졌고 특히 모든 젊은이에게 해당되기 보다는 장차 도시국가를 통치하게 될, 쉽게 말하자면 정치가를 꿈꾸는 명망가의 자제에게 필요한 것이 '자기 돌봄'이었다. 타자들을 통치하기 위해서는 먼저 자기 자신을 돌봐야 하기 때문이다.

이러한 '자기 돌봄'을 실천하기 위해서는 자기의 영혼을 잘 들여다 보고 "더 나아가 영혼의 현실에 해당하는 신성한 요소를 명상해야"한다고 여겨졌다. 여기서 자기 돌봄의 가장 중요한 목적은 젊은이의 교육이고 또 자기 자신과 제대로 관계 맺기 위해 필요한 타자와의 관계 맺기, 즉 스승과 제자 간의 관계 맺기는 철학적이면서도 연애적인 방식으로 형성된다. 이러한 관계는 평생 이어지는 것이 아니라 제자의 '자기 돌봄'이 필요하다고 여겨지는 시기에 한정된다.

자기 돌봄의 전성기

도시국가들이 사라진 기원후 1~2세기의 그리스-로마 시민들에게 이제 자기 돌봄은 도시국가를 잘 통치하기 위해 젊은 시절 잠시 필요한 것이 아니라, 한 사람이 평생에 걸쳐 자기 자신과 관계 맺는 지속적인 작업이 된다. 그 방법에 있어서도《알키비아데스》에서처럼 명상을 통한 영혼의 관조가 아니라 구체적인 삶 속에서의 다양한 실천을 활용하게 된다. 푸코는 "자기 돌봄이 성인의 실천이 되고 평생에 걸쳐 수련해야 하게 된 순간 자기 돌봄의 교육적 역할은 소거되고 〔…〕 비판적 기능이 출현"하며 항상적인 "투쟁의 기능"과 "치료적 기능"도 갖게 된다고 말한다. 한 순간의 배움이 중요한 것이 아니라, 평생에 걸쳐 참과 거짓을 지속적으로 분별해 내고 거짓에 대해서는 용기 있게 맞서며 비판하고 자기 자신의 잘못된 부분에 대해서는 철학적으로 치유를 받는 것이 중요하다는 것이다. 평생 동안 자기를 제대로 돌보기 위한 기술들도 매우 구체적인 형태로 발달한다. 일기 쓰기나 서신교환을 통한 자기 돌봄은 매우 흔한 형태였다.

자기에 관한 글쓰기는 자기 기술들 중에서도 가장 널리 쓰이고 또 중요한 것이었는데, 재미있는 것은 오늘날 우리가 '자기에 관한 글쓰기'를 한다고 할 때 떠올리는 것과는 상당히 다르다는 것이다. 만약 오늘날의 우리라면 내가 어떤 삶을 살아왔는지, 내가 어떤 생각을 하는지, 내 안으로 깊이 들어가서 '진짜 나'를 찾기 위해 글을 쓰기도 할 것이고, 자기의 감정들을 펼쳐 놓기도 할 것이며, 자기의 은밀한 욕망들을 고백하는 창구로 활용하는 일이 흔할 것이다. 하지만 이 시기의 '자기에 관한 글쓰기'는 격언들의 모음집에 가까웠다고 푸코는 말한다. 자기의 감정이나 욕망을 털어놓기 위한 것이 아니라, 자기를 구축하기 위한 재료들로 활용했다는 것이다. 지적 재산권 개념은 극히 최근에 생겨난 개념으로, 이 시기에 현자들의 말은, 그것을 가치 있다 여기는 모든 사람들이 자기 수첩에 적어놓고 때로 자기 친구들에게 보내는 편지에 적어 넣기도 하며, 각자의 '자기'를 쌓아 올리거나, 때로 무너져 내린 부분을 보수하기 위해 활용하는 벽돌과 같은 것이었다. 그것들은 한 번 읽고 중고시장에 매물로 내놓는 책과 같은 것이 아니라, 생각날 때마다 꺼내어 읽고 또 읽어서 마침내 체화시키는 것이었다. 또 책 전체를 외우거나 누군가의 말을 통째로 외우면서 특정 인물의 연구자처럼 되는 것이 아니라, 자기의 실존에 도움이 되는 부분을 선별하여 실생활에 활용할 수 있는 상태로 만들어 놓는 것이 문제였다.

그런데 마침 이 시기는 그리스도교가 성립되기 시작하는 시기였고, 그리스-로마 문화권에 널리 퍼져 있던 자기 기술들이 그리스도교적 실천 내부로 흡수되기도 한다. 겉으로 보기에는 동일해 보이는 다양한 실천들이 존속되지만, 그 목적은 이제 더 이상 자기를 '돌보기' 위한 것이 아니라, 자기를 '포기하고 비워내기' 위한 것이었다. 이를테면 '자기에 관한 글쓰기'도 이제 더 이상 자기를 구축하기 위한 것이 아니라, 자기의 은밀한 욕망을 밝은 빛 아래 모두 꺼내어 늘어 놓고 지우기 위한 실천이 된다.

《라케스》의 경우

이 강연에서 언급되고 있지는 않지만, 고대 그리스에서 '자기 돌봄'의 전통이 둘로 갈라지는 계기가 있었다고 푸코는 지적한다. 서로 다른 두 전통으로 이어지게 될 분기점을 푸코는, 플라톤의 대화편 《알키비아데스》와 《라케스》에서 찾는다. 《알키비아데스》에서 '자기'는 '영혼'으로 규정된다. 영혼으로서의 자기를 잘 돌보기 위해 결국 자기 영혼을 세심하게 들여다 보는 작업으로서의 형이상학적 자기 인식에 방점이 찍히게 되는 것이다. 이러한 전통은 데카르트로, 칸트로 이어지며 오랜 세월동안 철학적 실천의 주된 형태가 된다. 하지만 《라케스》에서의 '자기'는 '삶'으로 규정된다. 육체와 영혼의 결합체로서의 내가 특정한 시간과 공간 속에서 자기 자신 및 자기를 둘러싼 타자들과 관계 맺으며 구체적으로 영위해야 할 삶을 돌보는 것은 당연히 실천의 차원으로 연결되고, 푸코는 이 전통을 이어 받는 사람들로서 헬레니즘 시대와 그리스-로마 시대에 활동했던 견유주의자들을 꼽기도 한다. 다양한 관계 속에서, 즉 당대의 사회 속에서 살아가는 자기의 실존에 관심을 기울인다는 것은 곧 자기가 속한 시대와 공동체의 존재 방식에 관심을 기울인다는 것으로, 견유주의자들은 그들의 발언뿐만 아니라 그들이 남에게 보여지는 방식, 즉 외양과 다양한 기행을 통해 급진적으로 진실을 드러냄으로써 그들이 사는 시대와 공동체에 대한 관심을 아낌 없이 드러냈던 것이다.

우리는 무엇을 할 것인가?

견유주의자들의 태도는 그저 역사 속의 재미있는 이야기로
치부되고 끝날 만한 것이 아니다. 그들은 소크라테스에게서 물려
받은 바, 구체적 삶으로서의 '자기'를 돌보는 태도를 견지하며, 그
러한 자기 돌봄으로부터 타자, 즉 이웃과 동료와 사회와 전 인류
의 돌봄으로까지 사유와 실천을 뻗어 나가는 세계시민들이었다.
세계시민으로서, 또 사유와 실천이 그야말로 일체화된 삶을 사는
사람으로서 견유주의자들은 지금의 우리에게 큰 시사점을 던져
준다.

2000년이 지나 지금, 여기를 사는 시민, 세계시민으로서의
우리는, 또 철학자로서의 우리는 그렇다면 무엇을 할 수 있을까?
우선 철학자는 진실을 윤리적으로 재구성해야 한다. 철학자는 자
신이 옳다고 믿는 진실에 대해, 그것이 다른 모든 사람들의 생각
에 맞서는 진실이든, 자신보다 강력하고 위압적인 상대를 불편하
게 할 수 있는 종류의 진실이든 관계 없이, 그것을 용기 있게 말
할 수 있어야 한다. 상대에게 아첨하는 것은 나에게나 상대에게
나 불행만을 초래할 뿐이며, 특히 그것이 공적 영역에서 이루어질
때에는 사회적으로 거대한 위기를 초래할 수 있다. 누군가는 진실
을 말해야 하고, 보다 많은 영향력을 갖고 권력을 행사할 수 있는
위치에 있는 사람은 아첨꾼들을 멀리할 줄 알아야 한다. 통치의
권한을 가진 자가 전제군주가 아닌 이상에는, 타인들의 다양한
의견 수렴의 과정이 반드시 있어야 하고, 비판의 통로를 건강하
게 유지하는 것은 훌륭한 통치를 보장하는 방법이 된다. 어떤 비
판을 듣더라도 처벌하거나 불이익을 주지 않으리라는 심정적 확
신을 주고 제도적 안전장치를 마련해야 한다. 진실을 말하기 위해

불쾌한 감정 혹은 신변의 위험을 감수하고, 아첨꾼으로부터 칭찬 받는 쾌락을 포기하는 것은 어떻게 보면 지극히 윤리적인 차원의 결단이지만 또 동시에 지극히 정치적인 결단이기도 하다. 자기 자신과 적절하게 관계 맺는 것, 즉 진실을 위해 용기를 내고 아첨을 즐거워하지 않는 등의 자기통치 행위는 결국 타자들과 적절하게 관계 맺는 것으로 연결되고, 이 사회, 공동체, 국가를 통치하는 것으로까지 연결될 수 있다.

푸코는 그의 권력론에서 통치성 분석으로 넘어가면서, '비판'의 중요성을 유난히 강조하기 시작한다. 물론 그 이전에도 '다르게 사유하기'라는 표현을 통해 은유적으로 기성의 사유 밖으로 나가 사태를 바라보는 비판적 태도를 강조해 왔지만, 권력분석에 이어 권력관계 속에서 저항의 지점을 찾아내는 것에 관심을 기울이기 시작하면서 통치와 비판의 문제가 매우 중요하게 다가들게 된 것이다. 푸코는 그의 후기 연구들에서 민주주의 체제 자체의 모순과 결함에 대해, 고대 그리스의 문헌들을 뒤져가며 나름대로의 분석과 해결방안을 모색한다. 거기서 푸코가 발견하게 되는 것이 위험을 무릅쓴 '진실 말하기'를 뜻하는 '파레시아'라는 개념인데, 이는 민주주의의 필요조건인 평등에 더해서, 민주주의 자체의 모순과 결함을 극복하기 위한 충분조건이 되어준다. 다시 말해 민주주의에서 모두에게 평등한 발언의 기회와 투표권이 주어지는 것은 결국 잠재태일 뿐이다. 투표 당일에 실제로 나가서 투표를 해야만 투표권의 행사가 이루어지고, 거리로 나가 의견을 표명하고 목소리를 낼 때에야 비로소 평등한 발언의 기회는 우리 눈 앞에 가시적으로 드러나며 비로소 우리의 현실태가 된다. 타인으로부터 간섭 받지 않을 권리로서의 소극적 자유를 넘어서, 실제로 자리에서 일어나 발언하는 자유, 잠재태가 아닌 현실태로서의 다양한 실천, 두려움을 뛰어 넘은 비판적 발언이, 어리석은 통치행위에 맞서는 우리의 통치행위가 될 수 있을 것이다.

통치의 주체는 자기에 의한 자기 통치, 자기에 의한 타자 통치, 타자에 의한 통치라는 삼중의 관계를 포함한다. 따라서 통치의 주체는 권력관계 안에 존재하는 자기인 것이다 따라서 인도 혹은 통치의 문제는 항시 "자기에 의한 자기와의 관계를 통해 정의된 주체의 윤리"에 관련된 문제인 것이다. 푸코는 통치성을 정치 권력 보다도 상위의 개념으로서 또 그 내부에서 권력관계가 작동하고, 변형되고 역전될 수 있는 전략적 장으로서 재정의한 후 다음과 같이 말한다. "통치성 관념에 대한 성찰은 반드시 자기와 자기의 관계에 의해 정의되는 주체의 요소를 이론적으로나 실천적으로 거치지 않을 수 없을 겁니다. 〔…〕권력관계, 통치성, 자기통치와 타자 통치, 자기와 자기의 관계 이 모든 것들이 하나의 사슬과 골조를 구축하며, 또 이 개념들을 중심으로 정치 문제와 윤리 문제를 접목시킬 수 있어야 한다는 사실을 의미합니다" 자기 배려 개념의 계보라는 개념사는 초기 그리스도교의 고해 제도의 확립을 통해 하나의 결실을 본다. 하지만 자기 배려의 흐름이 서양에서 그리스도교의 전개와 데카르트적 합리주의적 세계관의 등장으로 인해 자기 인식에 의해 가려진 것만은 아니다. 양자의 관계는 더 복잡한 것이었기 때문이다. 소크라테스와 더불어 이 두 명제가 서구 사상사에 등장한 시점에서 이미 양자는 불가분의 것으로 다루어졌다. 양자는 영성과 인식론의 관계, 요컨대 주체와 진리와의 관계를 표현하는 두 유형이었다. 예를 들면 초기 그리스도교는 당시의 헬레니즘 철학과 내용 면에서는 큰 차이가 있지만 동일한 '자기 배려' 개념과 유사한 어투를 사용해 자기들의 사유를 다듬어갔다. 푸코가 성의 역사와 관련된 고찰을 그리스도교 이전의 시대로 거슬러 올라간 것은 이점을 명백히 하기 위해서 이고 실제로 고대 도덕철학과 초기 그리스도교 윤리 간에는 직접적인 차용과 견고한 유대관계가 있다고 논한다. 또 푸코가 다음과 같이 말하는 방식으로 칸트의 계몽과 보들레르의 댄디에 지대한 관심을 표명했고 다른 곳에서는 주체와 진리를 서로 무관한 것으로 고찰하는 합리주의적 견해와 다른 입장이 존재한다는 것을 보여주기 위해서 였다. "19세기 사유의 중요한 부분을 자기 윤리와 자기 미학을 복원하기 힘든 일련의 시도로 재해석할 수 있을 겁니다.〔…〕각자 서로 분명히 상이한 일련의 시도이지만 자기 미학과 자기 윤리를 구축하고 복원하는 것이 가능한지에 대한 물음으로 집중됩니다. 어떤 대가를 치르고 어떤 조건 하에서 자기 미학과 자기 윤리가 가능할까요?"

여기서 논의되는 '윤리'나 '자기 미학'도 또한 자기를 중심으로 한 통치적인 관계 내에 위치하기 때문에 타자나 사회와 밀접히 연관된 작업일 수밖에 없다. 푸코는 "너 자신을 알라"라는 경구를 자기 배려에 종속시킴으로써 플라톤 유형의 자기 배려에 재귀적 주체의 기원을 확인하고 일반적으로는 염세적이라 간주되는 헬레니즘 유형의 자기 배려에서 통치적 주체의 존재 방식을 발견한다. 이 작업을 지탱하는 것이 통치와 인도였다. 푸코는 이 개념을 사용함으로써 의도적으로 자신의 주체론과 권력론을 접합시키려고 시도했던 것이다.

결론

이 두 강연록은 계몽 및 비판과 관련된 미셸 푸코 사상의 변화를 보여주기 보다는 오히려 연속성을 보여준다. 이 강연록들을 통해 우리가 알 수 있는 것은 '주체' 형성의 복잡성이다. 푸코는 주체가 역사적 절차, 합리성 모델과의 관계, 인식 및 진실과 관계 맺는 방식, 제도, 통치 받는 방식 등을 통해 구축되는 것임을 보여준다. 자기 수양은 이러한 관점을 보강하고 있고 또 주체에 대한 문제 제기의 핵심은 해방이 아니라는 것을 보여준다. 주체의 자격으로 우리가 어떤 것으로부터 해방된다고 믿는 것은 환상에 지나지 않는다는 것이다. 주체는 실체와 같은 것으로 주어지는 것이 아니라 자기와 자기가 맺는 수 많은 관계의 방식에 입각해 구축되는 것이라는 점을 푸코는 강조한다. "자기는 자기와 맺는 여러 관계 외의 그 무엇도 아닙니다. 자기는 관계입니다. 자기는 현실이 아닙니다. 그것은 애초부터 주어져 있는 구조화된 어떤 것이 아닙니다. 그것은 자기와의 관계입니다." 그러므로 주체는 타자, 권력 등과 관계 맺는 방식과 관련해 일차적인 것이 아니다. 주체는 이 관계들에 다름 아니다. 그러므로 주체는 "과도하게 통치 받지 않는 다는 조건 하에서 특이성의 가능한 생산으로서 문제시되어야 한다는 것이다.

찾아보기

개념

ㄱ

인명